井上 淳

はじめて学ぶ EU

歴史
・
制度
・
政策

法律文化社

はしがき

　気候変動問題への取り組み，独占禁止法，日本との経済連携協定（EPA），プラスティック規制，個人情報保護，移民・難民問題，イギリスの離脱などといった，ホット・トピックをきっかけにヨーロッパに関心を抱いたという方は少なからずいる。ヨーロッパは何をしているのだろう？今後どうなるのだろう？と興味をもって観察していると頻繁に登場するのが，EU（European Union：ヨーロッパ連合）という存在である。現代ヨーロッパ情勢を知るためには，EUを知る必要がありそうだ……そう感じた方が学生であれば，EUの授業を履修する。社会人であれば，関係する書籍を手にとると聞いている。著者は職業柄，授業を通じて学生と関わりをもつことが多い。

　しかしながら，授業で教科書を選定する時，あるいは社会人の方からオススメを求められる時には，いつも頭を悩ませる。研究者にとっては良著だと思われる書籍は大抵，法学，経済学，政治学といった特定の学問領域から書かれているため，読み手の専門・専攻を考慮しなければならない。特に学生については，EU研究が学際的な学問だといわれるからなのか複数学部の学生がEUの授業を履修登録している場合があり，全履修者に適合する教科書選定はどこかで諦めなければならない。複数執筆者による書籍を薦めると，執筆者による主張等の違いに戸惑うケースが見られた。単一著者によるバランスのとれたテキストもあったが出版年が少し古く，授業で教科書指定した場合には一部学生が入手できないおそれがあった。数十年かけて紆余曲折を経て発展してきたEUの姿をありのまま読者に伝える書籍は，読者をその膨大な情報量で圧倒することはあっても，さらなる学びに誘うことはそれほど多くなかった。社会人に何かをオススメした場合にはその後の感想が気になり，授業で教科書を指定した場合には補足が必要になった。

　必ず補足が必要になるのであればついでにと思い，授業では回によって参考文献を変え，これはという文献を図書館に取り置き（リザーブ）してもらい，学生にそれらを読んでもらって授業で補足して欲しいことについて事前アンケートをとるようになった。年度を重ねると，学生から寄せられる質問，求められ

る話題に規則性があることが判った。各回，どの話題をどの順にするとよいのかという「台本」が，少しずつできあがった。そんなことをおよそ10年続けた結果できあがったのが，本書である。読者，とりわけ学生がその専門・専攻にかかわらず読み進めることができ，気になるところがあれば先輩方が執筆した書籍を手にとってより深く学ぶ，そんな教材作りを心がけた。

本書は，最長で前後期連続した授業で使うケースを想定して，EUの歴史としくみ・政策とに大別した二部構成にしている。半期15回の授業をすべて講義にあてることができる訳でないし，クォーター制を採用しているところではクォーターあたりの授業回数が11回程度だと聞く。そのため，第Ⅰ部，第Ⅱ部ともに12講構成にし，授業回数や必要に応じて授業で触れる／触れない，簡単に触れる／詳しく触れるなどを決めていただけるよう，講や節の構成を選定した。詳しくは「本書の構成と使い方」に記すが，EUの歴史的な発展とその取り組みについての導入的，教養的な話題をとりあげるように心がけた。

本書は，授業を履修した学生達との交流を通じてできあがったものである。専任，非常勤にかかわらず，授業を担当したどの大学においても，出席者の2割から3割がラーニング・マネージメント・システム等を通じて毎回事前に質問を投げかけてくれた。そうした投稿や授業期間終了後の授業アンケートでのコメントは，引用・参考文献や話題の選定にできるだけ反映させた。とりわけ，現在の所属機関である大妻女子大学比較文化学部ヨーロッパ文化コースの授業履修者は，質疑や授業アンケートを通して忌憚のない意見を寄せてくれた。御礼を申し上げる。また，10年と少し前，学位論文を提出したばかりの私に，私の専門であるEUを研究し教える機会を継続的に与えてくださった学会の先生方，先輩方に感謝を申し上げる。とりわけ，学生時代の指導教官であった田中俊郎先生（慶應義塾大学名誉教授）には，当初原稿を読んでいただき沢山のご指摘とご助言をいただいた。ここに御礼を申し上げる。もちろん，本書の内容にかかる責任はすべて筆者にある。

法律文化社編集部の畑光様と八木達也様には大変お世話になった。特に畑様には，出版をめぐる厳しい情勢にもかかわらず，本書の出版企画に関心を示してくださり，読者により読んでいただける工夫を助言していただいた。畑様がいらっしゃらなければ，本書は世に出ることはなかった。御礼を申し上げる。

最後に，日頃からあらゆる面で支えてくれている妻，長男，長女をはじめとする家族に感謝する。

本書の構成と使い方

本書の構成

　第Ⅰ部はEUの歴史を，第Ⅱ部はEUの運営や各種政策を扱っています。教員は授業回数や授業計画に応じてどの講を扱うかを選ぶことができます。読者は冒頭から通して読んでいただくことも，目次や索引を活用して気になるところから読み進めていただくこともできます。内容的に他の講を参照した方がよいときは，その旨を本文中に明記しています。そちらをあわせて参照していただければ，より深く理解することができます。

　各講の冒頭には学びのねらいを掲載し，末尾には論点と題した復習問題をつけています。理解の確認，予復習，課題や試験の準備などに活用してください。各講末尾の論点は，各自に答えさせることもできますし，グループで話し合わせて互いの理解を表明させることもできます。本文中，出典を［著者　発行年，ページ数］や［web資料］という表記方法で示しています。文章中の句点の前に掲載されている場合には，その文に関係するより詳しい情報が出典元に書かれていることを示します。段落の最後の句点の後に掲載されている場合には，段落全体で扱われている事象についてのより詳しい情報が出典元に書かれていることを示します。本書で扱うことができる情報は非常に限られていますので，出典元の記載内容を読んでいただくことがより深い学びにつながります。出典元の詳しい書誌情報は巻末の引用・参考文献リストに一括で掲載していますので，そちらをたよりにひとつでも多くの文献を手にとってください。紙幅の都合があり，本文中に掲げた文献には，過去に授業をした際に図書館でよく閲覧されていたもの，学生が提出した課題・レポートに参考文献としてよく挙げられていたものを選定しています。それだけ先輩学生たちが過去に学びに利用したものですので，さらに学びたい方はそうした文献をぜひ手にとってください。意欲があれば，引用・参考文献が参照している資料や文献にもあたると，さらに学びが深くなります。

なお，第Ⅱ部の本文には［第Ⅱ部資料集］と書かれている場合があります。これはグラフや図表が別途用意されていますというサインです。サイズや紙幅を考慮して，また今後更新する可能性も考慮して，本書に綴じ込むのではなく別途資料集として法律文化社の教材用ホームページ (https://www.hou-bun.com/) からダウンロードすることができるようにしました。あわせてご利用下さい。

教員のみなさまへ

各講冒頭の記述 (学びのねらい)，末尾の設問 (論点) をラーニング・マネージメント・システムや学習支援システムに入力し，授業で扱うご予定の講の主要引用・参考文献を図書館に取り置きしていただくと，学生の予復習，発展学習が進むようです。そうした自主的な学習行動が平常点やレポート・試験における成果に反映されるようにすると，さらに学生の学びは進むようです。なお紙幅の都合もあり，本書には説明が足りない部分や扱うことができていない話題もあります。先生のご専門や知見を授業内説明にて加えていただくと，そして先生のお立場から見てよいと思われる文献を追加して学生にご紹介いただくと，予復習した学生をさらなる理解へと誘うことができると考えます。

学生または一般読者の方へ

各講末尾の設問 (論点) にどのように答えるか？という観点から本文を読み進めてみましょう。設問に応答する手がかりに至ることができます。太字になっている語は理解のポイントになっていることが多いため，そうした語同士がどのように関連しているのかを考えることも，深い理解につながります。限られた紙幅で話を展開している都合上，本書には説明不足なところがあるはずです。そのような時には，該当する箇所に付されている出典情報と引用・参考文献一覧をたよりに出典元をたどってみてください。さらに詳しく学び，理解することができます。通常，一冊の書籍で読者にお伝えすることができる情報は限られています。本書を出発点に，別の書籍や論文，さらに別の書籍へと情報をたどることによって知見を広げて，ヨーロッパ統合，EUのおもしろさを堪能してください。

地図（EU加盟国）＊2019年10月現在

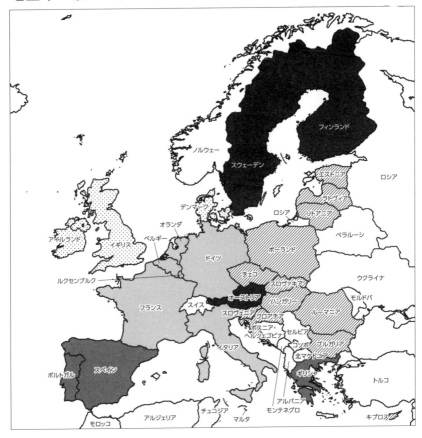

第1グループ：原加盟国
ベルギー，ドイツ（加盟時西ドイツ），フランス，イタリア，ルクセンブルク，オランダ

第2グループ：1973年加盟国
デンマーク，アイルランド，イギリス

第3グループ：1981・1986年加盟国
ギリシャ（1981年），ポルトガル，スペイン（1986年）

第4グループ：1995年加盟国
オーストリア，フィンランド，スウェーデン

第5グループ：2004・2007・2013年加盟国
キプロス，チェコ，エストニア，ハンガリー，ラトヴィア，リトアニア，マルタ，ポーランド，
スロヴァキア，スロヴェニア（2004年），ブルガリア，ルーマニア（2007年），クロアチア（2013年）

略語一覧

ACP（African, Caribbean and Pacific countries）　アフリカ・カリブ海・太平洋（ACP）諸国

AfD（Alternative für Deutschland）　ドイツのための選択肢

AFSJ（Area of freedom, security and justice）　自由・安全・司法領域

APEC（Asia Pacific Economic Cooperation）　アジア太平洋経済協力

ASEAN（Association of Southeast Asian Nations）　東南アジア諸国連合

ASEF（Asia-Europe Foundation）　アジア欧州財団

ASEM（Asia Europe Meeting）　アジア欧州会合

AU（African Union）　アフリカ連合

AVMSD（Audiovisual Media Services Directive）　視聴覚メディアサービス指令

CAP（Common Agricultural Policy）　共通農業政策

CEAS（Common European Asylum System）　欧州共通庇護制度

CFP（Common Fisheries Policy）　共通漁業政策

CFSP（Common Foreign and Security Policy）　共通外交安全保障政策

CJHA（Cooperation in Justice and Home Affairs）　司法内務協力

COMECON（Council for Mutual Economic Assistance）　経済相互援助会議

COREPER（Committee of Permanent Representatives/Comité des représentants permanents）　常駐代表委員会

CSDP（Common Security and Defence Policy）　共通安全保障・防衛政策

DGS（Deposit Guarantee Schemes）　預金保険制度

EAEC（European Atomic Energy Community）　欧州原子力共同体

EAFRD（European Agricultural Fund for Rural Development）　欧州農業農村振興基金

EAGF（European Agricultural Guarantee Fund）　欧州農業保証基金

EAGGF（European Agricultural Guidance and Guarantee Fund）　欧州農業指導保証基金

EAP（Environment Action Programme）　環境行動計画

EASO（European Asylum Support Office）　欧州庇護支援事務所

EBRD（European Bank for Reconstruction and Development）　欧州復興開発銀行

EC（European Communities）　欧州共同体

ECB（European Central Bank）　欧州中央銀行

ECHA（European Chemicals Agency）　欧州化学物質庁

ECSC（European Coal and Steel Community）　欧州石炭鉄鋼共同体

ECU（European Currency Unit）　欧州通貨単位

EDA（European Defence Agency）　欧州防衛機関

EDC（European Defence Community） 欧州防衛共同体

EDF（European Development Fund） 欧州開発基金

EDPS（European Data Protection Supervisor） 欧州データ保護監視機関

EEA（European Environment Agency） 欧州環境庁

EEA（European Economic Area） 欧州経済領域

EEAS（European External Action Service） 欧州対外行動庁

EEC（European Economic Community） 欧州経済共同体

EES（European Employment Strategy） 欧州雇用戦略

EFSD（European Fund for Sustainable Development） 持続可能な開発のための基金

EFSF（European Financial Stability Facility） 欧州金融安定基金

EFSM（European Financial Stabilisation Mechanism） 欧州金融安定化メカニズム

EFTA（European Free Trade Association） 欧州自由貿易連合

EHEA（European Higher Education Area） 欧州高等教育圏

EIB（European Investment Bank） 欧州投資銀行

EMCF（European Monetary Cooperation Fund） 欧州通貨協力基金

EMI（European Monetary Institute） 欧州通貨機関

EMS（European Monetary System） 欧州通貨制度

ENP（European Neighbourhood Policy） 欧州近隣政策

EPA（Economic Partnership Agreement） 経済連携協定

EPC（European Political Cooperation） 欧州政治協力

EPU（European Payment Union） 欧州決済同盟

ERDF（European Regional Development Fund） 欧州地域開発基金

ERM（Exchange Rate Mechanism） 為替相場メカニズム

ESCB（European System of Central Banks） 欧州中央銀行制度

ESDP（European Security and Defence Policy） 欧州安全保障・防衛政策

ESM（European Stability Mechanism） 欧州安定メカニズム

ESS（European Security Strategy） 欧州安全保障戦略

EU（European Union） ヨーロッパ連合

Europol（European Police Office） ユーロポール

FDI（Foreign Direct Investment） 海外直接投資

FRA（European Union Agency for Fundamental Rights） EU基本権庁

FTA（Free Trade Agreement） 自由貿易協定

GATT（General Agreement on Tariffs and Trade） 関税貿易一般協定

GI（Geographical Indication） 地理的表示

GIIPS ギリシャ, イタリア, アイルランド, ポルトガル, スペイン（各国名の頭文字をとったもの）

GNI (Gross National Income)　国民総所得

ICT (Information and Communication Technology)　情報通信技術

IGC (Intergovernmental Conference)　政府間会議

ILO (International Labour Organization)　国際労働機関

IMF (International Monetary Fund)　国際通貨基金

IPA (Instrument for Pre-Accession Assistance)　加盟前支援

MERCOSUR (Mercado Común del Sur)　メルコスール

NAFTA (North American Free Trade Agreement)　北米自由貿易協定

NATO (North Atlantic Treaty Organization)　北大西洋条約機構

OECD (Organisation for Economic Co-operation and Development)　経済協力開発機構

OEEC (Organization for European Economic Cooperation)　欧州経済協力機構

OMC (Open Method of Coordination)　裁量的政策調整方式

OMT (Outright Monetary Transactions)　国債買い入れ措置 (ECB)

PCA (Partnership and Cooperation Agreement)　パートナーシップ協力協定

PHARE (Poland and Hungary Assistance for Restructuring Economy)　(仏語：Pologne/
Hongrie: Assistance à la Restructuration des Economies)　ポーランド・ハンガリー
経済再建支援

QMV (Qualified Majority Voting)　特定多数決

R&D (Research and Development)　研究開発

SAA (Stabilisation and Association Agreement)　安定化・連合協定

SAP (Stabilisation and Association Process)　(西バルカン諸国安定のための) 安定化・
連合プロセス

SDGs (Sustainable Development Goals)　持続可能な開発目標

SEA (Single European Act)　単一欧州議定書

SGP (Stability and Growth Pact)　安定成長協定

SPA (Strategic Partnership Agreement)　戦略的パートナーシップ協定

SRF (Single Resolution Fund)　単一破綻処理基金

SRM (Single Resolution Mechanism)　単一破綻処理メカニズム

SSM (Single Supervisory Mechanism)　単一監督メカニズム

STABEX (Stabilization of Export Earnings System)　輸出所得安定化制度

TTIP (Transatlantic Trade and Investment Partnership)　環大西洋貿易・投資パート
ナーシップ協定

TREVI (Terrorisme, Radicalisme, Extrémisme, et Violence Internationale)　トレヴィ
(警察の政府間協力)

UNHCR (The Office of the United Nations High Commissioner for Refugees)　国連難
民高等弁務官事務所

VAT（Value-Added Tax） 付加価値税
WEU（Western European Union） 西欧同盟
WTO（World Trade Organization） 世界貿易機関

目　次

第Ⅰ部　EUの歴史

第 I 部

EUの歴史

<table>
<tr><td>第 1 講</td><td></td></tr>
</table>

第 1 講　EU統合のはじまり
▶欧州石炭鉄鋼共同体の発足

> 　現在「EU (European Union: ヨーロッパ連合)」と呼ばれている国際組織の起源
> は，第二次世界大戦後に発足した欧州石炭鉄鋼共同体にさかのぼる。しかしなが
> ら，ヨーロッパを統合しようというアイデア自体は，数百年も前から様々な形で提
> 案されてきた。戦間期には，ヨーロッパ統合を求める政治運動も高まった。
> 　ではなぜ，ヨーロッパ統合は第二次世界大戦後になって実現へと動き出したのだ
> ろうか。この講では，第二次世界大戦以前に提案されたヨーロッパ統合構想を大ま
> かに学んだうえで，組織としてのEUの起源である欧州石炭鉄鋼共同体が発足する
> 経緯を理解しよう。

1　ヨーロッパ統合構想の展開

　キリスト教世界と密接に関係していたヨーロッパにおいて，「ヨーロッパ統
合」とは，ある時期まではキリスト教社会の団結ないし統一を意味していた。
たとえば，11世紀末に開催されたクレルモン公会議では教皇ウルバヌス2世の
呼びかけで聖地イェルサレム奪還のための十字軍派遣が決まり，14世紀にはフ
ランス王フィリップの法律顧問デュボアがヨーロッパ諸侯に対してトルコに対
する共同戦線を訴えた [田中俊郎 1998, 9-10頁]。

　その後は，ヨーロッパ諸国間の戦争に端を発した構想が多くなった。たとえ
ば，フランスのアンリ4世に仕えたシュリー公爵は，ユグノー戦争 (1562-1598
年)，ハプスブルク家との争いを経て三十年戦争 (1618-1648年) をたたかうさな
か「大計画」を発表して，キリスト教各派 (新教・旧教) の共存と寛容の精神，
全ヨーロッパによる評議会の設置を説いた。ウィリアム・ペンは，ルイ14世が
引き起こした諸戦争のさなかエッセイを発表，寛容と議会創設による平和を提
唱した。18世紀にはサン＝ピエール神父が法による紛争の平和的解決，連合組
織の創設，軍事費削減，通商促進，共通予算保持などからなる『ヨーロッパ永

久平和覚書』を発表，ルソーがその議論の整理を行った。[田中俊郎 1998, 10-13 頁；ヒーター 1994, 第2章から第5章]

　このように，多くの構想は，イスラム世界や絶対王政に対抗するために，あるいは戦争に明け暮れるヨーロッパ諸国間の平和・発展を促すために提唱されたものであった。このことは，それだけヨーロッパにおける争いが多く，激しかったことを意味している。ただ，こうした構想が各国の王に歓迎されてヨーロッパ統合が実現することはなかった。

2　政治運動としてのヨーロッパ統合

　近代以降，ヨーロッパ諸国は何度も戦争を経験した。とりわけ19世紀後半以降は，戦争を経て各国が疲弊し，国際関係の舞台におけるヨーロッパの存在感が弱まった。このようなヨーロッパ全体としての衰退を諸国間の連帯によって克服しようとしたのが，ヨーロッパ統合を求める政治運動であった。

　たとえば**クーデンホフ・カレルギー**伯爵は，第一次世界大戦後に**パン・ヨーロッパ運動**を主導し，アメリカの台頭やソ連の出現によるヨーロッパの相対的な没落に対して，ヨーロッパ諸国がまとまって取り組むことを提案した。彼の主張に影響を受けたヨーロッパ諸国の政治家も，それぞれにヨーロッパ統合を提案した。フランスのエリオ首相は，1925年にフランス議会においてヨーロッパ合衆国を呼びかけた。その後フランス首相となったブリアンは，国際連盟総会（1929年）においてヨーロッパ合衆国構想を発表，翌年ヨーロッパ諸国に覚書を送付したが，世界恐慌後のヨーロッパ情勢のなかでは実現しなかった。第二次世界大戦中には，ナチス抵抗運動のなかで戦争の原因を国民国家に求める動きがあらわれ，たとえばイタリアのスピネリは第二次大戦後には国家を復活させずにヨーロッパ連邦を創設しようと提案した。[田中俊郎 1998, 13-14頁]

　このように，ヨーロッパ統合思想は20世紀に入るとより政治的な運動に発展した。ヨーロッパ統合の動機は，自ら引き起こした戦争による「国際的な地位の低下」という非常に具体的な懸念を反映した，より切迫したものとなったのである。

3　EU統合のはじまり──欧州石炭鉄鋼共同体発足へ

（1）統合が実現に移された背景

　それではなぜ，第二次世界大戦後になってヨーロッパ統合が実現に移されたのだろうか。その背景には，以下の3つを指摘することができる。

　第1に，1945年時点のヨーロッパの戦争被害が甚大だったことが挙げられる。戦死者，戦争被害者がそれまでの戦争と比べて桁違いに多かっただけでなく，各国の経済・社会的な紐帯も絶たれており，戦勝国，敗戦国にかかわらず一国家が単独で戦前並みに復興を遂げることは困難だった。第2に，政治・経済覇権の交代を指摘することができる。第一次世界大戦で債権国になったアメリカは，国際連盟には加盟しなかったものの徐々に国際社会への影響力を増し，政治的・経済的な覇権はイギリスからアメリカへと徐々に移った。第二次世界大戦が勃発すると，アメリカはイギリスをはじめとするヨーロッパ諸国に軍事的・政治的・経済的な支援を行うようになり，アメリカには経済力や技術力が集中した。アメリカは，結果的に世界の工業生産の半分を占め，世界の金の**3分の2**を保有し，そして何より世界で初めての**核兵器**を保有するに至った。

　第3に，冷戦によるアメリカの戦後秩序構想の変化を挙げることができる。アメリカはイギリスそしてソ連（当時）とともに1940年代早々から戦後国際秩序のありかたを討議し，後の**国連**システムや**ブレトンウッズ体制**を着々と準備していった。しかしながら，イギリスとソ連の思惑がアメリカのそれと完全に一致していた訳ではなかった。たとえば，アメリカが提案した国際貿易体制はブロック経済への反省から自由・無差別・多角を原則にしていたが，海外領土や植民地を有しているイギリスにとっては受け入れづらいものであった。とはいえイギリスには戦争継続に必要な資金もなかったため，アメリカからの支援を求める過程でアメリカに従いつつあった。ソ連は，ブレトンウッズ体制には参加しなかった。

　終戦後は連合国（アメリカ，ソ連，イギリス，フランス）がドイツを分割統治していたが，やはりそれぞれに思惑をめぐらせた。たとえば，チャーチルは1946年にチューリヒでの演説でヨーロッパ統合構想を披露したが，これは大陸諸国

によって構成されるものであり，イギリスがそこに加わることは想定されていなかった。一方フランスは，ドイツの脅威に対処するためにイギリスのコミットメントを求めたが，拒否された（それゆえ，結果としてドイツに歩み寄ることになる）。そのうちに米ソの対立が決定的になると（**冷戦**），アメリカは西ヨーロッパ地域に対する多額の支援を決め（**マーシャル・プラン**：後述），自らが築いた戦後国際秩序原理に固執するのではなく西ヨーロッパの復興と協調（統合）を優先するようになった。

（2）西ヨーロッパの組織化

　それでは，統合はどのように進んだのだろうか。まず，西ヨーロッパにおける統合は，アメリカによる復興支援を通じて現実味をおびてきた。**マーシャル・プラン**を通じて，アメリカは1948年から1951年にかけて総額140億ドルもの資金を西側諸国の支援にあてた（資料によっては，102億ドルから140億ドルまで幅がある。当時のアメリカのGNPの1.5％から2％に相当した）[田所 2001, 62頁]。この支援を管理運営する機構として，1948年には**欧州経済協力機構**（**OEEC**）が設立された。

　当時のヨーロッパ諸国は，貿易における対米依存そしてドル依存（ドル不足）が甚だしかった。そのため，アメリカとヨーロッパ諸国との間の二国間関係での支援は，さらなる対米依存をもたらすと考えられた。そこでアメリカは，ヨーロッパ諸国が貿易を多角的に決済して国際収支を相殺するよう促した。1950年に設立された**欧州決済同盟**（**EPU**）は，西ヨーロッパ諸国が決済に使うドル準備を節約すると同時に諸国間の交易を後押しした。

　軍事，政治面における西ヨーロッパの組織化も見逃すことができない。1948年にはイギリス，フランス，ベネルクス3国（ベルギー，オランダ，ルクセンブルク）がブリュッセル条約に調印し，1949年にはアメリカやカナダなどともに北大西洋条約に調印，**北大西洋条約機構**（**NATO**）を成立させている。チャーチルによるチューリヒ演説が契機となって進んだヨーロッパ結束のための会議では，現在のEUのような統合は選択されなかったが，人権，民主主義，法の支配を促す欧州評議会（Council of Europe）を1949年に設立した。[田中俊郎 1998, 16-17頁]

　上記のような経緯を見ていると，ヨーロッパ諸国の協調はアメリカに促されたように映るが，ヨーロッパ諸国の政治家によるイニシアティブも当然はたらいていた。過去数十年の間にドイツとフランスは幾度も戦火を交えたため，ヨーロッパ地域の平和にはドイツとフランスの和解が欠かせなかった。とはいえ戦後直後のドイツは，フランスにとってなお脅威であった。当初はドイツの弱体化を狙ったフランスだが，アメリカとの結びつきを重視するイギリス，そしてヨーロッパ諸国間の協力を促すアメリカとの関係のなかで，ドイツと向き合うことになった。OEEC や EPU が創設される過程で西ドイツが建国されると，フランスは西ドイツ問題と西ドイツ成立による石炭鉄鋼調達問題とに取り組む必要が生じた。そこで，両国の対立原因であった国境地域の石炭と鉄鋼を共同管理することによって両国の恒久平和を達成しようという考え方があらわれた。実業家であり戦後はフランス計画庁長官を務めた**ジャン・モネ**の原案を受けて，フランスの**シューマン外相**は 1950 年 5 月に独仏の石炭鉄鋼の共同管理を提案した（シューマン・プラン）。西ドイツの**アデナウアー首相**はこれを歓迎し，イタリアとベネルクス 3 国も参加して翌 1951 年にはパリ条約を調印し，**欧州石炭鉄鋼共同体（ECSC）**を設立した。［細谷 2001; 井上 2019］

　ECSC は石炭・鉄鋼という戦略的な資源を超国家機関の下で共同管理しただけでなく，石炭・鉄鋼に関わる製品を障壁のない形でヨーロッパ内に流通させようとした。また，ECSC は価格の自由化，カルテル規制，さらには労働者のための住宅建設といった取り組みをも実施していた。なお，イギリスは当初 ECSC への参加を要請されていたが，その超国家的な性格を懸念して加盟しなかった。イギリスの ECSC 不参加は，その後の EU とイギリスの関係に大きな影響を与えることになる。

　ECSC は当初のもくろみ通り加盟国間の相互の貿易を刺激し，石炭や鉄鋼に関係する**域内貿易**は格段に増加，ヨーロッパの復興に貢献した。ECSC 加盟 6 か国は防衛共同体を創設することも検討したが，これは提案したフランスの批准失敗によって実現しなかった。その後のヨーロッパ諸国は，主に経済統合を進めることになる（第 2 講に続く）。

コラム01　ヨーロッパ・デー，身近にあるEU情報，EU発展に寄与した人物たち
　シューマン仏外相が石炭鉄鋼共同体を提案した1950年5月9日は，「ヨーロッパ・デー」に指定されており，毎年5月になると内外でEUを知る機会が設けられる。日本では毎年5月上旬から「日・EUフレンドシップ・ウィーク」が始まり，講演や展示，市民講座，スポーツなど，様々なイベントが全国で開催される。とりわけ映画祭（EUフィルムデーズ），留学フェア，大学・大学図書館等が実施する展示やシンポジウムといった企画は，本書の想定読者である学生や社会人のみなさんの関心をひくと思われる。駐日欧州連合代表部の日本語ホームページ（https://eeas.europa.eu/delegations/japan_ja 2019年9月1日現在）には，フレンドシップ・ウィークに関する情報に限らず，各種政策解説，日・EU関係で話題になっていることなども掲載されている。
　また，本講で紹介した人物をはじめ，EUの発展に寄与した人物については，EUの公式ホームページ（英語）の「EU Pioneers」というページで紹介されている（https://europa.eu/european-union/about-eu/history/eu-pioneers_en 2019年9月2日現在）。シューマン・プランを構想したモネ，そのプランを発表したシューマン，プランに賛同したアデナウアーそれぞれが第二次世界大戦前そして大戦中にどのような経験をしたかなど，登場する人物について少しでも知っておくと，なぜヨーロッパで統合が提案され，そして進むのかを理解する助けになる。上記サイトには当時の動画や画像も掲載されているので，当時の様子を知る意味でもぜひ閲覧してもらいたい。

（3）EUの起源をどのように説明するか？

　ヨーロッパ統合構想は，20世紀前半までに思想家による計画から政治運動へと変貌を遂げ，2度の世界大戦，ヨーロッパ諸国の凋落，アメリカの台頭，冷戦を経て，実現へと動き出した。大陸ヨーロッパ諸国は戦争の原因となった資源の共同管理を進めることによって，ドイツの脅威を抑える形で和解を目指し，**不戦共同体**としてのヨーロッパ統合へと踏み出した。このとき設立されたECSCが今日のEUにつながっている。
　ただヨーロッパ統合は，「2度と戦争を起こしたくない」という動機のみで計画された単純なものではない。戦争で甚大な被害を受けたヨーロッパにおいては，ミルワード（Alan S. Milward）の言葉を借りれば「いかに国民国家を救済するか」という現実的な課題がのしかかっていた。ヨーロッパ復興にアメリカ

からの支援は不可欠であったし，アメリカがヨーロッパ支援の過程でOEEC
やEPUといった組織の創設によるヨーロッパ域内貿易を促したのには，冷戦
（ソ連の現実的な脅威）という文脈があったからにほかならない。EPUやECSC
がもたらした**域内貿易の増大**という現実的なメリットは，アメリカによる復興
支援ひいては冷戦と切り離して理解することができないのである。

　統合思想，政治運動，世界大戦，戦後秩序，冷戦，そのなかでのアメリカの
戦略変更と復興支援，ヨーロッパ諸国にとっての域内貿易増大という実益，さ
らにはヨーロッパ諸国の政治家の意思と行動，これらすべてが上記のように連
関した形で，EUの組織としての起源であるECSCは誕生したのである。

◎論　点

① 第二次世界大戦までにどのようなヨーロッパ統合が提案されたか，紹介し
てみよう。

② なぜヨーロッパ統合は第二次世界大戦後になって本格的に動き出すことに
なったのだろうか，説明してみよう（お互いに理解を表明しあってみよう）。

③ EU（戦後のヨーロッパ統合）の起源を説明してみよう。その際，統合が進ん
だ背景や要因，統合に期待されていた効果，実際に生じた効果について触
れるようにしよう。

第 2 講　経済統合の進展へ
▶欧州経済共同体

> 　欧州石炭鉄鋼共同体の設立によって，加盟国6か国は重要な資源の共同管理と関連物資の域内貿易量増大に成功した。同じ頃，冷戦がエスカレートしたため，西ヨーロッパ諸国は防衛面での統合を進めようとしたが失敗し，その後経済共同体を創設する。経済共同体ではいくつかの取り組みが定められたが，あるものは成功し，別のものは成功しなかった。
>
> 　そのような1950年代から1960年代にかけてのヨーロッパ経済統合の流れは，「EUが何のために存在しているのか」をある意味明確に物語っている。当時の様子をきちんと理解して，普段私たちがEUについて考える際に，「統合」という言葉からくるイメージのみに流されないようにしよう。

1　防衛共同体の失敗から経済統合へ

　1950年6月に朝鮮戦争が勃発すると，アメリカはソ連の脅威に備えるためにも**西ドイツ再軍備**を含めた西ヨーロッパの軍備強化を求めた。ところが，フランスではまだドイツに対する不信感はぬぐいきれておらず，西ドイツの再軍備を受け入れることは困難であった。フランスのプレヴァン首相はジャン・モネの提案を受けて国民議会においてプレヴァン・プランを発表した。そのプランを基に，ECSC加盟6か国は1952年5月，**欧州防衛共同体**（**EDC**）条約に調印した。EDCは，ドイツ国軍は復活させずに統一欧州軍のなかにドイツ人部隊を設ける予定であった。ところがフランス自身が国内での**批准**に失敗して（1954年8月），計画は頓挫した。結局西ドイツ再軍備問題は，当時ECSC加盟国ではなかったイギリスのイーデン外相の提案した方法，すなわち，西ドイツの主権と国軍は復活させるが，ブリュッセル条約（第1講を参照）を改組した西欧同盟（WEU），さらには北大西洋条約機構（NATO）に西ドイツを加盟させてヨーロッパに組み込んでおくという方法で決着した（1955年）。[田中俊郎 1998, 18-19頁]

　EDC 批准に失敗した ECSC 諸国は，1955年 6 月にメッシーナで外相会議を開いた。会議では，1940年代後半にベネルクス関税同盟を創設し1960年代にはさらなる経済統合を進める予定だったベルギーのスパーク外相，オランダのベイエン外相，ルクセンブルクのベッシュ首相の主導で**メッシーナ決議**を採択した。そして，さらなる経済的な統合を進めるためにベルギーのスパーク外相を中心とした委員会を発足させた。委員会は1956年 5 月に報告書（**スパーク報告**）を提出し，これに基づいて原子力共同体と経済共同体とを創設するという基本方針を確認した。1957年には**ローマ条約**を調印して，翌1958に欧州原子力共同体と欧州経済共同体が発足した。［田中俊郎 1998, 20頁］

　欧州原子力共同体（**EAEC**）は，別名「EURATOM（ユーラトム）」と呼ばれるとおり，石油に続くエネルギー資源だと目された原子力の供給・管理，研究開発の促進による原子力産業の育成を目指した組織である。**欧州経済共同体**（**EEC**）は，関税同盟，共同市場，共通通商政策，共通農業政策，競争法など，経済分野全般にわたる協力の促進を目指した組織である。1967年には EAEC と EEC そして ECSC の 3 機関を併合して，**欧州共同体**（**EC**）が発足した。

　それでは，EEC はどのように各国に協力を促し，当時のヨーロッパにどのような効果をもたらしたのだろうか。関税同盟と共同市場をとりあげて検討してみよう（共通農業政策，競争法については第18講を参照）。

2　関税同盟──そのしくみと効果

　EEC を構成する関税同盟は，同盟参加国間の関税を互いに撤廃すると同時に，参加国ではない第三国に対して共通関税を設ける。関税とは，外国からの輸入品（工業製品）に対して課す税金である。関税をかけることによって，外国からの安い製品の流入を食い止めて自国産業の保護を可能にすることができるだけでなく，自国の収入にもなる。ただ，このような性格をもつ関税を EEC 加盟国がお互いにかけてしまうと，加盟国間の交易は妨げられ，ヨーロッパ規模の市場の成長が阻まれることを意味した。そのため，関税同盟によるより大きな市場圏の創設は非常に重要であった。

　学問（貿易の理論）上，関税同盟には貿易創出効果と貿易転換効果があるとい

われている。**貿易創出効果**とは，域内（同盟構成国間）の関税が撤廃されることによって，自国の製品よりも安い他の加盟国の製品が輸入されるようになり，文字通り関税同盟の構成国間で貿易が創り出されることを指す。**貿易転換効果**とは，同盟構成国が対外共通関税をかけることによって，域外（たとえばアメリカ）からの輸入よりも同盟構成国からの輸入の方が価格上安くなり，域外の国との貿易が域内貿易に置き換わることを指す。[田中素香ほか 2018, 45-46頁]

　つまり，論理上，関税同盟の成立は加盟国間の相互貿易を刺激してヨーロッパを一大貿易圏に育てあげ，域内の産業転換に貢献するはずであった。ローマ条約は加盟国が1958年から12年間かけて互いの関税を完全に撤廃すると定めていたが，関税撤廃と共通関税の創設は順調に進み，予定より早い1968年7月に関税同盟が完成した。その結果，EECの世界への輸出入合計は1958-70年にドルベースで3倍になり，域内貿易は9倍に増加，これによって域内貿易が貿易全体に占める割合は1958年には大国が30％，小国で40％だったものが，1972年になると大国で50％，小国で60-70％へと増大したという[田中素香ほか 2006, 46頁]。また，ひとりあたりのGDPについて，1950年代と1970年代を比べるとアメリカとの差が2.4倍から1.8倍にまで縮小したという[田中素香ほか 2006, 46頁]。加盟国が関税障壁を順に撤廃し，その結果理論が想定した通り域内貿易増加と経済成長をもたらしたことは，後の共同市場との対比で重要である。なお，このような地域的な取極は関税貿易一般協定（GATT）の規定（24条）に抵触する可能性があったが，アメリカはヨーロッパの関税同盟を容認した。

3　共同市場──進まなかった4つの自由移動

　共同市場とは，人，物，サービス，資本といった経済の4つの要素の自由移動（**4つの自由移動**，4つの自由：four freedoms）を達成した市場のことである。これら4つの要素が国境を越える際，つまり貿易を行う際にたちはだかる各国の障壁を撤廃しようというのが，共同市場の狙いである。障壁とは，たとえばビザ（査証），入国管理，工業規格や認証基準，安全基準，資格要件，為替管理といったものである。こうした障壁を設けると外国からの輸入を抑止することができるため，これらの障壁は先の関税との対比で**非関税障壁**と呼ばれる。そ

コラム02　EUの呼称

　EUを学ぶ時に私たちを混乱させるのが，EC, EUなどといった呼称の多さである。書籍やウェブ上で見られる図解には細かなところに相違があって気になるだろうが，慣れるまでは「マーストリヒト条約（1993年発効）の後をEU，それ以前をECと呼ぶ。1967年よりさらに前の話についてはEECと呼ぶ。」で構わない。下記(2)のような事情もあるので，表記の際にはあえて和訳しなくてもよいだろう。

　呼称がややこしいのは，組織が対象にしている「政策領域」を踏まえた整理や区別をしようとするため，あるいは（単独で国際条約を締結することができるどうかという）法人格の有無を反映させようとするためである。具体的には，主に以下(1)から(7)といった事項のどの部分を踏まえるかによって，名称の使い分けが煩雑になる。EUを学ぶことに慣れたら，みなさんが話題にする内容と文脈に合わせた呼称に切り替えていただければと思う。

(1)　ECSC, EEC, EAECはそれぞれの目的に応じて別個に設立された。

(2)　1967年に上記3共同体を併合し，その総称が「EC（European Communities）」となった。日本語文献では当時「EC」と表記されていたが，初出の際に訳語をあてる場合には「欧州共同体」が用いられた。

(3)　単一欧州議定書そしてマーストリヒト条約では，EECが当初定めていた政策領域（関税同盟，共同市場，共通農業政策，共通通商政策，独占禁止法など）以外に，新たな政策領域が追加された。

(4)　(3)との関連で，マーストリヒト条約ではEECを「EC（European Community）」と呼称すると定め，ECSC, EAECと合わせて第1の柱に位置づけた。この部分には経済通貨同盟も含まれた。

(5)　同時に，マーストリヒト条約はCFSP（共通外交安全保障政策）とCJHA（司法・内務協力）の規定を設けて，それぞれ第2の柱，第3の柱と位置づけ，3つの柱からなる「EU: European Union（ヨーロッパ連合）」が誕生した。なお，この時点ではEUは法人格を有しておらず，対外的に独立して行動することができなかった（ECは法人格を有した）。

(6)　2002年，ECSCが条約上の時限を迎えて終了，解消された。

(7)　2009年に発効したリスボン条約では，EUの3つの柱構造が廃止された。第1の柱にあった「EC」は「EU」にとって代わりこれが引き継ぐことになった。第1の柱にあったEAECは，EUとは別枠で存在することになった。さらに，EUに法人格が与えられた。

のような非関税障壁の撤廃を通じて，EEC構成国間にあたかも国境が存在しないかのような市場をつくろうとしていたのである。

　ところがこの共同市場計画は，関税同盟とは対照的に1960年代そして1970年代になっても完成しなかった。非関税障壁の撤廃は加盟国間の話し合いによって決められていたが，ある時期からその決定方法に変化が生じたためである。

　EECの運営について定めた条約（ローマ条約：第13講を参照）は，意思決定方式を全会一致から特定多数決へと段階的に移行すると定めていた。しかしながら，フランスのド・ゴール大統領が多数決への移行をはじめとするEEC諸改革への反対を表明して，1965年7月から翌年初めにかけてEECの活動をボイコットした（**空席政策**）。あまりに早く統合が進むのを避け，国家によるコントロールを取り戻そうとしたのである。他の加盟国はフランスとの妥協を模索し，1966年1月に「**ルクセンブルクの合意**」と呼ばれる妥協に至り，加盟国にとって死活的な問題については**全会一致**が得られるまで各国が審議を続ける慣行が生まれた［辰巳 2012, 17-19頁; 田中俊郎 1998, 22-23頁］。共同市場創設のためには各国の非関税障壁撤廃が不可欠だったが，この全会一致の慣行下では共同市場創設に関わる取り決めは進まなくなってしまった。

　EECが発足して，加盟国は貿易の障壁となる関税および非関税障壁の撤廃に乗り出した。ところが，前者を対象にした関税同盟は予定より早く完成して域内貿易増加に貢献した一方で，非関税障壁撤廃に取り組んだ共同市場計画は全会一致慣行の導入によって停滞してしまうという，対照的な結果を生んでしまった。共同市場計画が再始動するには，1980年代になるのを待たねばならなかった。

◎論　点
① 防衛共同体はなぜ提案されたか，そしてなぜ成功しなかったか。説明してみよう。
② 関税同盟とは何か，それによってどのような効果が期待され，どのような結果をもたらしたか。説明してみよう。
③ 共同市場とは何か，それによってどのような効果が期待され，どのような結果をもたらしたか。説明してみよう。

第 3 講　通貨協力
▶1970年代のEU

ギリシャ危機（2009年）以降，2010年代にはユーロやEUに対する批判的，あるいは悲観的な論調が目立った。危機に直面したからという理由でユーロ（単一通貨と単一金融政策の導入）の欠点をとりあげ，非難するのはたやすい。しかしながら，そもそもなぜヨーロッパ諸国は，そのような論争的な議論を内包したプロジェクトに取り組むことにしたのだろうか。

上の問いに答えるためには，ユーロが発行される30年ほど前，すなわち1970年代に遡って学ぶ必要がある。というのも，ブレトンウッズ体制崩壊という国際政治経済上の変動とヨーロッパ内の協力促進の動きとがあいまって，当時のヨーロッパ諸国はヨーロッパ**なりに**通貨統合（経済通貨同盟）に必要な条件を導き出したからである。このヨーロッパ**なりの**文脈をおさえることが，本講の目的である。通貨協力が行われた背景と経緯，通貨協力の成果を理解しよう。

1　通貨協力の背景

EEC設立を定めたローマ条約には経済通貨同盟に関わる規定は明示されていなかったが，関税同盟や共同市場に取り組む過程で，加盟国は1960年代には国際収支の均衡と通貨（為替）に関わる協力を進めようとした。1962年にEEC委員会が作成した「第二段階の行動計画」には，将来的な為替相場の固定，蔵相会議や中央銀行総裁会議の設立が盛り込まれた。農産物価格の域内統一価格を目標のひとつにしていた共通農業政策（詳しくは第18講を参照）の整備にともない，通貨の統一は共通農業政策の実施に必要（便利）だと見なされたが，フランスによる空席政策以降は，しばらく通貨統合が俎上にのぼることはなかった。［清水 1979, 14-16頁］

ただ，この時期には国際経済・通貨体制自体が揺らぎ始めていた。ヨーロッパにおける通貨協力の背景を理解するためには，当時の国際経済・通貨体制が

現代とは全く異なっていたことを理解しなければならない。第二次世界大戦後の国際経済・通貨体制のありかたを定めたブレトンウッズ体制は，アメリカの絶大な経済力を背景に運営されていた。そのうち国際通貨体制については，**金・ドル本位制**に基づく**対ドル固定相場制**で運営されていた。このしくみのもとでは，アメリカによる西側諸国支援，そして復興・成長を遂げた西側諸国からアメリカへの輸入増加（国際収支赤字）はアメリカからの**ドル流出**（金の流出）を意味しており，結果としてドルの切り下げ（ドルの価値が下がる）圧力がかかった。ドル流出傾向はヴェトナム戦争による出費拡大で拍車がかかり，戦後直後には240億ドルあった金準備が1971年には100億ドル程度に下がったともいわれている［井村 2016, 184頁；佐瀬 1995, 77-81頁；田所 2001, 78頁］。しかしながら，そうしたドルの危機に対して，アメリカは積極的には対策を講じなかった。アメリカは，自国がドルを防衛するのではなく，貿易黒字国がドルを蓄積，買い支えをするか，当該国の通貨を切り下げること等によって対処すべきだという立場をとったのである（**ビナイン・ネグレクト**）［田中素香ほか 2018, 109頁］。

　一方ヨーロッパ内では，貿易収支黒字国（例：西ドイツ）と赤字国（例：フランス）に分かれ，その結果ドルに対する平価が切り上がった（西ドイツ），あるいは切り下がった（フランス）。このヨーロッパ諸国間の通貨価値の不統一な変動は，たとえば域内の農産物価格維持が困難になるなど，EECにおける加盟国間の協力に多大な影響を与えた［田中素香 2010, 44頁］。1960年代後半に通貨不安が生じるようになると，通貨協力，通貨同盟発足をめぐって具体的な討議が行われるようになり，1969年のハーグ首脳会議では経済通貨同盟を進めることが決まった［清水 1979, 16-19頁；田中俊郎 1998, 93頁］。

　こうして各国は緊密な通貨協力を目指すことになったが，為替（レート）と国内経済そして国際収支の関係をどのように捉えるかをめぐって，とりわけ西ドイツとフランスが意見を異にした。西ドイツは戦間期の反省から，**物価安定**（インフレ抑制）を最優先して構成国間で経済政策を調整することこそが国際収支を安定させることにもつながると主張した。対照的にフランスは，イギリスのEC加盟も意識して通貨協力の達成を最優先した。両者の立場は，それぞれ「**エコノミスト**」，「**マネタリスト**」と形容されることがある［田中素香 2010, 45頁；田中素香ほか 2018, 112頁；田中俊郎 1998, 93頁］。

　両者を折衷した形で，ルクセンブルク首相兼財務相（当時）であったウェル
ナーを中心とする経済通貨同盟の作業部会は，1970年10月に『**ウェルナー報告**』
を発表した。報告は，加盟国通貨の為替変動幅を徐々に縮小して10年間でゼロ
にすること，変動幅維持のための基金を設立すること，欧州中央銀行を設立し
て単一通貨を発行することを計画していた［内田・清水 1991, 121-122頁; 田中俊郎
1998, 93-94頁］。計画では1971年6月に第1段階を開始して，ブレトンウッズ体
制の変動幅である上下合計1.5%幅から上下合計1.2%幅に狭めて協力する予定
であったが，計画は順調には進まなかった。その直前の5月，マルク投機への
対応をめぐる対立から西ドイツやオランダが単独フロートに移行し，さらに8
月にはアメリカのニクソン政権が国際通貨体制の根幹である金・ドル兌換を停
止した（**ニクソン・ショック**）ためである［田中素香ほか 2018, 112頁; 田中俊郎 1998,
93-94頁］。

2　共同フロートとその成果

　ニクソン・ショック後，1971年末には**スミソニアン合意**がとりつけられ，金
兌換を停止したままではあったが実質ドル切り下げとなる各国通貨間調整が行
われ，変動幅を拡大（上下1%から2.25%）して固定相場制の維持を図った。と
ころがその後もドルの信認低下は続き，それに対するアメリカの対策も積極的
ではなかった（前述）。そうするとドルに代わってマルクが評価されるが，ヨー
ロッパの通貨でマルクのみが評価された場合，固定為替相場維持のためにはマ
ルクとともに他の加盟国通貨も引き上げねばならなかった。アメリカドルの動
向に左右されると，ヨーロッパ諸国通貨の固定為替相場の維持は非常に困難に
なった。

　そこでECは，スミソニアン合意の対ドル上下合計4.5%の変動幅（トンネル）
を維持しながらもEC加盟国の通貨間ではそれより狭い上下合計2.25%の変動
幅を維持することにした（**トンネルのなかのヘビ**）。EC加盟国は，互いの通貨
レートを定めて（パリティ・グリッド），その定めた数値の上下2.25%の幅で介
入のめどを立てて為替レート維持を行うことにした。当時の貿易額の大半を域
内貿易で占めていたEC諸国にとって，域内諸通貨間の通貨協力は不可避でも

あった。この為替協力は1972年4月に開始され，その時点でまだECに加盟していなかったイギリス，アイルランド，デンマークも5月から参加した。[田中素香ほか 2018, 112頁; 田中俊郎 1998, 94頁]

　ところが，イギリスそしてアイルランドが直後の6月に離脱，翌1973年3月にはイタリアも離脱した。自国通貨をEC変動幅内にとどめずにさらに切り下げることによって，**輸出主導**の成長・雇用政策を進めようとしたのである[田中素香 2010, 46-47頁; 田中俊郎 1998, 94頁]。1973年3月にはスミソニアン合意すら崩壊し，**変動相場制**が導入された。これにともないECはヨーロッパ諸国間のみで安定したしくみを作るべく，EC諸国（イギリス，アイルランド，イタリアを除く）の通貨を一定変動幅内（上下合計2.25%）に維持し，ドルをはじめとする域外の通貨に対して共同で変動させることにした（**共同フロート，トンネルを出たヘビ**）。しかしながら，1974年1月にはフランスが早々にフロートから離脱した（1975年7月に復帰，翌76年3月再離脱）。フランス，そして先に離脱したイタリアは，物価上昇率を下げてインフレを抑制しようとする西ドイツとは異なる考え方をもっており，フロートからの離脱が国際収支改善に寄与すると考えていたからである[田中素香ほか 2018, 113頁; 田中俊郎 1998, 94-95頁]。共同フロートは，残ったドイツ等の国々だけで維持された（**ミニ・スネーク**）。

3　欧州通貨制度を通じた独仏協力へ

　自国の国際収支改善を優先する参加国がいたこと，そしてEC加盟国内で通貨協力における物価抑制の位置づけをめぐる対立があったことから，共同フロートは機能しなかった。それでは離脱した国，残留した国はそれぞれに目標を達成することができたのだろうか。

　まず，共同フロートに残った国は対外的には評価され（通貨が買われ：切り上がり），逆に離脱した国は評価を下げた（通貨が売られた：切り下がった）。共同フロート離脱はその国の通貨に対する投機を生み，為替相場が暴落し，外貨準備が枯渇し，不況に見舞われたのである。とりわけイタリアやイギリスは外貨準備が尽き，その結果IMFに資金援助を申請し，緊縮財政政策を行い不況に陥るという，フロート離脱の狙いからすれば「元も子もない」状態に陥った。他

方，フロートに残留した国が成功したという訳でもなかった。為替リスクで（たとえばフランスやイタリアに対する）輸出が減退したドイツは，輸出不振に起因する不況と低成長に陥った。域内貿易を標榜するヨーロッパにとって，域内向けの輸出不振は大きな打撃であった。さらには輸出不振による不況がさらなる投機を生み，ヨーロッパ諸国は悪循環に見舞われた。[田中素香 2010, 48頁；田中素香ほか 2018, 114頁]

　このように，共同フロートからの離脱は離脱国そして残留国いずれにもメリットをもたらさなかったため，EC諸国は通貨協力を復活させようと尽力することになった。西ドイツのシュミット首相とフランスのジスカール＝デスタン大統領は，**欧州通貨制度（EMS）**の創設で協力し，1978年末の欧州理事会でEMSの導入が決定，翌1979年の３月から発足することになった。ただしイギリスは，通貨主権の喪失に反対してEMSへの参加を見送った。[田中素香ほか 2018, 114頁；田中俊郎 1998, 95頁]

　EMSではまず，加盟国間の緊密な為替協力による安定通貨圏を創出しようとした。特に**為替相場メカニズム（ERM）**というしくみをつくり，改めて各国通貨の間に中心レートを定めてそこに上下2.5％（イタリアのみ上下６％）の変動幅を設け，各国はこれを維持することになった。また，残高決済の方式を多角化・多様化することによって，投機筋に加盟国間の協力を妨げられないようにした。さらには早期警戒システムや介入のための欧州通貨協力基金（EMCF）を創設し，構成国通貨から構成されるバスケット通貨である欧州通貨単位**エキュー（ECU）**を導入して，域外の通貨に対してレートを設定，変動させた。[内田・清水 1991, 130-137頁；田中俊郎 1998, 95-96頁]

　こうして始まったEMSは，何よりもまず西ドイツ―フランス間の協力体制を復活させたという点で重要だった。発足当初，1980年代初頭には危機もあった。たとえば，西ドイツとフランスの物価上昇率格差が乖離し，物価の安定している西ドイツが黒字となる一方で，1981年に選挙で完全雇用を公約して当選したフランスの**ミッテラン**大統領は完全雇用を達成しようとしたもののインフレと貿易収支赤字にさらされて，EMS危機に陥った[田中素香 2010, 49-50頁]。しかしながらミッテランは，1983年３月にEMSに残留してインフレを抑制する政策へと方針を転換した[田中素香 2010, 50-51頁；田中素香ほか 2018, 115-117

頁]。この方針転換は，フランスが景気回復手段としての為替変更政策を放棄しドイツ型の物価上昇抑制方針へと収斂したことを意味した。実際にそれ以降，EMSも安定へと向かった。この経験はユーロに活かされることになる。つまり，**物価上昇率を抑える**という考え方が，通貨の統合に必要不可欠な要素として認知・共有されるに至ったのである［田中素香 2010, 52-53頁；田中素香ほか 2018, 114-118頁；田中俊郎 1998, 96-98頁］。

◎論　点

① なぜ，ヨーロッパは1970年代に通貨協力を目指そうとしたのだろうか。説明してみよう。

② 共同フロートとはどのようなしくみか，その成果はどのようなものだっただろうか。まとめてみよう。

③ ウェルナー報告から共同フロートを経て欧州通貨制度（EMS）に至るヨーロッパ諸国の経験は，その後の単一通貨ユーロにどのような影響を与えただろうか。理由や根拠となる事実を紹介しながら，説明してみよう（理解を表明しあってみよう）。

第 **4** 講　1992年域内市場統合計画
▶1980年代のEU

　ブレトンウッズ体制の崩壊そして 2 度にわたる石油危機は，国際政治経済に大打撃を与えた。もちろん西ヨーロッパ諸国も深刻な影響を受け，経済停滞と高失業に悩まされた。アメリカや日本がそれぞれに不況を克服し世界市場におけるシェアを上げた一方，EC 諸国の世界市場におけるシェアは低調で，域内市場も分断されたままであった。EC 諸国は，未完成の共同市場計画を改めて遂行しようとした。

　「域内市場統合計画」と名づけられた共同市場再創設の試みは，EUの中心プロジェクトであると同時に，現在も進行している不断のプロジェクトである。また域内市場統合は，その後のEUの発展，展開を理解するにあたって非常に重要なターニングポイントでもある。域内市場統合進展の経緯，達成方法を正確に理解しておこう。

1　域内市場統合計画登場の背景

　石油危機以降，EC諸国は長期の経済停滞と高失業に見舞われた。また，ローマ条約に定められていた関税同盟と共同市場は，前者は完成したものの後者が進んでいなかった。共同市場計画が進まないため，ヨーロッパ企業はEC規模の市場を活用することができず，競争力においてアメリカや日本におくれをとった。

　EC統合自体も，1970年代には停滞の色が濃くなった。1969年のハーグ会議においてポンピドゥー仏大統領とブラント西独首相は，1970年代の目標に**完成**，**拡大**，**深化**，**政治協力**を掲げた。しかしながら，深化の目玉である通貨協力はなかなか進まなかった（第 3 講を参照）。両国の首脳がジスカール＝デスタン仏大統領とシュミット西独首相に交代すると，両首脳は協力して1974年には加盟国首脳会合の定例化を提案し，**欧州理事会**が最低年 3 回開催されるようになった。ただ，欧州理事会はECとは別枠の会合として位置づけられており，EC自体の発展ではなかった（詳しくは第24講を参照）。さらなる統合を進めるた

コラム03　1980年代，1990年代のEC/EUと加盟国の長期政権

　1980年代半ばから1990年代前半にかけて，ECは単一欧州議定書の締結に成功して域内市場統合を進め，政治統合や経済通貨同盟を定めたマーストリヒト条約の調印，EUの発足にも成功した。この時期にEC/EU統合が非常に進んだことになるが，当時の加盟国（9か国体制から12か国体制へ）にも目を配ると，多くの加盟国でこの時期をほぼカバーする長期政権が存在していたことが分かる。

　イギリスにサッチャー首相（1979-1990年）が登場した後，フランスではミッテラン大統領（1981-1995年），そして西ドイツにはコール首相（1982-1998年）が政権につき，ドロール欧州委員会委員長の在任期間中（1985-1995年）に上記の統合が進んだという話は，いくつかの書籍にも言及されている。だが，他にもたとえばオランダのルベルス首相の在任期間は1982年から1994年と当時は戦後オランダ首相としては最長の在任期間であり，ルクセンブルクのサンテール首相の在任期間は1984年から1995年，ベルギーのマルテンス首相については1981年から1992年，デンマークのシュルター政権は1982年から1993年と，大半の加盟国が当時長期政権を経験していたことになる。

　今日と簡単に比較することはできないし長期政権を維持すること自体が目的であってはならないが，加盟国の多くが安定した政権に立脚して相互の関係を築くことは，EUそしてヨーロッパの安定と関わりがあるのかもしれない。

めの報告書作成を依頼されたベルギー首相ティンデマンスは，1975年に『ティンデマンス報告』を提出し，EC諸機関の強化や閣僚理事会における多数決導入，経済通貨同盟の前進などを提案したものの，棚上げにされた。[田中俊郎1998, 23-25頁]

　経済停滞にさいなまれ，またEC統合もなかなか進まないうちに，EC諸国は1980年代を迎えた。イギリスでは後にECに予算還付を求める**サッチャー**が1979年に首相に就任し，1981年にはフランスでは**ミッテラン**が大統領に就任，翌年西ドイツでは**コール**が首相に就任するなど主要加盟国の首脳が交代し，「ヨーロッパ悲観論」の象徴になっていた経済停滞と高失業率への取り組みが求められた。また，1981年にギリシャが，1986年にはスペインとポルトガルがECに加盟する見込みであったことから（拡大），それとのバランスをとるためにもEC統合の進展（深化）が必要になった [田中俊郎 1998, 23-26, 84-85頁]。

　ECは，未完の**共同市場**計画に注目した。EECを創設したローマ条約は関税

同盟の創設とともに，**人・物・サービス・資本の自由移動**の達成すなわち共同
市場の創設を目指していた。ところが関税同盟は完成したものの，関税により
ない障壁（**非関税障壁**）は加盟国間に根強く残り，ヨーロッパ市場は分断された
ままになっていた。当時の各国の人口を踏まえると，EC 諸国の市場分断はす
なわち消費者の分断や細分化であり，そのような環境では企業の競争力は上が
らなかった。障壁が残ったままでは国境を越えたビジネス（域内貿易）が妨げら
れるため，多国籍企業はより広い「ヨーロッパ」市場を求めた。ところが諸国
間に残る障壁を撤廃しようにも「ルクセンブルクの合意」以降の EC には**全会
一致**の慣行があり，1 か国でも反対する事案は採択される見込みがなく，その
ままでは共同市場完成は進まなかった。

2　『域内市場白書』と単一欧州議定書──域内市場統合へ

　そのようななか，1985 年に**ジャック・ドロール**が EC の欧州委員会委員長に
就任した。その後 10 年にわたって欧州委員会委員長を務めた彼は，域内市場の
完成つまり共同市場計画の再発進を最重要課題に掲げた。ドロールはイギリス
のコーフィールド卿を域内市場担当委員に任命し，域内市場を完成させるため
に必要な手法とタイムスケジュールとをまとめさせた。コーフィールド卿がま
とめた『**域内市場白書**』は，共同市場達成の妨げになっていた非関税障壁──
具体的には通関や検疫といった**物理的障壁**，規格や認証といった**技術的障壁**，
付加価値税（VAT）などの相違に起因する**税制的障壁**──を **1992 年**までに撤廃
することを提案しており，そのために必要な立法スケジュールも提案してい
た。こうした障壁を撤廃することによって企業は数百億 ECU，日本円にして
兆単位（当時）のコストを節約し，資金を研究開発等に回すことができると期
待された。EC 規模の市場が統合されることによって当時の GDP にして 4-6％
に相当する利益の増加や雇用増加（180-500 万人）などが見込まれ，当時の経済
的閉塞状況の克服が期待された［田中俊郎 1998, 26-27, 85-87 頁；チェッキーニ
1988］。
　1985 年 6 月に開かれたミラノ欧州理事会（上述）では『域内市場白書』が提
出・承認され，ローマ条約を改正して域内市場統合を進めるための政府間会議

を開催することになった。政府間会議を経て，1986年2月には改正ローマ条約に相当する**単一欧州議定書**が調印され，加盟国による批准を経て1987年7月に発効した。

3　どのように域内市場統合を達成したか

『域内市場白書』そして単一欧州議定書は，(1)相互承認，(2)指令，(3)QMV，といった手段を通じて，それまで達成することができなかった「人・物・サービス・資本の自由移動（4つの自由移動）」を達成しようとした。

（1）相互承認

4つの自由移動を達成するためには，輸出国の産品に対して輸入国が規制をかけることを最小限にとどめなければならない。輸入国側の規制を製品やサービスに逐一反映させていると，輸出側に多大な追加コストがかかってしまう。そのようなコストを最小限に抑えるために，『域内市場白書』は2つの方法を検討した。

ひとつは，EUレベルでひとつのルールを作ってしまうこと（**調和：harmonization**）であった。ただ，これでは全加盟国がひとつのルール形成（統一）を承認・合意するのに時間がかかる。いまひとつは，1970年代にEU司法裁判所が判例を通じて導出した概念である**相互承認（mutual recognition）**であった。これは，輸出国側で合法的に産出・流通・販売されているならば，輸入国側でもそのまま流通と販売を認めようという考え方である。相互承認を採用することによって法やルール改変のコストと時間を下げ，早期に域内市場を統合しようとしたのである（詳細は第19講を参照）。

（2）指令

EUでは，加盟国の合意を経た後，加盟国に対して効力をもつEU規模の法（派生法，二次法）が形成される（詳細は第15講を参照）。そのような法令にはいくつかの種類が存在しているが，域内市場統合においては，そのうち「**指令（directive）**」が多用された。

指令とは，EU レベルで採択されると同時に加盟国に遵守義務が生じる「**規則 (regulattion)**」とは異なり，指令の目的に合わせて各国が自国の法律を置き換える (transpose) ことを認めている。つまり，定められた目的を達成するにあたって，より柔軟に各国の事情 (裁量) にあわせた形で加盟国に実行させることが主眼となっている。1992年に域内市場統合を完成させるために282件の法案のうち約260件の法令が採択されたが，その多くが指令として公布されたことは，前述の相互承認，後述の多数決導入と相まって，域内市場関係法令の迅速な成立・整備に貢献した [田中素香ほか 2018, 31-32, 57-58頁; 田中俊郎 1998, 87頁]。

（ 3 ） QMV（特定多数決）の導入

「ルクセンブルクの合意」以降の全会一致慣行を維持し続けていると，非関税障壁の撤廃は進まなかった。よりスピーディに加盟国間に残存する障壁を撤廃するためにも，域内市場統合関係の意思決定方式を多数決制度にする必要があった。そのために単一欧州議定書で導入されたのが，**特定多数決（QMV）** である。

特定多数決は 1 国 1 票の多数決ではなく，加盟国の人口規模に応じて票数に差を設けており，EC加盟12か国の加重票合計76票のうち，おおよそ 3 分の 2 である54票を上回った場合に議案が採決された (当時)。当時は大国 (西ドイツ，フランス，イギリス) に10票付与されていたが，単独ではもちろん，2 か国で結託したとしても22票を集めて法案を阻止することができない。「ルクセンブルクの合意」以降度々見られた「特定の加盟国による反対」によって域内市場統合計画が滞ることがないよう，意思決定の迅速化を図ったのである。

4　域内市場統合の成果

1992年末を期限に定めた域内市場統合計画は主に物の分野で非常に進み，後のユーロに関わる資本の分野でも進んだ。後に欧州委員会が作成した報告書『モンティ報告』(1996年) によれば，域内市場統合によって雇用は30-90万人増加，加盟国間貿易は工業品輸出で14%，サービス輸出で7.6%増加したという

［モンティ 1998, 3-4, 109頁］。また，（従来域内貿易率が低かったイギリスを含めて）加盟国の域内貿易率（製造業）も50％を超えた［モンティ 1998, 109-114頁］。域内市場統合は企業だけではなく，消費者にも価格の低下という形で恩恵を与えた。たとえば，電気通信設備や鉄道車両部門では20-30％，電気設備部門では30-40％，長距離電話料金は22％も価格が低下したという［田中素香ほか 2018, 55-56頁；モンティ 1998, 49-50, 93頁］。

　域外に与えた影響も大きかった。1992年をめどに3億2千万人規模の単一市場ができることによってヨーロッパ市場からの「締め出し（要塞化：Fortress Europe）」をおそれたアメリカや日本をはじめとする外国企業は，こぞってEC市場内への投資を進めた［田中素香ほか 2018, 51-54頁；田中俊郎 1998, 87頁］。もちろん，域内市場統合計画の成功はEC自体の推進力になり，他の分野の統合，とりわけ冷戦後の政治・外交面での協力や経済通貨同盟（ユーロ）を後押しすることにもなった。

◎論　点
① なぜ域内市場統合計画がもちあがったのか，背景を説明してみよう。
② ECは域内市場統合をどのように進めただろうか，説明してみよう。
③ 域内市場統合の成果を挙げてみよう。

第 5 講　EU（ヨーロッパ連合）へ
▶1990年代前半

> 　域内市場統合計画の進展と冷戦終結はさらなる統合を後押しし，私たちがよく耳にする「EU」（ヨーロッパ連合）が発足する。EUは域内市場統合や経済通貨同盟，共通外交安全保障政策を目指すだけではなく，市民そして地域間格差是正のための政策も準備した。統合が経済分野以外にも広がってゆく様子に注目してもらいたい。
> 　その過程で，EU設立を定めたマーストリヒト条約は加盟国による批准拒否に遭った。マーストリヒト条約以降，EUの条約が更改されて批准過程に移るたびに，一部の加盟国が批准に失敗するようになる。国際交渉（調印）でよしとしたものが国内政治（批准）でくつがえる背景，EUレベルの約束に対する受け止め方の相違，そこから浮き彫りになる「エリート」（国境をこえる必要がある人）とそうでない人（国境をこえる必要がない人）との間の温度差を感じ取ってもらいたい。

1　マーストリヒト条約──経済通貨同盟と政治連合へ

　「1992年域内市場統合計画」が順調に進むにともない，加盟国間の通貨・為替コストも下げようという通貨統合への機運が高まった。ドロール欧州委員会委員長は，1988年6月に開催されたハノーヴァー欧州理事会において**経済通貨同盟（EMU）**の設立を求めた。翌1989年4月に発表された『ドロール委員会報告』に基づいて欧州理事会は，資本の自由移動が発動する1990年7月にEMUの第1段階を開始することを決定した［田中俊郎 1998, 98頁］。サッチャー英首相は通貨主権を失うことになると主張して反対したが，為替相場メカニズム（ERM）自体には参加を決めた（ただしその後1992年9月に離脱を余儀なくされている）。討議の結果，1989年末に開催された欧州理事会は，EMUの第2・第3段階への移行に必要な条約改正を行うための**政府間会議（IGC）**を1990年末までに開くことに決めた［田中俊郎 1998, 27頁］。

　一方1980年代末から1990年代初頭には，共産主義圏の崩壊，冷戦終結，東西

ドイツ統一，ソ連の解体がたて続けに生じた。こうした情勢変化のなかでEC
諸国は政治的にまとまる必要性があると考え，各国は1990年6月に開催された
欧州理事会において政治連合のためのIGCを開くことで合意した。その結果，
1990年12月から経済通貨同盟と政治連合を議題にした2つのIGCが並行して開
催されることになった。[田中俊郎 1998, 27-28頁]

　なお，東西ドイツ統一と経済通貨同盟，政治連合の審議は連関している。当
初，通貨同盟案が提案された時には，西ドイツとりわけ**ドイツ連邦銀行**（西ド
イツの中央銀行）がドイツ・マルクの消滅に強く反対した。一方，西ドイツ政府
は，東欧革命が起きて冷戦が終結すると旧ソ連を含めた旧東側諸国に接触して
おり，フランスやイギリスは東西ドイツ統一および統一がECに与える影響を
懸念した。最終的には東西ドイツは統一され経済通貨同盟も進展したが，これ
はドイツが経済通貨同盟を受け入れるかわりにフランスが東西ドイツ統一を容
認した結果であった。[グラント 1995, 第2章]

　条約改正のための政府間会議の焦点が，「ヨーロッパ連合」なる存在をどの
ようなものにするかであった。当初案には将来的に連邦制を目指すという記述
があったが，国家主権を譲渡したくないイギリスやデンマークがこれに敏感に
反応，さらにメージャー英首相は社会憲章（後述）について**適用除外（オプト・
アウト）**を求めるなど，条約改正交渉は難航した[グラント 1995, 第3章; 田中俊郎
1998, 28-29頁]。交渉の末，ヨーロッパ連合を設立するための条約が1992年2月
に調印された。**マーストリヒト条約**と呼ばれたこの条約は，EC加盟国で構成
される**ヨーロッパ連合（EU）**を発足させると宣言した。

　マーストリヒト条約は，ローマ条約の前文に書かれた「ヨーロッパ諸国民か
らなる一層緊密化する連合を設立する（creating an ever closer union among the
peoples of Europe）」を継承し，そのために設立されたEUの仕事を3つの柱にな
ぞらえた。第1の柱には超国家主義的な分野，具体的にはこれまでEC諸国が
取り組んできた経済統合の分野，そして経済通貨同盟が位置づけられた。経済
通貨同盟については1997年もしくは1999年に一定条件のもとで第3段階に移行
し，欧州中央銀行を設立のうえ単一通貨を導入することになった（詳細は第6講
を参照）。

　第2の柱には，**共通外交安全保障政策（CFSP）**が位置づけられた。CFSPは

コラム04　今日の政治経済のありようを形づくった冷戦終結

　ゴルバチョフが1985年にソ連の書記長に就任した後の世界は，1987年に中距離核戦力全廃条約（INF）の調印，翌1988年にはアフガニスタンからのソ連軍撤退と社会主義諸国に対する主権の制限・干渉を否定した「新ベオグラード宣言」の発表，これが引き金となって起こった東欧諸国の民主化革命さらには1989年のベルリンの壁崩壊，冷戦終結，翌1990年の東西ドイツ統一そして1991年のソ連消滅など，目まぐるしい情勢変化を目のあたりにした。

　本書が対象にしているEU関係では，市民とりわけ東ドイツ市民の統一への熱意が高まるなか，東西ドイツ統一にあたって進めなくてはならない諸問題——たとえばポーランドとの国境問題，NATO帰属についてのソ連の了承，東西ドイツ駐留軍の撤収，統一の際の経済問題など——を，アメリカ，ソ連，イギリス，フランス，東西ドイツが交渉を通じてそれぞれの思惑をめぐらせながら次々と解決していき，東ドイツの諸州を西ドイツに編入する形で東西ドイツの統一が達成された。統合の際には，統一条約の前文において，統一ドイツがヨーロッパの統一とヨーロッパの平和秩序の建設に寄与する，つまりヨーロッパ統合があってのドイツであると宣言した。ベルリンの壁崩壊から統一までおよそ1年，まさに激動の1年であった。

　また，EUの外に目を向けると，この後ロシアも中国も経済面においては資本主義化を進めて経済成長を遂げていることが見逃せない。両国は21世紀に入って経済発展した国々である「BRICs」に名を連ね，中国に至っては冷戦終結後の20年間でGDPを15倍程度増やしている（IMF統計）。両国とも，現在は自由貿易を標榜するWTOに加盟している。このように，政治的な主義・主張にかかわらず多くの国で資本主義経済が採用されているため，私たちは製造，流通，サービスなど様々な分野で経済がグローバル化したことを実感することができる。一方で，INFが2019年に破棄されていることは気になるところである。

　こうしたことに思いをめぐらせると，読者はまだ生まれていない年代かもしれないが，1980年代末から1990年代後半までに生じた政治経済情勢の大変化は，現在の世界のありようを少なからず形づくっている。可能であれば冷戦終結前後の世界情勢を扱った書籍やDVDを通して，当時の空気とこの時の変容で現代に引き継がれている（関係している）ことがらとを感じてもらいたい。ドイツ統一については，ドイツ連邦共和国大使館の総領事館が日本語で提供しているホームページ上の情報が，当時の画像などもついており，平易であるにもかかわらず非常に示唆に富む（https://japan.diplo.de/ja-ja/themen/politik/0-deutsche-einheit/980920　2019年9月15日最終アクセス）。

その名の通り，冷戦後の外交課題——たとえばソ連崩壊による中東欧諸国の不安定化や湾岸戦争，ユーゴ紛争等——に対して加盟国共同で取り組もうというものであった。第1の柱とは対照的に外交・軍事分野はEUには統合されず加盟国がそれぞれに権限をもっていたが，外交政策を調整して共通の立場を策定し，統一行動をとることを目指した（詳細は第24講を参照）。

　第3の柱には，**司法内務協力**（CJHA）が位置づけられた。これも第2の柱と同様，加盟国間の協調で進められる取り組みであったが，EU域内国境の検問廃止と域外（EU加盟国でない国）に対する出入国管理政策の共通化を目指した。冷戦後増加したEUへの人の流入や国境をこえる組織犯罪などに対して，加盟国間で協力してあたろうとした（詳細は第22講を参照）。

2　マーストリヒト条約における市民への配慮

　マーストリヒト条約（厳密にはその元となるローマ条約）は，ヨーロッパ諸国が「an ever closer union among the **peoples** of Europe」であると定義した。これを実現するため，また域内市場統合が進むことによって国境をこえない人々，加盟国市民がおいていかれるのを避けるため，マーストリヒト条約は市民に配慮した規定を設けていた。具体的には，ヨーロッパ市民の権利を保護する欧州市民権を創設し，EU行政に対する苦情を寄せることができるようにし，有権者による直接選挙で選ばれる欧州議会がEUの政策決定過程において政策案（法案）をチェックすることができるようにした。

　欧州市民権（**欧州連合市民権**）は，EU構成国の国籍をもつすべての個人に与えられた。欧州市民権はまず，領域内に**自由**に**居住する権利**をEU市民に認めた。また，移動を認めた居住先で選挙権を行使することができるよう，居住国での地方選挙・被選挙権と欧州議会の選挙権・被選挙権といった**公民権**を認めた。さらに，第三国に自国の大使館がなくても他の加盟国の大使館があればそこで保護されるという**外交保護権**も認め，基本権として欧州議会に対する**請願権**も認められた。[田中俊郎 1998, 70-73頁]

　また，EUが設立された後は，EUの実施する政策が市民に大きな影響を与える可能性があった。そのためEUは，国民が国の行政を監察することができ

るのと同じように，EUに対しても市民が過誤行政をチェックできるようにした。いわゆる**オンブズマン制度**である。オンブズマン制度を設けることによって，過誤行政の監察，EU行政に対する情報公開等，EUの動きをチェックできるようにしたのである［田中俊郎 1998, 71-72頁］。

　改革は，EU市民が選挙で選ぶ**欧州議会**にも及んだ。欧州議会はヨーロッパ市民の声を代表する組織であり，1979年以降，5年ごとに行われる加盟国国民による選挙によって選出されてきた。しかしながら欧州議会がEC内でもつ影響力は，国内議会がその国内においてもつ力と比べると小さかった。EC内で法や政策の決定権限があるのは，（加盟国から送られてくる）閣僚級の代表（理事会／閣僚理事会）であるというのが，それまでのECにおける意思決定の実態であったからである。しかしながらマーストリヒト条約では，EUの政策決定過程において欧州議会が**修正**を求めることができるようになり，市民からの請願を受けることもできるようになった［詳しい手続きについては，田中俊郎 1998, 50-51頁］。さらに，地域の声をEUの政策に直接反映させるために，地域自治体を代表する委員によって構成されて，欧州委員会や理事会から諮問を受ける地域評議会（Committee of the Regions）が設置された［田中俊郎 1998, 62-63頁］。

3　マーストリヒト条約における格差への配慮

　ドロール欧州委員会委員長（当時）は，域内市場統合や経済通貨同盟などといった「統合」ばかりに力を注いだ訳ではなく，域内市場統合によって貧富の差が拡大することにも配慮していた。彼は，労働者の基本的社会権利に関する共同体憲章（**社会憲章**）を1989年に提案した。元々ECにはECSC時代から石炭鉄鋼労働者保護の取り組みがあり，労働者の保護，労働条件統一，転職のための職業訓練，疾病の保護措置，労働衛生，労働組合法や団体交渉権などといったしくみを設けていた。［田中俊郎 1998, 107-109頁］

　ドロールが提案した社会憲章は高齢者や障がい者，給与や雇用，生活水準についても言及する野心的なものだったが，（各国に調整の余地があるとはいえ）EUが社会政策に関与することにはイギリスが反対した。その結果，社会憲章はマーストリヒト条約の本文ではなく附属議定書に回され，**オプト・アウト**した

イギリス以外の11か国でこの問題に取り組むことになった。［田中俊郎 1998, 108-111頁］

　また，格差は加盟国の間，そして地域間にも広がっていた。1980年代にギリシャ，スペイン，ポルトガルがEUに加盟したが，当時の統計を用いた資料によれば，当時のEU内で（ひとりあたりのGDPにおいて）一番豊かであったルクセンブルクと一番貧しいポルトガルとの間では，4.2倍もの開きがあったという［田中俊郎 1998, 113頁］。これら南欧3か国の加盟はEU内の農業人口を大幅に増加させ，これまでの加盟国国民より所得の低い人の数を増加させた。域内市場統合を完成させつつある当時，EUは加盟国市民間あるいは地域間の格差を解消する必要に迫られていた。

　そこでEUは，単一欧州議定書において経済的・社会的結束（Economic and Social Cohesion）をうたい，既存の農業指導保証基金（の一部），地域開発基金そして社会基金による**構造基金**（Structural Funds）を設けて地域間格差を是正しようとした。また単一欧州議定書では，これまで理事会の全会一致で決められていた地域政策にQMVを適用することにした。**マーストリヒト条約**では，さらに**結束基金**（Cohesion Fund）が新設された。EUは構造基金や結束基金に多大な予算を割くようになり，1993年から7年間のEU予算が組まれた際には，それまで最大の歳出先であった共通農業政策に迫る勢い（35％強）で構造基金予算の引き上げが行われた。こうした基金を通じて衰退産業地域の構造改革と産業再建をし，長期失業者や若者の雇用を促進した（結束政策の詳細については第21講も参照）。［田中俊郎 1998, 116-118頁］

　さらにマーストリヒト条約は，地域や地方の声をEUの政策に反映させることができるようにするために，EU内に地域評議会を設立した（前節を参照）。地域評議会は地域や地方の自治体の代表で構成されており，地域や地方の利益に関わる問題についてEUから諮問を受けるだけでなく，自ら意見を提出することができた。その意見に法的拘束力はなかったが，これまで地方が自国の政府を通してのみEUに声を通していたことがらを直接EUに伝えることができるようになった意義は大きかった。

4　ハムレット・ショック──条約批准と市民

　マーストリヒト条約は，加盟国による**批准**手続を経て1993年1月に発効する
予定だった。条約の批准には，加盟国議会内で採決する方法と**国民投票**にかけ
る方法とがあり，どちらを採用するかは加盟国によって異なっていた（一部の
加盟国では，国民投票が義務となっている）。1992年6月，デンマークで国民投票
が行われたが，投票率83％のうち賛成が49.3％，反対が50.7％となり，マース
トリヒト条約の批准が否決された。1か国でも批准しないとマーストリヒト条
約は発効しないため，デンマーク国民投票の結果はEUと加盟国首脳に大きな
打撃を与えた。この事件は，シエークスピアの作品にちなんで，「**ハムレッ
ト・ショック**」と呼ばれた。［グラント1995, 200-202頁；田中俊郎 1998, 29-30頁］

　批准拒否の連鎖を止めるためにフランスのミッテラン大統領は，本来なら議
会採択で済んだ批准手続きを国民投票に付すことに決めた。統合推進国そして
原加盟国の意地として，フランス国民がマーストリヒト条約そしてEUを支持
しているとアピールする狙いがあった。ところが9月の国民投票の結果は，投
票率69％，うち賛成が51.0％，反対が49.0％という非常にきわどいものだった。
［グラント 1995, 214-221頁；田中俊郎 1998, 29-30頁］

　事態の収束を図るために，EUはデンマークに対して防衛政策や経済通貨同
盟の第3段階への移行を強要しないこと，欧州市民権が加盟国の市民権を脅か
さないこと，そしてEUがデンマークの実施している社会保障，社会政策，環
境保護，消費者保護政策に影響を与えないことを保証した。これを受けてデン
マーク政府は，2度目の国民投票を1993年5月に実施，投票率86.5％のうち
56.7％の賛成を得てようやく批准された。さらにドイツでの憲法裁判が終わる
のを待って，1993年11月にマーストリヒト条約は晴れて発効，EUが正式に発
足した。［グラント 1995, 203-206, 224-230頁；第5章；田中俊郎 1998, 30頁］

　一連の事件の背景には，EUそしてEUに携わるいわゆる「エリート」と市民
との間の対話不足が指摘された。マーストリヒト条約以降，EUの仕事は単な
る経済統合，貿易促進を超えたものに広がった。その結果，加盟国市民に影響
を与える（ように見える）取り組みも登場するようになった。EUは国境をこえ

る存在——政治家，官僚や一部の国際企業とビジネスマン——にだけ利を与えるのではなく，すべてのヨーロッパ市民に利益をもたらすのだと説明するが，それが市民に実感として受け入れられなければならなくなった。この後は，条約が改正されるたびに，批准プロセスすなわちEUに対する有権者の評価・審判を心配しなくてはならなくなった。

◎論　点

① なぜこの時期に経済通貨同盟と欧州連合とが議論されたのか。背景を説明してみよう。

② マーストリヒト条約の内容を紹介してみよう。

③ マーストリヒト条約は，どのような点で市民や格差を考えたものだといえるか，説明して（話し合って）みよう。

④ ハムレット・ショックとはどのような事件か。また，この事件が現代のヨーロッパ連合に暗示していることとは何だろうか。説明して（話し合って）みよう。

第 6 講　経済通貨同盟と共通外交安全保障政策へ
▶1990年代後半

　　経済通貨同盟と政治連合を議題にした政府間会議を経て，マーストリヒト条約が誕生した。その事実を踏まえると，経済通貨同盟（現在のユーロ）と共通外交安全保障政策（CFSP）はマーストリヒト条約の目玉企画・主要事業だったともいえる。経済通貨同盟とCFSPは他の地域においても前例のない取り組みだっただけでなく，いずれも域外に対して加盟国が一体であることを示す好機であった。ところが，前例のない取り組みであるがゆえに当時の制度設計は完全ではなく，今日に至るまで様々な試練を受け，紆余曲折を経ることになる。前例のないことに取り組み，「ヨーロッパ」としてまとまろうとするEUの絶え間ない努力を感じ取ってもらいたい。

1　経済通貨同盟へ

　域内市場統合計画では，4つの自由移動のうちとりわけ物，そして資本の自由移動が進んだ。それらの分野で域内市場統合が完成するのならば，決済手段となっている通貨も統合して国境をこえた交易のコストを下げようと，通貨統合への機運が高まった。また，1980年代後半のヨーロッパ経済においては，EMS（第3講を参照）のもとでドイツ・マルクが事実上ヨーロッパの基軸通貨となっていた。そのようななかで4つの自由移動のひとつである資本の自由移動が達成される場合，西ドイツ以外の加盟国は西ドイツの金融政策に従わなければならなくなっていた。というのも，フランスやイタリアなどが不況から脱するために金融政策の金利を下げたいと思っていても，西ドイツが高金利政策をとる限り，市場は西ドイツにひきつけられたからである。このとき資本の自由移動を行うことは，資本が高金利の国に流れることを止めない（止めることができない）ことを意味しており，結果としてフランスやイタリアからは資本が逃げてしまう［田中素香 2010, 62-63頁］。そのような「西ドイツのみが有利になる」

という非対称（不平等）な結果をもたらす状況は，みすみす受け入れることができなかった。

　このような状況を改善するためには，西ドイツから金融政策の自由を奪う，つまりEU共通の金融政策を実施する必要があった。金融政策とは通常，1国の中央銀行が実施するものであり，金融政策が対象にする通貨は当然ひとつである。西ドイツとの非対称性を解決するために，EU共通の通貨と金融政策そして中央銀行を創設しようと，フランスが通貨統合を提案したのである［田中素香ほか 2018, 121-124頁］。

　西ドイツ政府は，物や資本，サービス市場が現実に統合されつつあるのにもかかわらず決済手段である通貨の統合について検討しない訳にもいかず，フランスの提案を受け入れてECレベルで通貨統合の検討を開始することにした。しかしながら，西ドイツの中央銀行である**ドイツ連邦銀行（ブンデスバンク）**は経済通貨同盟に強固に反対した。ドイツ連邦銀行は戦前の経済運営の反省を踏まえて維持してきた物価上昇抑制政策を譲るわけにはいかず，通貨や金融政策を統一することによって西ドイツの考えが通らなくなることは受け入れられなかったのである。［グラント 1995, 74-93頁］

　1988年6月に開催されたハノーヴァー欧州理事会において，各国はECレベルで経済通貨同盟の達成方法についての検討を始めることに合意し，ドロール欧州委員会委員長自ら委員会を形成して経済通貨同盟の実施を検討，報告書を1989年4月に提出した（**『ドロール委員会報告』**）。報告は，3段階での経済通貨同盟達成を提案した。まず，第1段階を（域内市場統合計画である）資本の自由移動が発動する1990年7月に開始すると定めた。各国の中央銀行間協力を促進して将来の欧州中央銀行設立を準備する第2段階，ECレベルの新たな中央銀行の下で統一通貨を発行する第3段階については，基本条約を改正する政府間会議（IGC）の審議を経て決めることになった。IGCの結果，**マーストリヒト条約**で第2，第3段階について定めることが決まり，ECは「ひとつの市場にひとつの通貨」を正式に目指すことになった。［田中素香 2010, 63-64頁; 田中素香ほか 2018, 124頁; 田中俊郎 1998, 98-99頁］

　さて，ドイツ連邦銀行が強固に反対していた経済通貨同盟がなぜ，マーストリヒト条約で定められたのであろうか。それは，西ドイツ政府が**東西ドイツ統**

ーとひきかえに**ドイツ・マルクの放棄**（単一通貨の導入）を容認したからである。1989年以降の東欧革命から共産主義圏そしてソ連が崩壊する過程で，EC諸国とりわけフランスとイギリスは，西ドイツがドイツ統一のために東側に近づくのではないか，経済通貨同盟をはじめとする統合を犠牲にするのではないかと懸念した。実際，両国首脳はドイツ統一に反対していたが，アメリカは東西ドイツ統一を支持しソ連も明確には統一への反対を表明しなかったため，「冷戦が終わっても数十年間はないだろう」とされてきた東西ドイツ統一は一気に進んだ。ただ，マルクの放棄はドイツ連邦銀行そして世論が反対していたため，ドイツ政府はマルクを放棄して経済通貨同盟を容認する代わりに，統一通貨がドイツと同様に**物価安定**を最優先すること，そして欧州中央銀行が西ドイツの連邦銀行をモデルにすることを求めた。［グラント 1995, 102-131頁；田中素香 2010, 65-68頁；田中素香ほか 2018, 124-125頁］

2　マーストリヒト基準を経て単一通貨（現ユーロ）発行へ

　マーストリヒト条約は第2，第3段階で何をするのかを具体的に定めた。第2段階は1994年から開始すると定められ，バスケット通貨であったECU（第3講を参照）における各国通貨構成比を固定することになった。また，EUの中央銀行を設置する準備として欧州通貨機関（EMI）を設置し，物価安定を第一に各国中央銀行間の協調——具体的には金融政策，財政政策の調整——を強化することになった。第3段階では，**欧州中央銀行**（**ECB**, 本部フランクフルト）を設立し単一通貨を発行することになった。過半数の国が基準（マーストリヒト基準）を満たせば1997年，そうでない場合には遅くとも1999年に実行可能な国のみで開始すると定められた。

　「**マーストリヒト基準**」とは，以下のようなマクロ経済上の条件である。

① 　**物価の安定**：自国の消費者物価上昇率が，ECでもっとも消費者物価上昇率が低い国3か国の値から1.5％以上乖離しないこと。

② 　**財政赤字縮小**：自国の年間財政赤字が対GDP比3％を超えないこと。また，政府債務残高がGDP比60％以内であること。

③ 　**為替相場の安定**：ERMのなかで正常変動幅を2年維持しており，平価の

切り下げを行っていないこと。

④　**長期金利**：自国の政府長期債の利回りが，物価上昇率がもっとも低い3か国の利回りに対して2％以内に収まっていること。

　これらの条件を達成できた加盟国**だけ**が，単一通貨（現在のユーロ）に参加することになったのである［田中素香ほか 2018, 125頁；田中俊郎 1998, 98-99頁］。つまり，マーストリヒト基準は，単一通貨の導入のために必要な加盟国間の経済条件の統一・平準化を図ったことになる。ここに，単一通貨導入への取り組みが「通貨統合」とは呼ばれず「**経済通貨同盟**」と呼ばれる理由がある。

　1998年に11か国（オーストリア，ベルギー，フィンランド，フランス，ドイツ，アイルランド，イタリア，ルクセンブルク，オランダ，ポルトガル，スペイン：英語表記のアルファベット順）が参加基準を満たし，ユーロはこれらの国の共通通貨として段階的に導入された。**欧州中央銀行**（**ECB**）が設立され，新通貨の金融政策の策定と実施を担った。1999年には，新通貨（ユーロ）が商取引で利用されるようになった。なお，デンマークとイギリスはマーストリヒト条約締結時にユーロへの参加を**オプト・アウト**し，マーストリヒト条約発効後にEUに加盟したスウェーデンは自国の福祉政策との兼ね合いで参加しなかった。ギリシャは当初基準を満たすことができなかったが，その後基準を満たして2001年に参加した。その後は2004年の拡大を経て，新規加盟の中東欧諸国も条件を満たした場合に限り，順次ユーロに参加している。たとえばスロヴェニアは2007年に，キプロスとマルタは2008年に，スロヴァキアは2009年に，エストニアは2011年に，ラトヴィアは2014年に，リトアニアが2015年にそれぞれユーロに参加した。

3　共通外交安全保障政策（CFSP）へ

　外交や安全保障の分野で共通政策を実施することは，EC/EUの長年の課題であった。欧州石炭鉄鋼共同体の成功を受けて1950年代に提案された欧州防衛共同体（EDC）は，提案したフランスによる批准失敗で挫折していた（第2講を参照）。国際政治経済情勢の変化が生じた1970年代にはECの拡大・深化のための取り組みとして政治協力が掲げられ，加盟国間の外交協力も進んだが，加盟

国が外交主権を EC に譲り渡した訳ではなかった。単一欧州議定書には外交における協力規定が設けられたものの，やはり EC が加盟国の外交をとりまとめることにはならなかった（第24講を参照）。

　そうこうするうちに，ヨーロッパは大きな国際政治上の変化の波にさらされることになった。中東欧諸国が共産主義を放棄し西側に接近し，東西ドイツが統一され，ソ連は崩壊した。さらにはヨーロッパの膝元であるバルカンで紛争が生じ（ボスニア・ヘルツェゴヴィナ，ユーゴ，コソヴォ問題），湾岸戦争などのように中東でも紛争が生じた。このような安全保障情勢の変化に対応して EU が結束して外交や安全保障問題に臨むためには，構成国の外交や安全保障政策をなるべく統一されたものにする必要があった。そこで，経済通貨同盟の IGC と並行して開かれた政治連合についての IGC を経て，マーストリヒト条約で**共通外交安全保障政策**（CFSP）を設けた。［田中俊郎 1998, 29, 190-192頁］

　CFSP は，（軍事・防衛を除いて）加盟国の合意のもとで共通に外交，安全保障問題にあたることを目指していた。CFSP はまず，外交や安全保障問題にあたるための**原理**を定めた。具体的には，国連憲章をはじめとする国際条約の精神，そして**民主主義**，**法の支配**，**人権**および**基本的人権の尊重**などといった，ヨーロッパが共有している価値や基本原理を CFSP の原理・原則にすえて，これらに基づいて対外行動の基本姿勢を共有し行動することを目指した。EU 加盟国共通の外交的懸案が生じた場合には，EU 共通の戦略，**共通の立場**を定め，理事会の決定によって**共同行動**に移ることになった（運営についての詳細は第24講を参照）。［辰巳 2012, 207-208頁；田中俊郎 1998, 177-178, 190-192頁］

　冷戦後の世界では様々な紛争が起こっており，一見，外交・安全保障と軍事・防衛とは区別できないように思われる。それにもかかわらず，なぜ EU ではこれらを区別するような取り組みが行われたのだろうか。まず，アメリカの存在や既存の軍事・安全保障組織（機構）との関係が，EU 独自の取り組みを困難にしていたからである。EU 加盟国はアメリカの戦後復興，冷戦時の支援に支えられてきた。その結果，安全保障面ではアメリカがヨーロッパ保護のために設立した**北大西洋条約機構**（NATO）の枠内，つまりアメリカの思惑に反しない範囲で活動する必要があった。また，EDC 失敗後の西ドイツ再軍備に対応するために創設した**西欧同盟**（WEU）と仕事が重複しないよう考慮しなければ

ならなかった。さらに現実的な問題として，EUが独自に共通の外交・安全保障政策ひいては防衛政策を実施したいといっても，それまで各国が独自に維持してきた軍事・外交政策や軍事に関わる装備を共通化することは困難であり，アメリカ抜きで本当に力をもつ事ができるのかどうかも不透明であった。実際，CFSPは防衛ではなく人道や平和維持活動を行うことになっていたが（**ペータースブルク任務**），バルカン半島や中東などの近隣で紛争が起こった際にはEUにできることが限られてしまい，結局NATO（つまりはアメリカ）主導で問題が解決されたという苦い経験がある（詳しくは第24講を参照）。[田中俊郎 1998, 19, 180-181, 191-193頁]

　そのようなCFSPだったが，21世紀に入って同時多発テロやその後のテロとのたたかい，多発する国内紛争に対する取り組み（紛争管理，平和維持活動），ひいてはウクライナ問題などに直面する過程で，EUは外交政策と防衛政策の強化に取り組むことになる（詳しくは第24講を参照）。

◎論　点

① 経済通貨同盟が進められた背景と経済通貨同盟の達成方法とを説明してみよう。

② マーストリヒト基準とは何かを説明したうえで，なぜ単一通貨導入へ向けた取り組みを「経済通貨同盟（EMU）」と呼ぶのかを説明してみよう。

③ 共通外交安全保障政策が進められた背景に触れたうえで，共通外交安全保障政策がどのような政策かを説明してみよう。

第 7 講　ユーロ発足直後のEU
▶21世紀のEU(1)

> マーストリヒト基準を満たした加盟国から使用を開始したユーロは，2019年現在19の加盟国で使われている。複数の国で共通に使われているユーロは，いったいどのように管理されているのだろうか。実は今日から振り返れば，当初の制度設計にはギリシャ危機に端を発する財政（債務）危機をもたらした要因も潜んでいる。そのため本講ではまず，ユーロ発行時に考案されたユーロの運営，加盟国に対する「しばり」，そして当時期待されていた——そして危機に見舞われた後の現在でも否定することが難しい——ユーロ導入の便益を理解しよう。

1　欧州中央銀行とユーロ中央銀行制度

　マーストリヒト基準をクリアしてユーロ参加が確定した加盟国は，自国通貨の使用を停止して共通通貨ユーロを使用することになる。その結果，それまでは自国の中央銀行が自国通貨にかかる政策——とりわけ金利を定める金融政策——を決定していたが，ユーロ使用開始と同時に**欧州中央銀行**（**ECB**）がユーロの金融政策を決定することになる。つまりユーロ参加国の中央銀行はECBの傘下に入ることになるのだが，そのようなECBを中心とするユーロ参加国による中央銀行制度を**ユーロ中央銀行制度**（**ユーロシステム**）と呼んでいる。

　ユーロシステムは，ECBとユーロ参加国の中央銀行で構成される。ECBには総裁，副総裁と４人の理事から構成される役員会（Executive Board）が設置されており，役員会が金融政策の指示と監視を行う。ユーロ参加国（ユーロ域）の金融政策や他の政策は，役員会とユーロ参加国中央銀行総裁とが定例（毎月第１，３木曜）で集う政策理事会（Governing Council）において決定される。決定を実施するのは各国中央銀行であり，その実行を役員会が監督している。[田中素香 2010, 79-83頁]

　ユーロシステムにおいては，**物価安定**，政治からの独立を基本方針に金融政

40

策が決定される。物価安定は，経済成長や雇用を優先するあまりに物価安定が揺らぐことを防いできた**ドイツ連邦銀行**の方式を継承したものである（第3講，第6講を参照）。政治からの独立は，ECBの最優先目標である物価安定を維持するために，（有権者に配慮した）雇用優先の政策を目指す政治家からの影響を排除するためのものである。そのため，再選の見返りに特定国・政治家などの影響を受けることがないように，役員会の役員は任期（8年）を務めた後は再選されないことになっている。このような運営方針のもと，ECBはユーロの発行，金融政策の決定と実施，為替相場の操作，決済システムの円滑な運営を担っている。[田中素香 2010, 83-84頁; 田中素香ほか2018, 128-132頁]

　なお，ECBはユーロ参加国のための中央銀行であるため，ECBの決定（金融政策）はユーロに参加していない国には適用されない。とはいえ，ユーロ参加国と参加していない国とがEUを構成して単一市場を構成する以上，それらの加盟国の間には金融や為替に関する協力が欠かせない。そこでECB内部には，ユーロ参加国と未参加国が政策協調を行う場所（一般理事会）が設けられている。このようにユーロ中央銀行制度をユーロ未参加の加盟国にまで広げたものを欧州中央銀行制度（ESCB）と呼ぶ[田中素香 2010, 79-83頁]。

2　ユーロ参加により受ける「しばり」

　ユーロの運営と金融政策とを担うECBができたことによって，加盟国にはどのような変化が生じただろうか。具体的には，それまで加盟国が個別に実施してきた経済関係政策，特に景気や成長，雇用に作用する金融政策，経済政策そして財政政策にどのような変化が生じただろうか。

　従来の各国中央銀行の仕事と比べると，ECBの仕事はある程度限定されている。つまり，ECBは物価安定を最優先にしてユーロ域内の金融政策を決定・実施し，ユーロの外国為替操作を行い（原則として積極的には介入しない），ユーロ域内の決済システムを円滑に運営し，ユーロ地域で金融危機が起こらないように域内の金融システムの健全性を監視し，危機が生じた場合には**最後の貸し手機能**を果たす[田中素香 2010, 83-109頁]。このように，**金融政策**についてはユーロ参加国からEU（ECB）レベルに移管されているが，経済政策そして財政

政策はEU側には移管されていない［田中素香 2010, 110-112頁］。

　とはいえ，**経済政策**については加盟国がそれぞれに実施しつつもEU内で差が生じないように調整する必要があるため，経済・財政担当大臣が参加する経済・財政理事会（ECOFIN理事会）において調整と相互監視が行われる。**財政政策**については，ユーロ参加時の条件を引き続きクリアしていることが求められていることを除けば，加盟国が個別に決定，実施することができる（ユーロ発行当時。近年はEUによる監視が強まっている）。EUは1997年のアムステルダム欧州理事会において，加盟国がユーロ参加後も財政基準を満たすようにするために**安定成長協定**（SGP）を採択した。ユーロ参加国の財政赤字が過度に拡大するとインフレの傾向が高まり，ユーロおよびECBの究極目標たる物価安定に失敗しユーロの根幹を揺るがすことになるからである。

　具体的には，安定成長協定は対GDP比3％以内の財政赤字と対GDP比60％以内の政府債務残高の条件下で各国が財政政策を実施するように求めた。ECOFIN理事会が各国の財政赤字を監視し，必要に応じて早期警告を与えたり是正勧告を出したりする。ユーロ参加国が是正勧告後も財政赤字を改善しない場合には，（積み立てた無利子預金の没収，正確にはEU予算への組み込みという形で）制裁金を科すことができる。ただ，パーセンテージはあくまで基準であり，対比の対象であるGDPに大きな変化がある場合，すなわち経済成長率がマイナス2％という「例外的に深刻な不況」を下回る不況に陥った場合には，財政赤字が規定を超えていても許容されるようになった［庄司 2007, 131-134頁］。

　このように，ユーロ参加国は金融政策や財政政策をフリーハンドでは実施することができない。そのため，ユーロ不参加（未参加）国と比べると，成長や雇用にかかる政策を実施する際の手段に制約が生じてしまう。それでなくとも，ユーロ参加国間ですら，収斂を求められたマーストリヒト基準以外のところではかなりの多様性が残されていた。失業率，賃金，経済成長率，ひとりあたりのGNP，主要産業の経済（GNP）への貢献度などには加盟国の間で大きな隔たりがあり，ECBによる単一の金融政策（金利）は加盟国にそれぞれ異なる影響を与える可能性があった。経済的な収斂をもたらそうにも，ユーロ発足当初のEUのしくみは必ずしも加盟国間の相違，分散に正面から取り組むものではなかった。通貨はひとつだとしても，それを用いる空間にはかなりの多様性が残

されており，その多様性 (格差) がゆくゆくは危機を招き，拡大させることになった (第10講，第20講を参照)。

　最後に，ユーロに参加していない加盟国が存在していることも強調しておきたい。基本条約であるマーストリヒト条約では，マーストリヒト基準の達成と同時にユーロに参加するものだと想定されているが，マーストリヒト条約調印時に加盟国であったイギリスとデンマークにはオプト・アウト (適用除外) が認められている。その後デンマークは2000年にユーロ参加の是非を問う国民投票を行ったが，否決された。スウェーデンはマーストリヒト条約発効後に加盟したため適用除外を認められた訳ではないが，ユーロには参加せず，2003年の国民投票でもユーロ導入は否決されている。これらの国は，金融政策がECBに移ってしまうと同時に為替政策もEU (ECOFIN理事会とECB) が行うようになることによって，景気回復のための金利操作や，輸出促進 (競争力維持) のための為替相場介入ができなくなることを懸念ないし拒否している。だが，今後ユーロに関わる取り組みが単に通貨に関わるものにとどまらず経済成長や競争力そして雇用に関わるものになった時には，ユーロ参加国だけが取り組むのでは済まされないケースが出てくる可能性がある (詳しくは第20講を参照)。

3　ユーロに期待された便益

　一部加盟国が通貨主権の喪失や金融政策決定権限の喪失を懸念したにもかかわらず，なぜ多くの加盟国がユーロ参加を選択したのだろうか。ヨーロッパ経済に関する書籍 [田中素香ほか 2006, 149-150頁; 田中素香 2010, 3-29頁] やユーロ発行当時から今日にかけて発行されてきたEU刊行物 [たとえばWeb資料(1)] によれば，主に以下のような便益があるという。

　まず，通貨を統一することによって域内の**為替相場変動リスクの除去**が期待された。域内市場を完成させつつある加盟国がそれぞれの通貨を使用していると，国境をこえた取引をする際にいつまでも為替相場変動にともなうリスクやコストがかかる。単一通貨を導入することができれば，国境を越える企業や人 (例：留学生やその家族，保護者) はそうしたリスクやコストを懸念する必要がなくなるのだと期待された。次に，為替取引にかかる**手数料の節約**が強調され

> **コラム05　ユーロのデザイン**
>
> 　ユーロには 6 種類の紙幣（5, 10, 20, 50, 100, 200ユーロ）と 8 種類の硬貨（1, 2, 5, 10, 20, 50ユーロセント，そして 1 ユーロ，2 ユーロ）がある。紙幣の片面には開放性を象徴する門あるいは窓が描かれ，別の面には欧州内外の人や地域をつなぐことをイメージさせる橋が描かれている。紙幣の発行時期や額面によって描かれている建築物の様式や色調，透かしやホログラムが異なっている。また，「ユーロ（EURO）」という表記にギリシャ文字に加えてキリル文字が追加されている紙幣があったり，ECBを示す語が 5 言語表記されている紙幣や 9 ないし10言語表記の紙幣があったりするなど，拡大の軌跡をうかがわせる。
>
> 　硬貨については，片面は共通のデザインとなっているが，もう片面は各国でデザインが異なる。共通の面には，欧州の地図とEUの旗にある12個の星を模した線が描かれている。各国でデザインが異なる面には，額面ごとに様々だが，各国の君主（元首），歴史的な人物，各国に馴染みのある動植物，歴史的建造物などが描かれている。たとえば，イタリアのある額面の硬貨にはレオナルド・ダ・ヴィンチの「ウィトルウィウス的人体図」が，アイルランドの硬貨にはアイリッシュ・ハープが，ドイツのある額面の硬貨にはブランデンブルク門が描かれている。
>
> 　必ずしもその国に行かないと硬貨が入手できないという訳ではなく，ある加盟国で買い物をしたお釣りのなかに別の加盟国の硬貨が紛れているということがある。紙幣や硬貨のデザインについては公式サイト（例：欧州委員会のユーロについてのページ　https://ec.europa.eu/info/euro/history-euro/design-euro_en　2019年9 月 1 日最終アクセス）やECBの公式サイトで紹介されている。旅をしながら紙幣や硬貨デザインとその由来を楽しむのはいかがだろうか。

た。異なる通貨を使用している国をまたいで経済活動をするとそのたびに通貨を替える必要があり，そこに為替取引手数料がかかる。単一通貨を導入するとこの費用がかからなくなり，その節約額は年間GDPの約 1 ％に相当するともいわれた。

　また，**競争促進による動態的利益**（ダイナミックな利益）が期待された。ユーロが採用されると，顧客にとっては国をこえて価格を比較することが容易になる。このこと自体が市民，消費者にとってのメリットにもなるが，同時に事業者間の競争にもつながる。事業者は，為替関係コストの低下をきっかけに国境をまたいで活動しようという誘因にもなれば，為替コストの低下により節約した資金をたとえば技術革新に回すことができ，技術革新，投資，貿易，経済成

長刺激といった効果が生まれると期待された。域内市場統合とユーロによって
EU がアメリカに匹敵する市場規模と単一通貨，金融・資本市場を有すること
は，その規模を活かして大企業が巨額資金調達を行うこと，海外直接投資で利
益を得ることを可能にし，**EU 企業の国際競争力強化**を支えることにつながる
と期待された。ユーロがドルと並ぶ主要な準備通貨になることも期待された。

　さらには，ユーロ参加基準そして安定成長協定の遵守が，財政赤字や物価な
どといった，その国の**マクロ経済政策環境**の収斂と収斂のための経済環境改善
を示唆することになった。これは外部によるその国の経済見通しを明るくする
ものであった。また，元々ドイツ・マルクが非常に強く他の加盟国通貨との関
係が非対称的だったことを考えると，一部加盟国の通貨はユーロ採用によって
（自国の通貨と比べると）通貨価値が上昇することになり，これは当該国にとって
のメリットだと受け止められ，オプト・アウトした加盟国を除けば南欧諸国で
すら条件をクリアしてユーロを導入しようとした（第 6 講を参照）。少なくとも
当時は，多くの加盟国がユーロに参加する便益ないしメリットを見出していた
のである。

◎論　点

① 欧州中央銀行（ECB）とはどのような組織で何をしているのか，説明してみ
　よう。
② ある加盟国がユーロに参加すると，金融政策，経済政策そして財政政策は
　どこが担当することになるのか，説明してみよう。
③ ユーロがもたらす便益（よいこと）とは何だろうか，説明してみよう。その
　うえで，それは一般市民には伝わる（実感することができる）ことだろうか，
　話し合ってみよう。

第 8 講 2004年EU拡大
▶21世紀のEU⑵

ECSC発足時には6か国だった加盟国数は，1980年代後半には12か国となり，2019年1月現在，28か国となっている。EUにとって大きな転機は，南欧諸国が加盟した1980年代，そして10か国もの中東欧諸国を迎え入れた2000年代であった。
　なぜ，21世紀に入って多くの国がEUに加盟したのだろうか。そしてなぜ，そうした加盟申請をEUは受け入れたのだろうか。いつ，どの国が加盟したのかを概観してみると，EU拡大にはある程度の文脈を読み取ることができる。単にどの国がいつ加盟したのかを暗記するのではなく，なぜある国がその時期にEU加盟を希望するに至ったのか，またなぜ既加盟国は加盟申請を受け入れたのかを理解し，EU拡大が闇雲に行われた訳ではないことを理解しよう。

1　EU拡大の軌跡

　ECSC設立メンバー（**原加盟国**，original six）の6か国に，イギリスは名を連ねなかった。ECSCの超国家的性格に反対して加盟を拒んだからである（第1講を参照）。しかしながら，1950年代以降，ECSC諸国が順調に域内貿易率向上と経済成長を遂げる一方で，イギリスの垂直貿易は停滞した。ECSCがより広い経済部門を扱うEECへと発展する過程で，イギリスは1960年に周辺諸国（スウェーデン，デンマーク，ノルウェー，オーストリア，スイス，ポルトガル）と**欧州自由貿易連合**（EFTA）を創設した。EECの6か国（Inner Six）に対して「Outer Seven」と呼ばれたEFTA諸国には自由貿易推進国が参加しており，関税撤廃は順調に進んだ。ただ，EFTA諸国はEECと比べて地理的に離れており，EFTA諸国の貿易はEECに追いつくまでには至らなかった。イギリスの**マクミラン**保守政権は，より大きな貿易圏を求めて1961年にEECに加盟を申請した。アイルランドとデンマーク（続いてノルウェー）も，イギリスに追随してEECへ加盟を申請した。［田中素香ほか 2006, 24-26頁; 田中素香ほか 2018, 19頁; 田

中俊郎 1998, 20-21, 157-158頁〕

　しかしながら，国家主権そしてアメリカとの「強い連携関係」にこだわるイ
ギリスの姿勢は，大陸ヨーロッパ諸国を警戒させた。フランスの**ド・ゴール**大
統領は1963年にイギリスの加盟拒否を表明，交渉を打ち切った。1967年にイギ
リスはウィルソン労働党政権のもとで再び加盟を申請したが，再びド・ゴール
が加盟交渉を拒否した。対米自立路線を追求していたド・ゴールにとってイギ
リスは，イギリスと同じアングロサクソンであるアメリカの「**トロイの木馬**」
だったのである。結局，イギリスの加盟はド・ゴールの在任中には果たされな
かった。イギリスの加盟は1973年にようやく実現したが，このときEFTA構
成国であったアイルランドとデンマークもECに加盟し，加盟国数は9となっ
た（ノルウェーも加盟を申請していたが，国民投票の結果加盟を見送った）。このとき
加盟した国がヨーロッパの地図上では北部に位置していたため，第1次拡大は
「**北への拡大**」とも呼ばれる。〔田中俊郎 1998, 21-22, 157-161頁〕

　1970年代に入ると世界不況の影響が南欧諸国にもおよび，ギリシャでは1974
年に**軍事政権**が崩壊して民主政権に移行，スペインやポルトガルの**独裁政権**
（フランコ政権，サラザール政権）も相次いで崩壊した。ECは，かねてより要望
があったものの軍事政権の登場によって協力関係を停止していたギリシャとの
加盟交渉を開始し（1976年），ギリシャは1981年にEC加盟を果たした。ギリ
シャと同様，スペインとポルトガルも民主政への移行とともに加盟交渉が始ま
り（それぞれ1979年，1978年），フランス，イタリア，そして先に加盟したギリシャ
と競合する農産物をめぐって交渉が難航したものの，1986年にEC加盟を果た
した（**南への拡大**）。3か国の経済水準は既加盟国と比べて低かったため支援が
必要になった（第5講，第21講を参照）が，そうした負担よりも民主主義の定着
と地域の安定が優先された。なお，この時期には，加盟国が増加するだけでな
く，ECとデンマーク政府との交渉でデンマーク自治領グリーンランドの**脱退**
を認めるというケースが発生している。〔田中素香ほか 2006, 26-27頁; 田中俊郎
1998, 161-162頁〕

　冷戦終結後には，EFTAに残留していた中・北欧諸国が加盟を希望するよ
うになった。EFTA諸国は，域内市場統合（第4講を参照）の進展を受けて，貿
易率の高いECと**欧州経済領域**（**EEA**）協定を結び，EC域内市場統合ルールの

一部をEFTAに拡大することによってEC市場へのアクセスを確保しようとした。これらの国の多くは**中立政策**（あるいは中立主義）をとってきたが，冷戦終結を境にEEAから踏み込んでEC加盟を求めるようになった。中・北欧諸国５か国（オーストリア，スウェーデン，フィンランド，ノルウェー，スイス）は，それぞれ1989年から1992年の間にEUへの加盟を申請した。加盟申請国が比較的豊かで民主主義の経験を有していたこと，元々はEFTA加盟諸国であり経済的にもECに近かったこと，さらにEEA交渉を通じてある程度EC側とも交渉経験があったことから，交渉開始から実際の加盟までの時間が他の拡大と比べると非常に短いのが特徴である。加盟を申請した５か国のうち，国民投票など国内での反対に遭わなかったオーストリア，スウェーデン，フィンランドが1995年にEUに加盟，加盟国数は15になった。[田中素香ほか 2006, 27-28頁; 田中俊郎 1998, 162-167頁]

2　2004年EU拡大──中東欧諸国のEU加盟

　冷戦終結後は，旧東側陣営に所属していた中東欧諸国が，1994年から1996年にかけてこぞって加盟を申請した。とりわけ，「**ヴィシェグラード諸国**」と呼ばれたポーランド，ハンガリー，チェコスロヴァキアは，元々ソ連よりもヨーロッパ（ハプスブルク帝国，オーストリア・ハンガリー帝国）に近かった。こうした国々は，ヨーロッパへの回帰（**欧州回帰：Return to Europe**）を希望し，EU加盟を申請するに至ったのである。また，アイデンティティや思想の問題に限らず，ソ連崩壊後に続いた国家分裂（ユーゴスラヴィアやチェコスロヴァキアの分裂・解体）といった政情不安への対応，冷戦後の安全保障の確保，そして歴史的に経済関係の強い西欧（ドイツ経済）との再連携といった現実的な要請があったともいわれている。[田中素香ほか 2011, 25-26頁; 田中俊郎 1998, 169-171頁]

　中東欧諸国以外にも，ソ連の共和国であったバルト３国（エストニア，ラトヴィア，リトアニア），そしてバルカン半島に位置するルーマニアやブルガリア，地中海諸国であるキプロスとマルタ（他の国より早く1990年に加盟申請）がEU加盟を申請した。一連の申請に対してEU側では，ソ連が崩壊して共産主義の脅威が低下した以上中東欧諸国を迎え入れる必要はないという声と，**中東欧諸国の**

安定の観点から加盟を認めるべきだという声とが存在していた。ただ，旧共産主義国を迎え入れる先行事例とみられた東西ドイツ統一では，旧西ドイツに大きな経済的負担をもたらし，それがEUにも影響を与えていた。そのため，加盟申請国の民主主義体制への体制移行と市場経済の導入を見守る必要があると考えたEUは，ひとまずEUと加盟申請国との間の経済的な格差を埋めるために，経済再建援助や貿易協定締結にとりかかった（例：ポーランド・ハンガリー経済再建支援（PHARE）や欧州復興開発銀行による融資）。[田中俊郎 1998, 171-172頁]

　支援の一方で，1993年のコペンハーゲン欧州理事会ではEUへの**加盟基準**を明示した（**コペンハーゲン基準**）。EU加盟を希望する国には，①民主主義や法の支配，人権，少数者の尊重といった**政治的基準**をクリアすること，②機能する市場経済を導入するなどEU加盟にたえる**経済的基準**をクリアすること，③EU加盟による義務を遵守すること，とりわけEUと加盟国がこれまでに築いてきた法体系（**アキ・コミュノテール**: *acquis communautaire*）をすべて受け入れることが求められた[田中素香ほか 2018, 23頁; 田中俊郎 1998, 155-156, 169-172頁]。

　1997年末に開催されたルクセンブルク欧州理事会では，キプロス，ポーランド，チェコ，ハンガリー，スロヴェニア，エストニアの6か国と加盟交渉を開始することが決まり，ルーマニア，ブルガリア，スロヴァキア，ラトヴィア，リトアニアの5か国とも加盟準備のための予備協議を開始することを決定した。1999年には拡大に必要な支援費用捻出のために2000年から2006年の中期財政計画である**アジェンダ2000**が合意され，1990年代の支援額のおおよそ倍額を拡大支援にあてた。[田中素香ほか 2006, 356-358頁; 田中俊郎 1998, 172-174頁]

　その結果，2004年5月には中東欧8か国（チェコ，ポーランド，スロヴァキア，ハンガリー，スロヴェニア，エストニア，ラトヴィア，リトアニア）とマルタ，キプロスの10か国が，そして2007年にはルーマニアとブルガリアの2か国が正式にEUに加盟した（**第5次拡大**）。この拡大によって加盟国数は15から27にほぼ倍増し，人口は20%増加，面積も23%増加した。しかしながら，EU全体のGDP増加率は4.8%に過ぎなかったといわれている[田中素香ほか 2006, 28-29頁]。この「EUの人口は増えたが経済は底上げできていない」という事実は，それ以降のEUをめぐる問題としてのしかかることになる。なお2013年には，冷戦後にユーゴスラヴィア連邦から独立したクロアチアが28番目のEU加盟国となっ

た。2019年8月現在，イギリスのEU離脱のゆくえが取りざたされているが，このまま離脱となれば，加盟国数は27になる（イギリスのEU離脱についての詳細は第10講を参照）。

3　EU加盟のメリット，受け入れる側への影響

　これまで概観してきたように，EUへの加盟はEUが強制したものではなく，各国が自ら申請したものではある。つまり，ギリシャ危機以降いくつかの加盟国からEU懐疑論や反EU論が出てきているが，彼らは加盟当時，それなりに加盟するメリットを見出していたのである。そのメリットとは何だったのだろうか。そこには，アイデンティティや思想上の問題だけでなく，現実的なメリットが存在していた。

　たとえば，新規加盟国，とりわけ旧共産圏のなかでも比較的工業が発展していた中東欧諸国にとって，EUの単一市場は大きな経済的機会であった。EU加盟基準を満たすことによって，新規加盟国はEU内外に対して政治的にも経済的にも安定していること，とりわけ民間企業の重視する市場経済が機能していることをアピールすることができた。アピールに成功すれば，EUの企業ひいては域外の企業・金融機関を誘致することができるし，自国の製品をより広大なEU市場で販売することもできた。こうしたことに成功すれば，結果的に高い経済成長を遂げることができると期待されていた。

　実際に，中東欧の経済は好転していった。いくつかの研究によれば［田中素香 2007，第3章，第4章; 田中素香ほか 2006, 155-157頁］，体制移行によって中東欧10か国の生産は1990年代半ばからは回復しはじめ，民営化や市場経済化に成功した。その結果，これらの地域への海外直接投資（FDI）の流入が急増し，EUの企業と金融機関が続々と進出した。製造業ではEUから部品を輸入し中東欧諸国で加工後輸出する**垂直的産業内貿易**が発展したという。その結果，1990年代後半以降，EU平均よりも高い成長率を実現してEUに追い着きはじめた（キャッチアップ）という［田中素香ほか 2006, 156頁; 田中素香ほか 2011, 26-27, 382-384, 391, 394頁; 田中素香ほか 2018, 387頁の表13-1］。

　これに対して，EUや既加盟国にはどのような影響やメリットがあったのだ

ろうか。新規加盟によって人口が新たに20%増加したことは，とりもなおさず市場の拡大，そして既加盟国と新規加盟国との間の貿易量増加を意味しており，経済的には大きなメリットがあるとみなされた。実際に，中東欧諸国への輸出は1990年から2002年の間に7倍増加したといわれている［田中素香 2007, 64頁］。EUは域外の途上国より加盟申請国を重視するようになり，とりわけ連携が強化されたポーランド，チェコ，ハンガリーはEUの重要な輸出先となった。

　また，中東欧諸国や東バルカン，地中海地域のEU加盟は，EU周辺地域の政治的安定をもたらした。EUとりわけ大陸ヨーロッパの加盟国にとって，陸続きでありなおかつ歴史的な背景もある東側地域，バルカン半島，地中海地域の安定は非常に重要であった。それらの地域の不安定化は，軍事的な難題のみならず大量の移民・難民あるいは組織犯罪の流入といった政治的難題をもたらす可能性があった。加盟申請した中東欧諸国にEUの基準を遵守させた後にEU加盟を認めることは，EU周辺の地域の安定に貢献した。

　とはいえ，EU拡大には潜在的な問題点も存在していた。たとえば，経済水準の低い国，より具体的には賃金の低い国がEUに加盟すれば，「4つの自由移動」を標榜するEUにおいてはそうした国から既加盟国への労働力流入をもたらす可能性があった。安価な労働力や製品が既加盟国に流入すると，その国の雇用や経済に影響を与える。そのため，一部加盟国は拡大後も最長で7年間は中東欧諸国からの労働者流入を留保した。また，EUによる加盟候補・申請国への経済的支援はEU予算，つまり加盟国の拠出によって賄われているために，財政負担の大きい既加盟国からはEU財政をめぐる**受益と負担**の問題を指摘された（詳しくは第14講も参照）。さらに加盟国数がほぼ倍増したことにともない，経済水準の異なる加盟国が多くなった（**経済格差・不均衡**）。その結果，EUレベルでひとつの政策を実施するにも加盟国によって異なる影響があらわれるようになり，EUがひとつにまとまることが難しくなった。

◎論　点

① 「北への拡大」と「南への拡大」について，それぞれの背景や経緯，展開を説明してみよう。

② 冷戦後に中東欧諸国からの加盟希望が増えた背景を説明してみよう。ま

　た，EU はどのようにそれらの国の加盟を受け入れたかを説明してみよう。

③ 新規加盟国にとって EU 加盟のメリットとは何だったのだろうか，説明し
　てみよう。

④ EU 側にとっての拡大のメリットとは何だったのだろうか，説明してみよう。

第 **9** 講　成長・雇用戦略へ
　　　　▶21世紀のEU(3)

> 　近年，先進国は程度の差こそあれ，例外なく少子高齢化，低成長，低雇用率に直面している。ヨーロッパでは，こうした問題には国家だけでなくEUも取り組んでいる。なぜEUが雇用や経済成長に取り組んでいるのだろうか。EUはどのようなことに取り組んでいるのだろうか。本講でEUがこの分野に取り組む背景を理解することができれば，第Ⅱ部で学ぶ政策領域ごとの取り組みの多くが本講の話とリンクしていることに気づくだろう。私たちの社会も同じような課題に直面しているので，EUの取り組みから学ぶことはないだろうかと考えながら読んでもらいたい。

1　EUによる産業政策

　近年，先進国では経済成長と雇用のために新たな産業（イノベーション）が必要だといわれている。その産業の促進には，適切な産業政策の実施が肝要である。「政策」というだけに，産業政策においては政府が民間に対して何かしらの働きかけをする。政府が規制や誘導，優遇を進めることによって，特定産業のありようや産業間の関係に影響を与え，産業構造の転換や経済成長を果たそうとするのである。そうした産業政策には，特定産業に焦点をあてた**垂直的な産業政策**と，すべての産業に共通したことを行う**水平的な産業政策**とがある。
［田中素香ほか 2018, 183-184頁］

　EUにおいて，産業政策は原則として各国が実施するものとされている。実際，1980年代に入るまでは，加盟国がそれぞれに代表的な企業（**ナショナル・チャンピオン**）を育成しようとしていた。ただし，ECSCの対象であった鉄鋼業の産業調整および再編や，国際競争に必要だと判断されたエアバス育成，情報技術などといった分野では，EUレベルの垂直的な産業政策が実施された。［田中素香ほか 2006, 170-172頁；田中素香ほか 2018, 184-185頁］

　『域内市場白書』以降は，域内市場統合を通じて競争促進ひいてはEU産業全

体の競争力向上を目指すようになった。このときEUは，EU全体としての競争力向上という観点から，垂直的な産業政策から水平的な性質をもつ産業政策へとシフトするようになった。マーストリヒト条約にはEU産業政策の規定が設けられ，欧州横断ネットワーク，運輸，エネルギー輸送，情報通信といった分野の取り組みがEUレベルで強化された。[田中素香ほか 2006, 172-173頁; 藤原・田中 1995, 第7章]

　ただ，マーストリヒト条約は別途ユーロへの参加条件を定めて加盟国に対して**財政赤字削減**を求めていた（第6講を参照）ため，財政出動のより少ない技術革新や技術開発，規制緩和と民間資金活用を通じて産業を活性化しようとした[田中素香ほか 2006, 177頁]。なお，当時の電気，ガス，水道，電気通信といった公益事業を担う組織は，事業としての性格から国営化されていた。当然，事業にかかる資金も国家財政から賄われていたため，1980年代後半から1990年代後半にかけて公益事業の**民営化**が進んだ。

　そのような形でEUレベルの産業政策が進められたが，当時から芽を出し近年では成長産業と目されているICT（情報通信技術）部門の活性化に成功したとはいえなかった。1990年代のEUのICT部門は，生産・製造の側面においても利用の側面においてもアメリカほどは発達しておらず，民間によるICT部門への投資額，研究開発費におけるICTのシェアも日米を下回っていた[田中素香ほか 2006, 163-169頁]。また，サービス業についても，アメリカほど経済全体（GDP）に占めるサービス業の割合が高くなった訳でもなかった[田中素香ほか 2006, 163-169頁; 田中素香ほか 2018, 179-183頁]。さらなる経済成長には，新たな産業だと見込まれているICT関連産業やサービス産業のてこ入れが不可避だと考えられるようになってきた。

2　リスボン戦略──EUの成長・雇用戦略へ

　1990年代のEUは産業政策にとどまらず，競争力，成長，そして雇用にも関心を払うようになった。たとえば，ドロール欧州委員会委員長が1993年に『**成長・競争・雇用白書**』を発表し，EUにおいて経済成長や域内市場統合だけではなく慢性的に継続している高失業にも取り組む姿勢を示した。

> **コラム06　加盟国間の相互政策学習に立ちはだかった諸要因**
>
> 　リスボン戦略の期間中，研究者（Casey and Gold）は，欧州雇用戦略（EES）で定められた4つの柱にわたる計26のピア・レビュープロセスを対象に，レビュー参加者をはじめとする当事者へのインタビュー調査を行い，政策相互学習の阻害要因を明らかにして裁量的政策調整方式（OMC）による政策収斂が進んでいないことを示唆した。たとえば，国と地方の関係が中央集権的か地方分権的か，その分野（例：生涯学習やフレキシキュリティ（flexicurity））において社会的なパートナーにも重要な役割や対話の機会が与えられているかといった相違が，ある加盟国の取り組みを他の加盟国が学ぼうとする際の障害になっていた。制度的な面にとどまらず，社会，文化的な差異（例：女性の起業に対するイメージや企業の社会的責任といった概念が社会で受容されているかどうか）も，加盟国間の相互学習の妨げとなった［井上 2013, 第5章］。
>
> 　OMCでは加盟国間の相互参照・学習が体系的に行われないと判断したEUは，OMCという語は用いずにリスボン条約に相互参照・学習のプロセスを明記して，リスボン戦略の後継戦略である欧州2020ではそのプロセスを適用して加盟国の取り組みを促している［井上 2015］。

　EUレベルで雇用に取り組む流れは，1990年代後半に主要加盟国で社会民主党系の中道左派政権が誕生すると，より強くなった。1997年に調印されたアムステルダム条約には雇用の章が設けられ，基本的には加盟国の権限で実施されるとはいえEUレベルにおいても市民の雇用に配慮することが明確に表明された。同じ年には『**欧州雇用戦略（EES）**』が策定され，①**就業能力**（employability），②**起業家精神**（entrepreneurship），③**適応能力**（adaptability），④**ジェンダーの機会平等**（equal opportunity）を柱に，単純な雇用創出による完全雇用実現ではなく，低学歴・非熟練労働者のスキル向上やこれまで雇用という局面で弱者に回った人々を就労へ向けさせるという，就労支援・就業能力支援に取り組むことを表明した［井上 2013, 107-109頁；田中素香ほか 2006, 221-224頁；田中素香ほか 2018, 239-241頁］。

　そして2000年3月にリスボンで開催された臨時欧州理事会では，**リスボン戦略**が採択された。リスボン戦略とは，ヨーロッパの低成長，生産性低下，失業率上昇，対米劣位を受けて，より競争力のある，持続的な経済成長が可能な，同時に社会的格差を是正する社会をヨーロッパにつくろうと計画し，そのため

の方針を示した経済戦略である。リスボン戦略は，具体的な目標として「**持続
的経済成長**と**社会的格差是正**の進展を可能にする，世界でもっとも**競争力**があ
りダイナミックな**知識基盤型社会（経済）**の創出」を掲げ，3％の成長率を10年
間続けること，失業者を4％台に減らすこと（就業率を上げること），欧州らし
い社会モデル（欧州社会モデル）の実現を目指した。目標を達成するために，各
国の取り組みのなかから成果が出ているもの（ベスト・プラクティス）を**相互学
習**するというしくみである**裁量的政策調整方式（OMC）**を採用し，従来なら加
盟国が権限をもつ雇用や成長の分野においてEUが加盟国間の取り組みの収斂
を促すことができるようにした。［井上 2013, 109-111頁；田中素香ほか 2006, 236,
241頁；田中素香ほか 2018, 193-194頁］

3　リスボン戦略から欧州2020へ

　しかしながら，リスボン戦略が期待したような経済成長率や失業率の改善は
見られなかった。2001年の不況（IT不況）以降，EU15か国の実質成長率は年率
1％台（2％以下）と低迷した。その結果，雇用率の増加もままならず，アメリ
カや日本が4％から5％台の失業率に抑える一方で，EUの一部加盟国では
10%前後，時に10%を超える失業率を記録した。とりわけ若年失業率が高かっ
た。［井上 2013, 111-113, 160頁；田中素香ほか 2006, 217-222, 242-245頁］
　なぜ，リスボン戦略が効果を発揮しなかったのか。最大の理由は，EUの経
済戦略であるにもかかわらず，EUが戦略達成のために主導的な役割を果たす
ことができないしくみだったことにある。本来，雇用や経済成長は加盟国が権
限を有する分野である。それが1997年の主要加盟国の政権交代による後押しを
受けて，EUが欧州雇用戦略やリスボン戦略という大きな枠組を掲げた。た
だ，加盟国はEUから取り組みを強制された訳ではなく，**相互学習**を促された
に過ぎなかったため，相互学習は実質的には進まなかった［井上 2013, 107-119
頁］。上記のような経緯から罰則規定もなく目標達成に失敗しても加盟国が責
任を問われることはないため，ことは戦略の計画通りには進まなかった。
　ところで，この時期からEU内に少しずつ漂うようになる不穏な雰囲気を理
解するためにも，同時期にEUが2004年の拡大を経験していることを思い出し

ておく必要がある（第8講を参照）。中東欧諸国のEU加盟によって，それら新規加盟国の低賃金労働者が既加盟国へ流入し，既加盟国の企業の投資が新規加盟国へと流れ，既加盟国の雇用に影響を与えた（または与えると懸念された）。リスボン戦略によって経済成長や雇用が達成されないこともさることながら，新規加盟国と既加盟国との間で雇用をめぐる摩擦や争いが生まれる（生まれるだろう）という感覚は，市民のなかにEU不支持層を増やすことになり，欧州憲法条約の批准がフランスやオランダの国民投票によって拒否されている（第13講を参照）［井上 2013, 92-96頁］。

　リスボン戦略に話を戻すと，戦略の見直しを経て戦略の行き詰まりを確認したEUは，新たに2010年に「**欧州2020**」戦略を掲げた。新たな戦略では，「**スマートで持続可能で社会包摂的な成長**」を目指して，改めて就業率向上，研究開発（GDP比3％を投資へ），環境，教育，貧困・社会的排除に取り組むことを表明した［井上 2015, 11-12頁；田中素香ほか 2018, 194-196頁］。なかでも就業率向上（75%）という目標は意欲的であり，EUは教育課程から中途離脱して就業することができないという若者が減るよう，就業支援に取り組むことを表明した（詳しくは第21講も参照）。また，リスボン戦略で「知識基盤」と銘打っていながらいまだに日米そして新興国にリードされている**ICT分野**に改めて力を注ぐことを表明した（Digital Agenda for Europe）［井上 2015, 11頁］。

　ICT分野への就業率は高くないだけでなく，雇用する側が期待する能力と雇用される側が実際にもつ能力との間にあるギャップが大きく，未充足求人が多くなり，結果としていくつかの加盟国は域外からの移民に頼ることになっている。成長をもたらし得るこの分野の職業により多くの市民が就くようになるためにも，若者の教育・就業支援そして転職希望者の支援が必要だとされており，近年EUはICT分野への人の動員を強めている。また，個人のICT利用者が多くなってはいても，企業内そして国境をこえたビジネスでの利用率は低調なため，EUはICTのビジネス利用を促している。さらに，新たな製品や技術を生み出す研究開発（R&D）への投資も他の地域に比べて非常に遅れているため，この分野へのてこ入れも表明した。一連の取り組みが確実に実を結ぶようにするために，政策を決める際に関係者（特に民間関係者）の参加をさらに促すようにし，各加盟国の取り組みをウェブなどで可視化した。［井上 2015, 10-12頁］

　さらに欧州2020は，経済成長が持続的でもあるよう環境問題にも配慮しており，エネルギーや交通のネットワーク整備にも取り組んでいる。とりわけ温室効果ガス20%削減や再生可能エネルギー 20%使用，そしてエネルギー効率20%改善を2020年までに達成しようとする「**20-20-20戦略**」は国際的な温暖化交渉に影響を与えそうである（詳しくは第23講を参照）。一連の対応策には，EU の多年度予算（2013年-2020年）から多額の資金が拠出されているため，EU が2020年までに成長や雇用そして競争力を回復することができるかどうか，その後どのように取り組みを発展させるかが注目されている。

◎論　点

① リスボン戦略とはどのような戦略か。目的・ねらい，戦略達成手段，結果についても言及しながら説明してみよう。

② リスボン戦略の改良版であることを踏まえて，欧州2020の概要を説明してみよう。そのうえで，日本に学ぶところがあるかどうか，考えて（話し合って）みよう。

第10講 金融危機, 債務危機, 難民問題, ブレグジット
▶21世紀のEU(4)

財政危機・債務危機の引き金はギリシャによる財政赤字粉飾の発覚であったが, 危機の波及と対応の過程でユーロ域 (ユーロ参加地域) の問題点が次々と浮き彫りになった。財政赤字解消のための緊縮策をめぐって加盟国内で論争や混乱が生じ, EUが名指しで批判されるようになった。その後もシリアなどからの難民流入問題, イギリスによるEU離脱問題 (ブレグジット) など, EUないしユーロが停滞している, 分裂するといった見解が当を得ているような情勢が続いている。

一連の「危機」への対応にあたるヨーロッパの様子を確認しながら, 加盟国市民, 加盟国政治家そしてメディアによるEU (ユーロ) 批判が当を得ているかどうか, また, 危機への対応は加盟国のみで可能かどうか, 可能でない場合にはどこまでなら加盟国間の協力が可能で, EUはそこでどこまでイニシアティブを取ることができるのかを考えてもらいたい。

1 金融危機, 財政・債務危機前のEU

組織やしくみに対する批判というものは, 得てして危機が起こってから吹き荒れるものであり, 事前に指摘され対応が試みられることは稀である。事件を客観的に理解するために, いまいちど危機発生前の各種政策の責任所在を確認しておこう (詳細は第7講, 第20講を参照)。まず**金融政策**については, ユーロ参加国に限って**ECB** (欧州中央銀行) が担う。ユーロに参加していない国は, 従来どおりその国の中央銀行が金融政策を決定・実施する。**経済政策**は欧州雇用戦略やリスボン戦略 (第9講を参照) を機にEUが関与してはいるものの, 原則として各国政府の権限と責任で決定・実施する。**財政政策**については安定成長協定が存在しているものの, 各国政府が主権を有している。よって, EU側に明確な権限と責任が存在するのは**金融政策**のみである。その金融政策とて, ユーロに参加していなければECBに従う必要はなく, 以下のようにECBやEUが

直接関与していない分野が存在する。

　たとえば，「金融」政策とはいっても，銀行をはじめとする金融システムの安定化にはECBとEUは直接には当時関与しておらず（勧告または調整機能のみをもつ），各国の中央銀行および銀行関連当局（例：金融監督庁）に委ねていた［田中素香 2010, 106-112, 203-205頁；田中素香ほか 2006, 143-145頁；田中素香ほか 2011, 170頁］。仮に危機が生じた場合には緊急支援や金融機関への対応が必要になるが，これらはEU（ユーロ域）やECBの権限で行われる訳ではなかった。日頃の金融システムのチェックそして有事の対応は，基本的に加盟国当局の協議と連携に頼らざるを得なかったのである。

　国家による金融，経済，財政政策と比べると不完全にも見えるこのしくみは，今現在EUが加盟国を束ねる「政府」ではなく，今後もそうなる予定はないことを承知のうえで——あるいは加盟国がこれを担保しながら——EUと加盟国の双方が取り組みを進めた結果である。1度選択されたしくみが変更されるには，彼らがしくみの変更を迫られるような状況が発生しなければならないが，それはリーマン・ショックやギリシャ危機で突如発生した訳ではなく，徐々に頭をもたげてきていた。

　ユーロ発行前夜（1998年から2000年ごろ）のEU経済は，統計上2-3％に経済成長率を回復しており，ユーロ参加条件を満たす必要があるため財政赤字も低く抑えられていた［田中素香ほか 2006, 148, 234-235, 422頁］。ところが，2001年に入るとアメリカでITバブルが崩壊してその影響がヨーロッパに波及，EUもアメリカと連動する形で経済成長率を落として不況に陥った。アメリカはEUにとって域外の最大貿易相手国つまり輸出先であったことから，アメリカの不況がEU企業のアメリカにおける利益確保を困難にさせ，ヨーロッパも不景気に陥ったのである［田中素香ほか 2006, 235-237頁, 422-423頁］。

　不況に対して，アメリカはそれまでの財政黒字から赤字に逆転するほどの積極的な**財政出動**を行い，景気回復に成功した。しかしながらEUでは，ユーロ参加のためのマーストリヒト基準や**安定成長協定**が過度の財政赤字を禁じているため，ユーロ参加国は景気回復のための財政出動を行うことができなかった。結果として，2003年から2004年にかけて早々に経済成長率を回復させたアメリカとは対照的に，EU経済は低迷した［田中素香ほか 2006, 237-238, 423頁］。

　財政政策を出動できなくても，経済政策による成長・競争力促進や金融政策
が，景気対策の手段として残されてはいる。しかしながら，成長や競争力促進
にかかるEUの取り組みであるリスボン戦略は，成功しなかった（第9講を参
照）。最後に残った金融政策はといえば，ユーロ参加国についてはECBに移譲
してしまっていたうえに，ユーロ参加諸国の経済収斂が完全には達成されてい
ないことから，ECBによる単一金融政策が加盟国に異なる影響をもたらす可
能性があった。現に，ユーロ参加国間には当時，物価上昇率や経済成長率の乖
離が生じていた。既存研究によれば，経済成長率と物価上昇率の高かったアイ
ルランドやスペインではECBの単一金利が低過ぎてバブルと国際競争力低下
をもたらした一方，低成長のドイツでは経済停滞のなか物価上昇率が低く，
ECBの単一金利が高過ぎて不況をさらに深刻化させたという［田中素香 2007,
152-153, 166-169頁；田中素香 2010, 90-93, 123-125, 131-132頁；田中素香ほか 2006, 142
頁］。上記ドイツの停滞は後に回復へと向かったものの，加盟国間の経済のば
らつきは解消されないまま，リーマン・ショックやギリシャ危機を迎えること
になった。

　そのようななか，一部のユーロ参加国が**安定成長協定**（第7講を参照）で定め
た財政基準を逸脱するようになった。たとえばギリシャは，2004年に，2000年
以降のデータがすべて統計操作により過小評価されていたことが判明した。ま
た，EUの中軸である独仏の財政も赤字に転落した。たとえば，ドイツでは企
業の成長が鈍化すると，企業は海外に投資して拠点や販売支店を設けた。その
結果ドイツ経済が空洞化し，失業率上昇による消費抑制などを経て不況が著し
くなり，ドイツ政府は労働政策をはじめとする財政支出増大を要する対応を迫
られ，財政赤字が安定成長協定に違反する水準になった［ドイツ経済情勢の詳細
については，田中素香ほか 2006, 145-149, 282-286頁；田中素香ほか 2011, 301-309頁］。

　ところが独仏は制裁されるどころか，ギリシャやポルトガルの過剰財政赤字
も判明し，協定自体が見直される始末であった。過度の財政赤字を許容する条
件が緩められたのである。安定成長協定における過度の財政赤字の判断基準と
なる「財政赤字の対GDP比」のうち，GDPの値に大きな変化がある場合，具体
的には「経済成長率がマイナス2％」という「例外的に深刻な不況」を下回る不
況の場合には，従来なら財政赤字の対GDP比が3％を超えることは許容され

ていた。ところが，見直しによって「経済成長率がマイナス 2 ％」という数字
が削除され，許容される条件が不明確に（あるいは広く）なった。また，基準値
に近くまた一時的であれば，リスボン戦略実施，雇用や研究開発関係の出資な
どといった個別の事情が，過剰財政赤字の認定に考慮されるようになった。
［庄司 2007, 131-134頁；辰巳 2012, 145頁］

2　金融危機（リーマン・ショック）と財政・債務危機（ギリシャ危機）

　上のような経済・財政状況のなか，EU は金融危機と財政危機を迎えること
になる。まず，2007年夏に**サブプライム危機**が生じた。IT バブル景気後の不
況にさいなまれていたアメリカは，超低金利を長期間維持して景気を支え，低
所得者層向けの住宅ローンを提供して住宅を買わせる政策をとった。このロー
ン（サブプライム・ローン）は証券化されて金融商品として世界中で取り引きさ
れたが，これが2006年から焦げつくようになると，これが組み込まれているの
ではないかとおぼしき金融商品が暴落，さらにこの商品を保有する金融機関や
投資家の資金繰りが困難になった。ヨーロッパはこの状況をあくまで対岸の火
事だと捉えていたが，2007年夏にフランス第 1 位の銀行であるBNPパリバが
危機に直面したことによって，事態は急転した（**パリバ・ショック**）。［田中素香
2010, 115-123頁］

　ところが，さらに大きな危機が世界を巻き込んだ。2008年 9 月，アメリカ有
数の金融機関であるリーマン・ブラザーズがアメリカ政府に救済を拒否されて
破綻したのである。世界有数の金融組織の破綻は当該金融機関と取引のある世
界中の金融組織に波及し，危機を大きくした。ヨーロッパ諸国の銀行も影響を
受け，9 月末から 1 週間でイギリス，ドイツ，ベルギー，フランスの銀行が相
次いで倒産した。［田中素香 2010, 126-127頁］

　2008年10月，フランスのサルコジ大統領は，ユーロ参加国政府首脳との会議
に欧州委員会委員長，ECB総裁，そしてブラウン英首相を呼び，ユーロ圏，
非ユーロ圏の協調を図った。各国は国内銀行部門を保護する立場を明らかに
し，イギリス，フランス，ドイツそれぞれ3000億から5000億ユーロの公的資金
を投下，ユーロ域では 1 兆8000億ユーロ（GDPの20%相当）を投下して銀行危機

対策にあたることが決まった [田中素香 2010, 136-139頁; 田中素香ほか 2018, 143-145頁]。資金は預金保護，銀行への資本注入，不良債権の買い上げ，銀行間取引の保証などにあてられた。

　一方，EU自体が拠出できる資金は限られていたものの，EUレベルでは欧州投資銀行が中小企業に対して300億ユーロのローンを行うことを決定した。欧州委員会は2008年末に2000億ユーロ（300億ユーロをEU財政から，残りを加盟国の財政から拠出）の財政支出による経済復興計画（リカバリー・プラン）を表明し，加盟国が団結して危機にあたることを確認した。経済復興計画は，購買力刺激と競争力向上を目指しており，緊急措置としてEUは財政赤字のGDP比３％ルールを黙認し，銀行への支援（国家補助）も容認した。[田中素香ほか 2011, 158-159頁; 田中素香ほか 2014, 150頁; 田中素香ほか 2018, 143-145頁]

　このように，EU独自の資金は限られていたが，EUは何としてでも団結して危機克服を支える姿勢を示した。その結果，EUは団結を深め，それを目の当たりにしたユーロ未参加のEU加盟国がユーロ参加を希望するようになった。ただ，この時に行った財政支出がヨーロッパ経済に影を落とし，ユーロそしてEUは新たな危機にさらされることになった。ギリシャの財政危機がユーロ域全体を揺るがしたのである。

　2009年10月の政権交代をきっかけに，ギリシャの財政関連統計の不備が発覚した。財政赤字の対GDP比は，2008年に５％としていたものが7.7%に，2009年については3.7%見込みとしていたものが12.7%となることが発覚した [田中素香 2010, 157頁]。EU統計局（Eurostat: ユーロスタット）によれば，最終的には2008年，2009年それぞれ，10.2%，15.1%の財政赤字となった。また，同じ統計によれば，2009年の公的債務の対GDP比は，申告の99.6%を大幅に超過する126.7%となっていた。ギリシャの実情はユーロ参加資格がそもそも備わっていなかったことを露呈しただけでなく，ギリシャの財政危機が他のユーロ域にも波及する懸念を引き起こした。

　なぜ，ユーロ域のGDPの３％弱ほどしか占めないギリシャの危機が他の加盟国に波及すると懸念されたのだろうか。まず，同様に過度の財政赤字に直面する国がユーロ域に存在したからである。ユーロスタットによれば，2008年から2009年にかけて，ポルトガル（3.8%→9.8%），アイルランド（7.0%→13.8%），

イタリア（2.6%→5.2%），ギリシャ（10.2%→15.1%），スペイン（4.4%→11.0%）といった加盟国が（　）内の数値のとおりに財政赤字を拡大させ，ユーロ圏全体では財政赤字が2％から6％となった。これらの加盟国はその頭文字をそれぞれとって「GIIPS」と名付けられた。GIIPS諸国の経済はユーロ域のGDPの35%程度を占めており，こうした国で連鎖的に危機が波及するとユーロ域全体に影響を与える可能性があった。

　次に，危機の連鎖的な波及を懸念させる状況が，実際のEUの金融ネットワークに存在していたからである。GIIPS諸国の負債は相互に関連しており，さらにはフランスやドイツといったユーロ域の主要国にまでリンクしていた。たとえ経済規模が大きくなくとも，ある加盟国で財政が破綻してしまうとその国と債権・債務上のつながりをもつ別の加盟国に影響を与えるおそれがあった。

　ギリシャ発の危機は，翌2010年5月に金融市場のパニックをもたらした。これを受けて，ユーロ加盟国の緊急首脳会議そしてEU財務相理事会が開催され，ユーロ域諸国からの800億ユーロの支援が決定された（別途，IMFからも300億ユーロの金融支援が決まった）［田中素香 2010, 164-165頁］。かわりにギリシャは，2010年中に財政赤字を4％削減し，2014年には財政赤字を対GDP比2.6%にまで削減することになった［田中素香ほか 2011, 162頁］。財政赤字削減のために，ギリシャには公務員削減，年金・賃金の削減ないし凍結，税の引上げ（徴収確保）と同時に，国際競争力を高めることが求められた。

　ギリシャ発の危機はアイルランド，ポルトガルに飛び火し，翌2011年後半にはスペインとイタリアにも波及する気配を見せることになる。そのため，ギリシャへの上記支援が決定した2010年5月には，波及が懸念されたGIIPS諸国を念頭に入れた支援も決められた。EUはギリシャに端を発する一連の危機を自然災害と同等の「制御できない例外的な事態（リスボン条約・EU機能条約第122条第2項）」だと認定して安定化策を導入，ユーロ参加諸国が比例配分で拠出する基金を通じた4400億ユーロの支援（**欧州金融安定基金：EFSF**），欧州委員会による600億ユーロの支援（**欧州金融安定化メカニズム：EFSM**）を準備し，IMFも最大2500億ユーロもの資金支援を準備した［田中素香 2010, 164-168頁；田中素香ほか 2011, 162-163頁］。アイルランド（2010年11月）やポルトガル（2011年5月）は，こうした支援を受けることになった。EFSF，EFSMといったしくみを統一，継

承した常設のメカニズムを用意するために，2012年には予定が前倒しされる形で**欧州安定メカニズム**（ESM）が創設された。ESMは，7000億ユーロという非常に大きな資本金を用意して，ギリシャ，アイルランド，ポルトガルとは比べものにならない規模の大きな加盟国の危機への対応を準備した。

　一旦改革を進めたギリシャが2011年に再び債務を増やし，翌年にはギリシャの総選挙期間中に反緊縮派が急伸すると，危機が再発しそれがスペインやイタリアにも波及した。2011年の危機に対して，ECBは合計1兆ユーロもの巨額の資金を銀行への供与に準備して，銀行破綻の懸念を払拭した［田中素香 2016a, 25-32頁；田中素香ほか 2018, 149-150頁］。2012年のギリシャによるユーロ離脱危機とスペインの危機では，ECBがこれまで行ってこなかった**国債買い入れ**（**OMT**）を実施すると表明することで危機を沈静化させた［田中素香 2016a, 32-42頁；田中素香ほか 2018, 150頁］。

　こうしてEUレベルの支援はまとまったが，課題は多い。たとえば，支援を見返りにGIIPS諸国（とりわけギリシャ）に課される条件を被支援国政府がのむのは困難である。実際，財政赤字解消のためにギリシャやイタリアで実施された諸改革には国民の強い抵抗があり，改革を押し付けるEUに反対する勢力の拡大を許している。ギリシャでは2015年7月にチプラス政権が緊縮政策受け入れの是非をめぐる**国民投票**を実施，その結果を後ろ盾に緊縮策を拒否する姿勢を見せた。

　他方，支援するEU加盟国にも不満はある。加盟国が拠出するお金は，とりもなおさずその加盟国の税金によって賄われているからである。とりわけ負担の大きいドイツでは国内の説得が困難で，ドイツはチプラス政権に対して強硬にのぞみもした。ギリシャのユーロ離脱もやむなしという声もあがった。結局，EUはギリシャが厳しい緊縮策をのみこれを議会に通す見返りに，新たな支援（3年で最大860億ユーロ）を決定した［田中素香 2016a, 173-194頁］。

　さらに，EU，ユーロ参加国側にも，危機は大きな課題を突きつけた。より経済規模の大きな加盟国の危機には，ユーロ参加国の協議による緊縮を条件にした資金提供だけでは対応しきれなくなったからである。ユーロを維持するためには，過剰財政赤字を出させないこともさることながら，銀行をはじめとする金融・金融市場関係の改革，ECBによる国債買い入れ，加盟国間の財政移

転など，従来取り組んで来なかったことにも着手しなければならなくなった。2009年から2015年までの期間に危機が推移する過程で，ECBがこれまで実施してこなかった**国債買い入れ（OMT）**の実施を採択し，金融監督の一元化をはじめとする**銀行同盟**，財政健全性の相互監視（**ヨーロピアン・セメスター**），**財政同盟**，そして財政均衡を国内法に明記させる「安定，協調およびガバナンスに関する条約」などが提案，実行されつつあるが［田中素香 2010, 173-176, 203-211頁；田中素香ほか 2018, 147-174頁］，それらの整備が待たれる。

　最後に，緊縮，財政健全化だけでは危機によって打撃を受けた経済，雇用は回復しない。近年のEUは，加盟国の経済成長や雇用への取り組みにも焦点をあてるようになった（詳しくは第20講で学ぶ）。

3　外交問題，難民の大量流入

　冷戦終結後の国内紛争の増加，2001年の同時多発テロ，その後の「テロとのたたかい」は，世界だけでなくEUの安全保障情勢にも影響を与えた。2010年代のEUは，紛争や隣接政策領域への対応にも追われた。

　2011年から起こったアラブ諸国における民主化運動（**アラブの春**）は，**欧州近隣政策（ENP）**を通じてEUと関係を築いていた国々にも及んだ（ENPについては第12講を参照）。EUは一連の過程で，EUの外交政策で重視する民主主義や法の支配を強調した（詳しくは第24講を参照）。したがって，「独裁者」がいたリビアやシリアに対しては，EUはアメリカとともに反体制勢力を支援する側に回り，体制派を支援するロシア（そして中国）と対立，そうした対立は国連安保理にももちこまれた。またEUは，EUとロシアとの間に位置する国（アルメニア，アゼルバイジャン，ベラルーシ，グルジア，モルドバ，ウクライナ）との協力も進めていた（**東方パートナーシップ**）。しかしながら，EUへの接近を続けるウクライナに対してロシアが2014年3月にクリミアへの軍事介入を開始しこれを編入したことで，EUとロシアの関係が悪化した。現地の住民投票を踏まえたものだと主張するロシアに対して，米欧は領土保全を侵すものだと反発，米欧が対ロ制裁に踏み切ったためである。

　こうした米欧とロシアの対立は，思わぬところに影響を与えた。シリア問

題，そしてその後の難民問題である。ロシアがシリアのアサド政権を支持しているのに対して，欧米は反アサド勢力を支持，体制転換を辞さない立場であった。大国の対立は安保理にももちこまれてシリア問題は膠着，内戦激化とともに避難民が急増し，隣国トルコに流れ込むだけでなく，そこから難民はさらにバルカン半島あるいは地中海経由でヨーロッパに向かった。

　折しも，EUへ向かう難民の数は増加の一途をたどっていた。その多くは国内紛争やテロとのたたかいに関係しており，東はアフガニスタンやシリアから，南はスーダンなどから難民が押し寄せた。難民が海路を選択した場合には海難事故に遭うことが多くなり，その救出の様子はたびたびメディアで報道され，人道的な支援が叫ばれた。EUへの難民庇護申請者数は2014年に62.7万人だったものが2015年には132.2万人へと急上昇，2015年は難民問題が「危機」として報道された［以上についての詳細については，井上 2017; web 資料(2)］。

　EUは当初，人道的観点から難民を保護する姿勢を打ち出し，難民受入れ実績のあるドイツのメルケル首相やスウェーデンは積極的に難民を保護する姿勢を示した。ところが他の加盟国を経由してドイツやスウェーデンに向かう人数が激増，通過点に位置する加盟国からの懸念や不満が表明されるようになり，EU域内での**負担分担**が議論されるようになった［小山・武田 2016］。そもそも流入する難民の数が受け入れ許容を超え，庇護のありようを定めたルールとの間に齟齬が出て，受け入れ負担をめぐって対立するEUの様子は，EUの難民政策（**ダブリン規則**）や人の移動政策（**シェンゲン協定**）の危機だとささやかれた（より詳しくは第22講も参照）。結局EUは，難民の経由地の拠点であるトルコと交渉して2016年３月にトルコと声明を発表，ギリシャに流入する非正規移民対応へと動き出すことによって難民流入に歯止めをかけている。

　一連の難民流入は，受入国における犯罪事件発生，「イスラム国」とその支持者によるEU内でのテロ事件（2015年パリ，2016年ブリュッセル）などとあいまって，治安に対する不安やEUの移民・難民政策に対する不安と不満を噴出させた。加盟各国で反移民を掲げる政党が勢いあるいは議席を増し，EUとその政策を公然と批判する加盟国もあらわれている。

4　加盟国による離脱の問題

　マーストリヒト条約以降，経済統合だけでなく社会的な側面にも取り組み始めたEUに対して，民主的に統制されないまま統合が進められているという批判が出てくるようになった。選挙で選ばれていないエリート，とりわけ「ブリュッセルのEU官僚」がEUの諸政策を提案し，加盟国が望まない統合を進めているというのである。こうした指摘が当を得ているかどうかは別として，実際にEUは（排他的な権限を有してはいないにせよ：第15講を参照）政策対象領域を雇用政策や社会政策にまで広げた。ユーロ参加国はECBの金融政策に従わねばならず，自国の裁量下にあるようにみえる財政政策も，現実には安定成長協定によるタガがはめられた。ギリシャ発の財政危機にみられたように，危機を招かないようにする，あるいは危機から脱するためには，自国の有権者には歓迎されない緊縮策を実施しなければならない場面もある。

　そのようななか，「EU改革を進めるか，さもなければ加盟の見直しを」と主張したのが，イギリスであった。イギリスはEC加盟後もその超国家主義的な政策からは一貫して距離をおき，経済的に実益のある政策のみを支持してきた（第1講，第3講，第5講，第6講，第8講，第20講，第22講を参照）。ところが，加盟国の増加および政策領域の拡大とともにイギリスのEU財政への負担が増加し，他方でEUから過度の規制を受け，さらには人の自由移動により移民圧力を過度に受けていると感じるようになった。そこでイギリスは，2015年5月にキャメロン首相が総選挙で勝利すると，その選挙公約であった「2017年末までの加盟継続を問う国民投票実施」に向けて動き出した。キャメロン首相は国民投票実施をカードにEUと改革交渉を進め，条約を改正してEUはもっぱら単一市場に従事するよう，そして加盟国が自由で柔軟にEU政策に参加できる連合にしようとした。

　2016年1月末から2月中旬にかけてEUと交渉した後に成立した合意案をもって，キャメロン首相は6月実施予定の国民投票キャンペーンに乗り出した。しかしながら，キャメロンによるEUとの交渉結果は有権者には評価されず，イギリス国内ではEU離脱を強硬に叫ぶグループへの支持が強まった。6

月23日に行われた**国民投票**の結果は, 僅差だが離脱派が勝利する (51.9%) 結果
となり, キャメロン首相は辞任, イギリスは先のEUとの合意をなかったこと
にして, メイ新首相のもとでリスボン条約の定めにしたがって離脱交渉を進め
たものの, 国内議会で離脱方針がまとまらずメイ首相も辞任するに至った [庄
司 2016; 田中俊郎 2016; 細谷 2016]。

　2019年5月に行われた欧州議会選挙でも, EU懐疑派あるいは反EU, 反移
民を掲げる勢力が議席をのばした [web資料(3)]。今後, 新たなジョンソン首相
のもとでイギリスが混乱した事態を収拾することができるか, それを見た他の
加盟国の今後の国政選挙への影響があるのかどうかは, 注視する必要がある。
EUは確かに様々な政策領域に取り組むようになったが, それを承知のうえで
加盟国の代表者はEUレベルの交渉に臨んでいたはずである。自己の再選や政
治生命と天秤にかけた結果, 政治家が有権者に対するEUの説明を怠る (放棄す
る) 可能性も否めない。加盟国の政治家がEUの役割, もたらすメリット, そ
して課題をどのように有権者に説明するのか, 注視が必要だ。

◎論　点

① なぜ, 国土もGDP規模も小さい加盟国であるギリシャで発生した危機が,
　EUを揺るがす大きな問題になったのだろうか。説明してみよう。

② EUが強調する民主主義や人権, 法の支配を基軸とする外交は世界で通用
　するだろうか。通用するためには条件が必要なら, その条件についても一
　緒に考えて (話し合って) みよう。

③ EUが難民問題に効果的に取り組むためにはどのようにすればよいだろう
　か, 意見を述べて (話し合って) みよう。
　(難民受け入れの制度改革のみで済むだろうか, 他の政策まで変える必要があるだろ
　うか?)

④ イギリスがEUへの加盟継続を疑問視して離脱を選択した根拠について,
　適宜新たな情報や資料を調べたうえで, 評価してみよう (意見を出し, 話し
　合ってみよう)。

第11講　EUの加盟国

本講では，EUを構成する加盟国について，EU理解の助けになる情報を中心に紹介する。加盟国の特徴，とりわけEUにおける「立ち位置」を大まかに把握しておくと，ヨーロッパがまとまって何かをしようとするときに，どの国がどのような反応をするのかを知る手がかりになるからだ。たとえば，歴史的に高福祉を維持している加盟国は，福祉やヘルスケア分野におけるEUの取り組みに対して，自国の高水準の福祉を維持することができなくなると反発する可能性がある。また，ひとりあたりGDPの大きな加盟国は，EU予算からの受け取りより予算への貢献の方が多いため，EUレベルで取り組む格差対策強化に難色を示すかもしれない。

ただ，著者の能力や紙幅の関係で，すべての加盟国を扱うのは不可能である。そのため，いくつかのグループに分けて加盟国の特徴を概観する。なお，比較的よく知られている加盟国の特徴を記載しているとはいえ，本講の内容は引用・参考文献に掲載されている諸情報に依拠するところが多い。引用・参考文献には，各国情勢に造詣が深い専門家によるさらに詳しい情報と考察とが示されている。また，明石書店のエリア・スタディーズ・シリーズからは各国に関する書籍が数多く出版されており，外務省のホームページ[web資料(4)]には各国の基礎データが掲載されているなど，各国事情を詳しく学ぶ情報源は多い。興味をもった加盟国があれば，そうした文献や情報に触れてさらに理解を深めてもらいたい。

1　フランス

フランスはECSC設立当初からの原加盟国であり，自国が統合を主導しているという自負もある。実際，ECSC設立のきっかけとなったのは当時の外相シューマンによる計画（**シューマン・プラン**）であり，そのアイデアはやはりフランス人である**ジャン・モネ**によるものであった（第1講を参照）。1970年代後半に欧州通貨制度を進めたのはジスカール＝デスタン大統領だったし，ミッテラン大統領は1980年代半ばに機構改革ひいては単一欧州議定書調印に至る道筋

をつけた。

　経済的には，フランスはオランダとならび原加盟国では農業が強く，**共通農業政策（CAP）**の恩恵を受けてきた（第2講，第18講を参照）。また，国家が経済を主導する**ディリジスム**（dirigisme）を度々採用しており，国有化や経済の計画化を進めた結果，競争力低下に悩まされてきた。1980年代に入ると，失業対策を優先するためにミッテラン大統領が進めたディリジスムと**大きな政府**はドロール蔵相による緊縮策によって修正され，**インフレ抑制**が進められた。この時のフランスの経済路線のドイツ路線への歩み寄りが，その後のユーロの礎にもなっている（第3講，第6講を参照）。過去に何度も戦火を交えたフランスとドイツが戦後にEC/EUの枠内で関係を構築するさまは，「**パリ＝ボン枢軸**」，「**フランスの政治とドイツの経済の結婚**」，「**フランスの農業とドイツの工業の結婚**」などといった言葉で形容される。

　政治・外交面では，アメリカとは一線を画して独自性を追求しようとする「**ゴーリズム／ゴーリスム**（ド・ゴール主義）」が採用されることがあり，アメリカとの関係が深いイギリスを警戒することも多い。フランスはイギリスとならんで核保有国でありなおかつ国連安保理の常任理事国だが，少なくともイギリスがEUに加盟している間は，両国がEU，国連，国際社会においてどれほど歩調を合わせることができるかが**EUの対外政策の一体性**を左右しそうだ（第24講を参照）。

　近年のフランスは，やや高い失業率（8-10%）やこれにともなう国内の格差に悩まされている。とりわけ，若年・非熟練労働者に就労の機会を提供する必要に迫られている。歴代政権は週あたりの時間労働変更（例：週35時間への変更）や早期退職制度導入，バカンス延長，有期雇用契約の大幅導入などといった政策を採用してきたが，有期雇用の乱発や長期失業の増加（雇用の不安定化），年金財政圧迫をもたらした［田中素香ほか 2006, 263-267頁; 田中素香ほか 2018, 280頁］。そのため，2000年代半ばにサルコジ政権が誕生すると，労働市場改革，規制緩和，公務員改革，定年の引き上げや年金改革に取り組んだ。しかしながら，金融危機やギリシャ危機を経て政権が交代するたびにその取り組みも変わっている［田中素香ほか 2018, 279-285頁］。

　フランスは財政健全性を維持しながら雇用，格差，競争力維持に取り組まね

ばならないという難題に直面しており，EU が取り組む政策分野やその時の政権によってはEUに対する反応や態度が大きく変わる可能性がある。また，国内には多くの移民が暮らしており，21世紀に入ると移民の受入・選別や移民の社会的統合，反移民勢力台頭への対処が大きな政策課題になっている。こうした事案が格差の問題と相まって，たとえば居住地域や年齢，職種，収入や雇用形態によって「分断」された市民の心を捉えると，対EU政策を含めたフランスの政策に影響を及ぼしかねない。

2　ドイツ

　ドイツはフランスと同様，EU の**原加盟国**である。しかしながら第二次世界大戦の敗戦国である（西）ドイツの立場は，フランスのそれとは大きく異なっていた。第二次世界大戦後早々に米ソ関係が悪化して冷戦が本格化する過程で，西側の連合国（米英仏）は西側占領地域の「ドイツ」を国際社会に復帰させようとしたが，フランスはドイツをなるべく脅威のない状態でヨーロッパ秩序に復帰させたいと望んだ。**シューマン・プラン**や**欧州防衛共同体**といった初期の統合計画がフランスから提案されたのは，いわばドイツを「ヨーロッパ」に組みこんでしまうためであり（第1講，第2講を参照），西ドイツは自ら「ヨーロッパ」に組み込まれることによる生き残りを選択した。

　その後，西ドイツはフランスに有利な共通農業政策を受け入れ，その運営に必要な予算を西ドイツなどの工業国が負担するようなしくみになっていても，正面から異議を唱えることはしなかった（EUの予算は，各国がその経済規模に応じて負担している：第14講を参照）。西ドイツはフランスと協力し，その脅威とならないようにEC/EUの枠内で連携し，自らが突出した存在にはならないようにした。シューマン・プランに賛同したアデナウアー首相，ジスカール＝デスタンとEMSで協力したシュミット首相，ミッテラン大統領とともにドロール欧州委員会委員長選出を支持したコール首相など，歴代首相の多くがフランスの首脳と緊密な関係を維持してきた（**独仏枢軸**，**パリ＝ボン枢軸**）。

　ただ，現実には西ドイツはヨーロッパ経済の中心であった。戦後の経済復興と高度経済成長を経て，西ドイツは域内随一の輸出国となり，とりわけ通貨や

金融の世界では西ドイツ通貨（**マルク**）が信用を高めた。その後，ユーロ導入にあたっては西ドイツの路線（**インフレ抑制**）が採用される（第6講を参照）など，経済，通貨・金融面においては西ドイツの影響力が大きい。

　冷戦後は，ドイツの影響力は経済にとどまらなくなった。思いのほか早期に**東西ドイツ統一**が達成されると，統一ドイツは政治的にも安全保障面でも大きな存在になったのである。とりわけ，歴史的に関係が深かった中東欧諸国との経済・政治的な結びつきが復活した。ドイツが東側へと比重を移すことをおそれたフランスは，ドイツをこれまで以上にEU統合に組み込もうとした（第6講を参照）。統一ドイツのEU内での影響力は，経済統合の進展や東方拡大を経て強くなっており，国連やEUを通じた安全保障面（平和維持活動）での貢献度すら高まっている。

　このように，統一後のドイツは経済的にも政治，外交，安全保障的にも大きな存在になった。シリア難民問題では，メルケル首相がいち早く受け入れと支援を表明もした。とはいえドイツでさえも，少子高齢化，高失業率，低成長，移民の社会的統合，東西ドイツ統一の影響（財政移転にともなう財政赤字，高失業）などの諸課題を抱えており，その力は無尽蔵だという訳ではない。とりわけギリシャ危機の際には，支援にみあった改革を被支援国に求めてはばからなかった。EU予算への貢献度が高いドイツにとって，支援の増強はそのまま自国の負担増（財政移転）を意味するからである。ドイツ国内においてすら，ユーロ離脱や反EUそして近年は反移民を唱える政党「**ドイツのための選択肢（AfD）**」が国政で議席を伸ばしており，国民のEUに対する支持も気になるところではある［田中素香ほか 2018, 314-316頁］。ドイツはこれまでEU全体に貢献する「公共財」を提供してきたところがあるが，今後もドイツが自国の利益だけでなくヨーロッパのために力（公共財）を提供し続けることができるかどうか，また，自らそうしようと思うほど他の加盟国と良好な関係を築けているかどうか，はたまたそうした政府の姿勢をどこまで有権者が支持するのかが，今後のEU安定のかぎになりそうだ。

3　イギリス

　過去に「世界の工場」と呼ばれたイギリスは，その国力・軍事力そして地理的な条件を活用して，19世紀以降のヨーロッパ秩序の調整者(バランサー)としての役割を果たした。しかしながら戦間期から第二次世界大戦にかけてアメリカに経済的・軍事的な覇権を譲ることになる。イギリスはアメリカとの連携を模索し，1940年代に入ると戦後秩序構想に参画した。そのような経緯から，イギリスの「ヨーロッパ」に対するスタンスは，フランスのそれとは大きく異なった。イギリスは，戦後ヨーロッパ秩序の安定にはアメリカの関与が欠かせないと考えていた。チャーチルの「**鉄のカーテン演説**」に象徴されるように，イギリスは戦後のソ連の影響力拡大を危惧し，アメリカのヨーロッパへのコミットメントを求めた。また，1946年9月のチューリヒ演説においてチャーチルが創設を訴えた**ヨーロッパ合衆国**は，イギリスを含めたものではなかった。その後大陸ヨーロッパ諸国が主導して設立したECSCには，その超国家的な性格を理由に加盟せず（第1講を参照），イギリスはEUの原加盟国にはならなかった。

　いったんはヨーロッパ統合とたもとを分かったイギリスだが，大陸ヨーロッパが成功させた経済統合（厳密にはその市場）に魅力を感じるようになる（第8講，第17講を参照）。イギリスを中心に形成したEFTAはEECに比べると人口や市場規模に大きな差があり，EECに貿易の利益を見出したイギリスはEECに加盟を申請した。とはいえ，すぐには加盟が認められることはなく，フランス大統領ド・ゴールの退任を待って1970年代にようやく加盟が認められた（第8講，第17講を参照）。ただ，石油危機によってヨーロッパ全体が不況に見舞われ，通貨協力では早々に離脱を余儀なくされる（第3講を参照）など，イギリスが見込んだ「加盟による利益」が当時すぐに得られたとはいいづらい。

　そのような過程からも分かるとおり，イギリスは，域内市場統合をはじめ企業活動や貿易，金融など，経済的に有益な事案にはEUへの賛成を表明する（場合によっては統合に先行して取り組む）が，EUから制約を受けるような事案には反対する傾向にある。たとえば**サッチャー**首相は，1980年代に進められた域内市場統合を規制緩和の視点から支持し，このモデルになるような改革を国内で

率先して進めていたところがあるが，自国の通貨主権や金融政策を失うことになる経済通貨同盟には反対した。またサッチャーは，受益と負担のバランス不足を理由に，自国がEU予算に支払った拠出金の還付を要求した。その後の政権もユーロへの不参加を表明し，社会政策に関わる取り組みからも外れ（**オプト・アウト**），大陸加盟国間で人の自由移動を進めるシェンゲン協定にも参加しなかった。

　そのような独自のスタンスを追求していても，イギリスは世界有数の金融センターとして，ヨーロッパ経済で存在感を示してきた。ただ近年のEUは，イギリスの期待とは裏腹に，域内市場統合（経済の自由化・非規制化）のみならず外交・安全保障協力，社会や雇用に関わる政策，移民政策などにも関与するようになってきている。数度の拡大を経て，そして何より金融危機，財政・債務危機においては，危機に直面する加盟国への支援が行われた。このような近年のEUの傾向は，イギリスが加盟によって得られると見込んだ「利益」とはかけ離れている。また，21世紀には非国家による暴力が後を絶たない。そのような情勢のなかで安全保障分野の能力を確実に保有するのは（イギリスが従来パートナーとみなしてきた）アメリカであるため，外交・安全保障面ではアメリカとEUとを天秤にかける場面も少なくない。

　結局，イギリスはキャメロン首相が国民投票でEU加盟の是非を問うと表明，これを盾にしてEUとEU改革交渉を行ったものの，交渉結果を手土産にして2016年6月に実施された国民投票は離脱派の勝利で決着した（第10講を参照）。イギリスはリスボン条約の手続にしたがってEUに離脱を正式表明し，その後離脱に向けた具体的な作業が進められている。2019年夏の時点で，イギリス議会は議会内で離脱にかかる協定を妥結できておらず合意がないまま離脱する懸念も指摘されているが，イギリス国内が混乱なく離脱手続を進めることができるかどうか，離脱した場合に市民や企業活動そしてEUへの実際の影響はどれほどになるか，アイルランドや北アイルランドとの関係はどのようになるのか，はたまた離脱自体暗礁に乗り上げてしまうのか，加盟国がEUから離脱した例が事実上なかっただけに，目が離せない。

4　ベネルクス諸国，イタリア，アイルランド，北欧諸国

　ベネルクス諸国と呼ばれる国々は，それぞれ小国（人口：ベルギー約1100万人，オランダ約1700万人，ルクセンブルク約60万人）ながら，EUの**原加盟国**としてその政治経済を支えている。ベルギーやルクセンブルクには，**EU本部**をはじめ関係組織が集中している。また歴史的にみても，ルクセンブルクは議長国として単一欧州議定書をまとめあげ，オランダはマーストリヒト条約の合意を形成するなど，基本的にはEU統合の節目を担い，支えてきた国々である。

　ベルギーは農業の比率が非常に低く，工業，機械，サービス部門といった産業がさかんで，国境を接しているドイツ，フランス，オランダといったEU加盟国との域内貿易に立脚している［田中素香ほか 2006, 331頁］。首都ブリュッセルにEU本部が存在するという立地条件から，域内外の企業が数多く進出している［田中素香ほか 2006, 331頁］。なお，ベルギーはオランダ語圏とフランス語圏に分かれており，ワロン地方（フランス語圏）とフランデレン地方（オランダ語圏）の対立を解消できないまま，1993年にワロン，フランデレン，ブリュッセルからなる**連邦制**となった［田中素香ほか 2006, 332頁］。EUのなかではひとりあたりGDPは高い方だが，高失業，格差や社会不安がない訳ではなく，政府の債務も大きい［田中素香ほか 2018, 370頁］。近年，移民やテロに関わる事件も発生するようになっており，他の加盟国と同様，今後国内政治が不安定化してそれが対EU政策に反映されるのかどうか，注視しておく必要がある。

　過去に世界貿易で名を馳せたオランダは，現在も規制や税制の関係で多国籍企業が数多く進出し，ヨーロッパ最大の港であるロッテルダム港はヨーロッパ物流の中心にもなっている［田中素香ほか 2006, 333頁］。大陸ヨーロッパのなかでは石油や大量の天然ガスといった資源を有していることが特徴的だが，それゆえに経済が資源輸出頼みになるいわゆる「**オランダ病**」に陥ったことがある。国際競争力低下，財政赤字，高失業率，不況に見舞われたが，1980年代前半に経済改革を進めた結果，失業率を抑えて財政を均衡させることに成功した（**オランダの奇跡**）。われわれがよく耳にする，コンセンサス形成を尊重する社会のありよう，**ワークシェアリング**や男性のパートタイム労働，パートタイム

とフルタイムの時間賃金同一化などを進めた結果である [田中素香ほか 2018, 371-372頁]。21世紀に入ると，オランダは欧州憲法条約批准のための国民投票に失敗し，近年では他の加盟国と同様，ポピュリスト政党や反移民・反EUを掲げる勢力が選挙で一定の票数を獲得するようになってきている（自由党，民主主義フォーラム）[田中素香ほか 2018, 372頁]。オランダは原加盟国で比較的自由かつ寛容な社会だと目されてきただけに，国内の動向がどのようにEUに影響を与えるかが見逃せない。

　EUの諸機関が設置されているルクセンブルクは60万人程度の人口しかないため，自国の市場を開放（**小国開放経済**）して外国人労働者を受け入れ，税の優遇を通じて外国産業を誘致している。とりわけ金融機関への租税優遇を行うことによって，金融立国化を進めてきた。その結果，ひとりあたりのGDPがEU加盟国で最大となっている。なお，金融業だけでなく鉄鋼業や情報産業なども擁してしていて，金融危機後も低い失業率を維持している [田中素香ほか 2018, 370-371頁]。

　原加盟国のひとつであるイタリアは，19世紀後半に国家統一を果たしたこともあり，地方ごとの多様性が根強く残されている。**北部**地方は企業が集中して比較的裕福だが，**南部**は工業化や農業の近代化から取り残されているだけでなく地下経済が定着しており，南北間の**経済格差**が存在している [田中素香ほか 2006, 324-326頁; 田中素香ほか 2018, 356-357頁]。また，経済に占める**公共部門**の割合が非常に高く，電力，通信，鉄鋼，航空など，1990年代まではほぼすべての産業に**国営企業**が存在しており，政治家との癒着や財政圧迫の原因にもなっていた [田中素香ほか 2006, 326頁]。北部に偏る富をどのように再配分するか，企業の大多数を占める中小企業の活動をどのように支援するか，財政問題にどのように取り組むかという問題に，イタリアは直面し続けている。とりわけ，社会保障や国営企業にかかる財政負担の増加は，ユーロ発足後の財政規律維持に関わる。ギリシャ危機の時にはイタリアは「GIIPS」を構成する一国として大きな打撃を受け，その後構造改革に努めている。ただ，改革の反動で既成政党やEUへの反対を掲げる「五つ星運動」や反移民や反ユーロを訴える「（北部）同盟」のような政党が，地方だけでなく中央政界でも影響力をもち始めている [田中素香ほか 2018, 359-360頁]。

　アイルランドは過去にイギリスの支配下におかれていたという経緯から，通貨の面でも貿易の面でもイギリスに対する依存度が高かった。しかしながら，1970年代に EU 加盟を果たしたことで**大陸との貿易が増加**し，イギリスとは別個に経済が成長した。英語圏であること，企業に対する優遇措置（税制）を提供したことなどから，アメリカをはじめとする多国籍企業がアイルランドに進出し，アイルランドは電気通信や製薬といったハイテク部門を中心に発展，その輸出によって経済成長を維持した。その様子は「**ケルトの虎**」と呼ばれたほどである。［田中素香ほか 2006, 336頁］

　ただ，ハイテク製品輸出に必要な労働者供給がままならずこの分野に依存した成長維持が困難になり，金融機関誘致を通じた**不動産バブル型経済**に移行した［田中素香ほか 2018, 373頁］。その結果，金融危機を境に経済不況に陥り，ギリシャ危機では「GIIPS」を構成する一国として打撃を受け，EU や IMF から資金協力を得て，2014年まで銀行救済や財政支出削減など財政赤字縮小に取り組んだ［田中素香ほか 2018, 372-374頁］。なおアイルランドはイギリスとの間に北アイルランド問題を抱えているため，イギリスの EU 離脱のありかた次第では大きな問題に発展する可能性がある。

　デンマーク，スウェーデン，ノルウェー，フィンランドといった北欧諸国は，伝統的に中立（中立主義，中立政策）を採用してきた。また，**福祉国家**として手厚い社会保障制度を整備しており，失業率も低く，労使関係も協調的であり，家庭や労働環境の取り組みにおいて先進国の先駆となっている（例：**フレキシキュリティ**）。北欧諸国は元々 EFTA に加盟していたが，イギリスが EEC 加盟を申請するとデンマークやノルウェーもこれに続いた（第 8 講を参照）。ただ，ノルウェーは漁業問題で競争力を失うと心配され，国民投票の結果 EC 加盟を 2 度断念している。フィンランドとスウェーデンは，冷戦終結後に EU 加盟を申請した。［田中素香ほか 2006, 342-344頁］

　北欧諸国は高い教育水準や科学水準を有し，ICT 産業への対応にも成功しており，林業や漁業資源も豊かで，EU 内では比較的所得が高い［田中素香ほか 2018, 378-379頁］。ただ，社会保障制度の充実や移民・難民の支援には財政を必要とするため，ギリシャ危機後は財政の過負担やこれまで維持してきた福祉国家水準の持続性が一部で心配されている。

5　南欧諸国

　ギリシャ，スペイン，ポルトガルといった南欧諸国には，それぞれ加盟前には軍事政権あるいは独裁政権下にあったという共通点がある。また，それまでの加盟国と比べるとひとりあたり GDP が低い点，1990 年代には EU の新規加盟国として様々な経済的恩恵を受けたものの中東欧諸国の加盟以降は支援の比重変化のあおりを受けた点，金融・財政危機で大きな影響を受けた点でも共通している。

　ギリシャは第二次世界大戦後，黒海や地中海に面する非共産主義国として重要視され，西側諸国からの支援を受けた。1960 年代に EC 加盟を希望したが，1967 年に軍事クーデターが起こったため早期の加盟はかなわなかった。1974 年に**民主化**された後に加盟交渉は本格化し，1981 年にようやく加盟を果たした。ただ，ギリシャは民主化されたものの，**国有化**や国家介入による社会主義化を進めていた。また，アメリカが重視するトルコを意識して（トルコとは領土問題を抱えている），対ソ連融和政策を進めてもいた。その結果，当然西側諸国からは望むような資本が流入せず，失業やインフレ，財政赤字の増大に苦しんだ。[田中素香ほか 2006, 340-341 頁]

　冷戦終結後に政権交代によって発足した保守政権は，財政引き締めや民営化規制緩和など親欧米的な政策を進め，好調な経済成長や財政赤字削減を達成したが，この時の財政赤字データの**粉飾**が後に危機を引き起こした（第 10 講を参照）[田中素香ほか 2006, 341 頁]。危機を経て明るみに出たとおり，ギリシャには単に財政規律の緩みだけでなく，地下経済，**縁故資本主義**，**租税体制の脆弱性**など既加盟国の社会制度と比べると一部独特な事情が指摘されており [田中素香ほか 2018, 366-367 頁; 村田 2012]，支援の条件として求められた国内経済改革の実践にあたって困難に直面している。2015 年の総選挙で発足したチプラス政権が，民衆の強い支持を背景に EU の緊縮策に抵抗したという経緯もある。ギリシャが国内経済諸問題を克服することができるかどうか，政党間競争（選挙）を経て諸改革がおざなりになってしまわないかどうか，そもそも改革がギリシャに適合するのかどうか，注視する必要がある。

　スペインは1936年から1975年までの間，フランコ独裁政権下にあったが，フランコの死後（1975年）に王政復古すると，民主化と市場経済化を進めて1986年にはEU加盟を実現した。EU加盟後のスペインは，4000万人以上の人口を有するため人口票としてはドイツ，フランス，イギリス，イタリアに続く力をもつに至ったが，中長期的に低所得に悩むことになった［田中素香ほか 2006, 336-337頁］。EU加盟直後の1980年代から1990年代半ばまでは比較的好景気を維持していたが，1990年初めの景気後退をきっかけに**財政赤字**が拡大し，**国際競争力が低下**し，失業が増加した。それでも，1996年のアスナール政権発足後にはユーロ参加を最優先に自由化，規制緩和，民営化，財政健全化に努め，「ヨーロッパの優等生」と呼ばれるほどの成果をあげた［田中素香ほか 2006, 337-338頁］。とりわけ，民営化で競争力をつけた通信会社や電機会社，石油会社が，スペイン語圏である中南米にも進出するようになった（**再征服**：Reconquista）。ところが国内経済は不動産バブルで維持されていたところがあったため，金融・財政危機では**不動産バブル**がはじけてそれ以降は失業率が20%前後に上昇し，市民の生活に大きな影響を与えている［田中素香ほか 2018, 362-363頁］。その後財政再建などに努めているが，とりわけ若年失業者率は改善せず（30%台: ILO統計），若者が雇用を求めてドイツをはじめとする他の加盟国に移動するようなことも生じている。

　ポルトガルでは，**サラザール**政権が倒れた後，1974年に民主化が行われ，1986年にEC加盟を実現させている。EU構造基金による援助，**外資の進出**がEU加盟後のポルトガルの経済を向上させ，1990年代後半はユーロ参加を目標に自由化や非規制化，民営化を進めた［田中素香ほか 2006, 339-340頁］。東方拡大後は新たに加盟した中東欧諸国がライバルとなり［田中素香ほか 2006, 340頁］，加盟国への輸出競争力が課題になっている。ユーロ参加を目指して自由化や民営化，規制緩和に取り組んだが，念願のユーロ参加後には取り組みが逆転し政府の**財政赤字**が膨らんだ。そのため財政再建に取り組んだが，その中途で金融危機や財政危機を迎え，現在では**公務員改革**，社会保障削減，増税，構造改革などの改革が課題になっている［田中素香ほか 2018, 364頁］。

6　中東欧諸国

　21世紀に入ってEU加盟を果たした中東欧諸国は，冷戦時代には旧ソ連が主
導する共産主義圏に属していた。ただ，貿易におけるCOMECON（経済相互援
助会議）への依存度は一様ではなく，ブルガリアのように8割に上るような国
もあれば，ポーランド，ハンガリーのように4割ほどの国もあったという［田
中素香ほか 2006, 359-361頁］。そのような経緯をもつ中東欧諸国は，冷戦終結後
にそれぞれに本格的な体制転換と資本主義経済化を進めた結果，外資が大量に
流入し，金融部門とりわけ外国金融機関の進出が激しくなった。ポーランドで
は5割，ハンガリーでは6割強，その他の東欧諸国では8割程の外国銀行比率
をほこったという［田中素香ほか 2006, 195頁; 田中素香ほか 2018, 205頁］。
　冷戦後にEU加盟を申請すると，中東欧諸国はEUによる**加盟前支援**を受け
て経済を成長させた。地理的にドイツに近いため，ドイツをはじめとするEU
加盟国が中東欧に工場を設けるようになった。中東欧諸国は，加盟当初の安い
労働力などを生かして既EU加盟国の**生産拠点**となり，一部中東欧諸国の経済
成長率は危機前には既加盟国平均を上回り，ひとりあたりGDPはEU平均に接
近，失業率も既加盟国平均に近づいた（詳しくは第20講，第21講を参照）。［田中素
香ほか 2006, 156, 351, 365-366頁; 田中素香ほか 2018, 397-404頁］
　バルト三国は第二次世界大戦後ソ連邦に組み込まれていたが，冷戦そしてソ
連の崩壊とともに相次いで独立した。共産主義から資本主義への体制移行を進
めた後，21世紀に入ると高い成長率を実現するようになった。2004年にEUに
加盟してからは，海外からの金融機関や企業の進出が増え，資金流入が加速し
た。それが金融危機やユーロ危機ではかえって**外国企業の撤退**を招いてしま
い，経済的な打撃を受けた。［田中素香ほか 2006, 193-199頁; 田中素香ほか 2018,
389, 388-398, 404-408頁］
　このように中東欧諸国は非常に多様であるため，金融危機そして財政危機の
影響も国によって大きく異なった［田中素香ほか 2018, 404-408頁］。危機の前にせ
よ危機の後にせよ，**財政赤字の健全化**に必要な諸改革，たとえば公務員給与引
き下げ，教育，医療，年金関係の歳出削減，増税を進めると，経済情勢が改善

される傾向にある［田中素香ほか 2018, 406-407頁］。元々EU加盟による経済好転を企図していた中東欧諸国は，それぞれに工場や金融機関を誘致し，既加盟国との貿易関係を通じてその目的を達成しつつあり，ユーロ参加に至る国も出てきている。その一方で，既加盟国との間の歴史的経験の相違がたとえば難民の受け入れに対する姿勢の違いとしてあらわれ，その後反移民，反EU政党伸長を許す（チェコ，ハンガリー，ポーランド）［田中素香ほか 2018, 407-408頁］など，中東欧諸国の国内政治がEU統合の今後に一石を投じることもあり得る。

◎論　点

① EU加盟国をひとつ選択して，その国がEUにおいてどのような位置（立場）にあるか，説明して（話し合って）みよう。

② 南欧諸国と中東欧諸国の経済上の課題を比較してみて，財政・債務危機以後にEUが南欧諸国に緊縮を求めることが無理難題なのかどうか，考えて（話し合って）みよう。

第12講　EUと諸外国との関係

　本講では，EUと諸外国との関係を理解する。すべての地域や国について細かく紹介するとまとまりがなくなるため，本書では①ECSC創設期から近い関係にあるアメリカ，②一時期はヨーロッパ，アメリカとならんで世界経済の一角だとみなされた日本，③近年成長が著しくそれゆえヨーロッパが注目しているアジア地域，④旧植民地として関係が深かった途上国や冷戦後の拡大を経て「近隣諸国」となった地域や国，と大別する。

　なお本講は，各地域や国について，EUとの関係において特徴的なことがらを紹介しているとはいえ，前講と同様，多くは引用・参考文献に依拠している。引用・参考文献には各地域・国とEUとの関係への造詣が深い専門家によるさらに詳しい情報と考察とが示されている。興味をもった地域・国があれば，引用・参考文献を手にとってさらに理解を深めてもらいたい。

1　アメリカとの関係

　アメリカは，地理的な位置関係からみても歴史的経緯からみても，EUにとって重要な相手であることに疑いはない。ただ，世界政治におけるヨーロッパ諸国の地位の変化，EUの拡大（加盟国数の増加），そして何よりアメリカ自身の力（パワー）の変化が起因して，米欧関係は時期そしてトピックによって協調している場合と競合（対立）している場合とがある。

　戦後，アメリカはソ連に対抗するために，西ヨーロッパ諸国を政治・軍事・経済的に支えた。軍事的には西ヨーロッパに軍を駐留させ，**NATO**を通じて西ヨーロッパを守った。経済的には**マーシャル・プラン**による支援を行い，ヨーロッパ諸国の経済・政治的連帯を促した（第1講を参照）。ヨーロッパ統合が自国（ブレトンウッズ体制）の標榜する自由・無差別のルールとは異なっていたとしても容認していた。

　ところがEEC諸国が経済的に成長すると，アメリカはEEC諸国の保護主義的な貿易措置を警戒するようになった。1960年代以降は，アメリカ産鶏肉輸入をめぐる争い（**チキン戦争**），共通農業政策にともなう農産物貿易をめぐる争い，ヨーロッパのエアバスへの補助金をめぐる争いなどの貿易摩擦が生じた［田中素香ほか 2018, 420頁；田中俊郎 1998, 199-200頁］。1970年代初頭にアメリカは金＝ドル兌換を停止してブレトンウッズ体制を崩壊させたが，EEC諸国はその影響を回避するために通貨協力を進めた（第3講を参照）。軍事・安全保障面でも，1960年代にド・ゴール仏大統領が中国を承認（1964年）したりNATOの軍事機構から離脱（1966年）するなど**自主外交**を展開したため，米欧関係には軋轢があった［辰巳 2012, 238-239頁；田中俊郎 1998, 199頁］。1970年代末に起こったイラン米国大使館人質事件やソ連によるアフガニスタン侵攻をめぐる対応（対イラン，対ソ制裁）では，米欧の方針がくい違った［田中俊郎 1998, 200頁］。

　1980年代にECが域内市場統合計画を発表して南欧諸国を加盟させたことは，対EC貿易収支が赤字になったアメリカにとって，ヨーロッパの「**要塞化**（Fortress Europe）」を意味した。1980年代はアメリカの貿易収支が赤字になった時期でもあったため，アメリカは南欧諸国の柑橘類がECに特恵扱いされなおかつ鉄鋼の輸出攻勢にもさらされていると主張してEC産パスタの輸入に高関税をかけ，対してECはアメリカ産レモンなどに報復関税をかけるなど，貿易摩擦が激化した［田中俊郎 1998, 202頁］。米欧の経済摩擦はGATTウルグアイ・ラウンドの場で扱われ，1993年11月にはとりわけ対立の激しかった農業面で合意（**ブレアハウス合意**）に達した［田中俊郎 1998, 202-203頁］。EUはこの合意を受けて，EU予算の3分の2を占めた**共通農業政策**の改革に本格的に着手している（詳しくは第14講，第18講を参照）。

　1989年11月にベルリンの壁が崩壊しほどなくして冷戦が終結すると，米欧関係は新たな展開を迎えた。まず両者は1990年11月に共同宣言（**アメリカ・EC共同宣言**）を調印して，両者が人権や民主主義，市場経済といった**価値**を共有していること，それゆえに双方の協力と対話が重要であること，そのために互いに定期的に会合をもつことを確認した［田中俊郎 1998, 203頁］。また，冷戦後の**NATO**の役割についても議論した。アメリカとNATOが冷戦後のヨーロッパ安全保障に不可欠であることは確認したものの，この時期からヨーロッパが独

自に直面する課題（ロシア，東欧，地中海問題）やアメリカとは態度を異にする問題（湾岸戦争，ひいては9.11後の対応やイラク戦争）が多くなってきた。そのため，EUは独自の外交安全保障政策を模索するようになる（第6講，第24講を参照）[辰巳 2012, 240-241頁; 田中俊郎 1998, 204頁]。なお，2010年代後半になってトランプ米大統領が就任した後は，EU諸国に対してNATOに対する相応の負担（アメリカの負担軽減）を求めるようになっており，これがEUの外交や安全保障・防衛政策に与える影響に注視する必要がある。

　21世紀の軍事，安全保障上の脅威の変化にともなって，EUとアメリカは基本的人権や民主主義の尊重，組織犯罪対策やテロ対策といった大きな枠組みでは共同歩調をとる傾向が強い。ただ，個別具体的な問題への対応をめぐっては，アメリカとの同一歩調をとる傾向にあるイギリスとは対照的に，ドイツやフランスといった大陸諸国はアメリカとは異なる立場をとることがある。アメリカの政権が時折見せる**ユニラテラリズム（単独主義）**に対して，とりわけ大陸ヨーロッパ諸国は**マルチラテラリズム（多国間主義）**を標榜しているためである。気候変動問題，遺伝子組替体の認可や流通など，安全や安心に関係するところでは米欧で考え方を異にすることがあり[辰巳 2012, 240頁]，農業をはじめとする貿易摩擦もなお残存している。そういった分野では，両国関係の紆余曲折が想定される。2013年に米欧間でFTAを築く**環大西洋貿易・投資パートナーシップ協定（TTIP）**の交渉開始が発表されたが，トランプ米政権下で交渉は停止している[田中素香ほか 2018, 421-422頁]。経済的にも安全保障的にも，ユニラテラリズム，アメリカ第一主義，保護主義を掲げる米政権とどのように関わるか，そして後継の米政権が示す方針とEUのそれとが合致するかどうか，目が離せない。

2　日本との関係

　日本とEUの関係は1959年に外交関係を樹立したことに始まるが，地理的な距離も影響してか政治的関係よりは経済的関係に焦点があたりがちで，その経済関係には当初摩擦が目立った[田中俊郎 1998, 223-224頁]。高度経済成長を経て日本製品が欧州市場で売れるようになると，日欧貿易は日本側の黒字に傾い

た。1980年代から2000年代にかけて，対日輸出額と輸入額の差，つまり対日貿易赤字はほぼ毎年2兆円を超えていた［田中素香ほか 2006, 376頁; 田中素香ほか 2018, 414頁］。欧州から日本に向けた輸出品には奢侈品が多く，貿易収支の改善にあまり役立たなかった。互いにそれぞれの貿易の10-15%程度を占める重要な貿易相手であるにもかかわらず欧州側の輸入超過が固定化されつつあったため，EC加盟諸国は日本製品に対して様々な**貿易保護措置**をとった。1990年代にはバブル経済の影響で高級車，ファッション，絵画等の輸入が増えたため一時的に欧州側の赤字が改善したものの，バブル崩壊後は改めてEUの**対日貿易赤字**が拡大し［田中素香ほか 2006, 375-377頁; 田中素香ほか 2018, 413-414頁］，加盟国による貿易保護措置はさらに強くなった。

　EC加盟諸国がとった保護措置には，**輸入数量制限やアンチダンピング税，原産地規則**などがある［田中素香ほか 2006, 377-378頁; 田中俊郎 1998, 224-229頁］。本来，EUには共通通商政策（第18講を参照）があり，加盟国が個別に貿易措置をとることは共通通商政策の趣旨と相いれない。しかしながら，当時のECは過渡期的措置として，加盟国の産業を守るためであれば第三国に対するそうした措置を容認していた。一方日本はといえば，そうした措置にまで発展しないよう**輸出自主規制**と内需拡大に努めた［田中俊郎 1998, 225頁］。

　そのような日EU関係は，域内市場統合計画と冷戦終結を境に変化した。日本側は，域内市場統合がビジネスチャンスあるいは要塞化どちらを招くにせよ域内市場統合への対応を急ぎ，EC側はそれまでの対日批判のトーンを下げて日本の構造調整への取り組みを評価しつつあった［田中素香ほか 2006, 381-382頁; 田中俊郎 1998, 226頁］。1990年にアメリカとECの間に共同宣言が採択されると，日本も1991年7月にECと「**日EC共同宣言（ハーグ宣言）**」を採択し［田中俊郎 1998, 230頁; 藤原・田中 1995, 210頁］，徐々にだが対日貿易措置が緩和されていった。自動車など一部例外が設けられてはいた（日本が2000年まで自主規制）ものの，数量規制や原産地規則などが緩められた。日本側も域内市場統合ブームに乗じてEU加盟国への投資や企業進出を進め，交易関係は改善された［田中素香ほか 2006, 378-382頁; 田中俊郎 1998, 233-235頁］。また，日EC共同宣言は経済関係にとどまらず，政治や文化面での関係も発展させようとしていた。年次で首脳会議をもつことが決まったほか，議員交流，経済界・財界の交流，市民レベ

ルの交流が進められた。こうした交流を経て，たとえば国連の場において共同
提案（例：通常兵器移転（輸出）登録制度）をしたこともあった［田中俊郎 1998, 232
頁］。冷戦後の世界経済においては，アメリカ，日本，EU が重要な角をなす（ト
ライアングル）とみなされた［例：サロー 1992］。

　21世紀に入って新興経済国の経済成長が著しくなると，日 EU の経済関係に
微妙な変化があらわれた。交易で利益を上げる（市場の確保）といった観点から
は，EU にとって日本が必ずしも主要な相手ではなくなってきたのである。EU
にしてみれば，大西洋を隔ててすぐに位置するラテンアメリカや成長著しい巨
大市場，とりわけ中国がある（EU にとって日本は，2016年時点で輸出入ともに第 6
位［web 資料(5)]）。もちろん，高い技術や研究開発能力を有する相手との連携
を維持することは重要だが，現実には日 EU 間の**経済連携協定（EPA）**は2017年
末になるまで妥結に至らなかった。たとえば，EU については自動車や家電の
高関税が，日本については郵政事業や医療化粧品の許認可をめぐる規制がネッ
クとなり［田中素香ほか 2018, 417-418頁］，連携が進まなかったのである。

　ただ，EPA の調印・発効によって，双方がそれぞれに設けていた関税（例：
EU 側は対日本車，日本側は対ワインなど）を削減・撤廃することが決まり［田中素
香ほか 2018, 417-418頁］，これが順調に進めば，世界のGDPの約 3 割，世界の貿
易の約 4 割を占める巨大な自由貿易経済圏が生まれることになるという［web
資料(6)]。それだけでなく，EPA のなかで採択された**地理的表示（GI）**などの
ルールを通じて，それぞれの産品ブランド保護ルールを第三国に示し，これを
牽引する可能性も秘めている。別途2018年に署名された**戦略的パートナーシッ
プ協定（SPA）**では，日本・EU 双方が民主主義，法の支配，人権および基本的
自由といった諸価値・原則を共有し，気候変動からサイバー問題，危機管理，
テロ対策，教育，文化などといった，地球規模の課題を含む共通の関心事項に
関する協力を促進することになった［web 資料(7)]。

　このように日 EU 関係は，互いに製品を売るという交易関係を超えて，科学
技術協力や温暖化対策などをともに進めたり，国連をはじめ多国間の枠組を通
じて世界の問題を解決しようとしたりする関係に移りつつある。新興経済国の
台頭が著しいとはいえ，日本と EU はいまだに世界のGDPの30％程度を占める
といわれている。そのようなインパクトをもつ両者が民主主義，人権尊重，法

の支配，市場経済，マルチラテラリズムといった諸価値を共有すると明記した
からには，今後は世界政治経済安定に寄与するためにさらなる協力と交渉が必
要になる。構築した枠組通りに両者の安定的な協力関係が運営されるかどうか
が，注目される。

3　アジア諸国との関係

　第二次世界大戦後，とりわけ独立後のアジア諸国には，ヨーロッパ諸国より
もアメリカのプレゼンスが大きくなった。しかしながら1970年代にECの共通
通商政策が開始されると，経済共同体である**EEC**が当事者となってアジア諸
国と通商関係を結ぶようになった［田中俊郎 1998, 208-209頁］。政治的にも，
1970年代後半以降に**東南アジア諸国連合（ASEAN）**との間で定期的な閣僚会議
をもつようになった。ただ，1980年代以降は**天安門事件**や**東ティモール問題**，
ミャンマーの混乱といった**人権問題**をめぐってEUとアジアとの間で意見の食
い違いが発生し，なかなか安定しなかった。その後，アジア諸国の経済成長が
顕著になり冷戦が終結すると，EUとアジアの関係も変化した。以下，地域・
国ごとに見てみよう。

　まず，アジア太平洋の多国間枠組から見てみよう。1980年代後半は，ECの域
内市場統合だけでなく，アメリカ大陸でもNAFTAやメルコスル（MERCOSUR）
といった自由貿易枠組が発展した。そのなかで，英連邦の一員であったオース
トラリアやニュージーランドは，イギリスのEC加盟後は太平洋圏における経
済関係構築を模索した。1989年にオーストラリアのホーク首相はアジア地域の
経済的な多国間枠組を提案し，アメリカやカナダ，ASEAN諸国も参加する形
で**アジア太平洋経済協力（APEC）会議**が発足した。1994年11月にインドネシア
のボゴールで開催されたAPEC首脳会議では「ボゴール宣言」を発表し，先進
国は2010年，発展途上国は2020年までに貿易・投資の自由化を達成し，人材育
成，科学技術，中小企業振興などの協力を進めることになった［藤原・田中 1995,
193-197頁］。

　EUはAPECに代表を送っておらずオブザーバー参加も叶っていなかった
が，アメリカと競うかのようにAPECにアクセスし始めた［藤原・田中 1995,

法律文化社
出版案内
2020年版

■民法テキストシリーズ

ユーリカ民法
田井義信 監修

1 民法入門・総則 2900円
　大中有信 編

2 物権・担保物権 2500円
　渡邊博己 編

3 債権総論・契約総論 2700円
　上田誠一郎 編

4 債権各論 2900円
　手嶋豊 編

5 親族・相続 2800円
　小川富之 編

新プリメール民法
〔αブックス〕シリーズ

1 民法入門・総則 2800円
　中田邦博・後藤元伸・鹿野菜穂子

2 物権・担保物権法 2700円
　今村与一・張洋介・鄭芙蓉・
　中谷崇・髙橋智也

3 債権総論 2700円
　松岡久和・山田希・田中洋・
　福田健太郎・多治川卓朗

4 債権各論 2600円
　青野博之・谷本圭子・久保
　宏之・下村正明

5 家族法 2500円
　床谷文雄・神谷遊・稲垣朋
　子・且井佑佳・幡野弘樹

新ハイブリッド民法

1 民法総則 3100円
　小野秀誠・良永和隆・山田
　創一・中川敏宏・中村肇

2 物権・担保物権法 3000円
　本田純一・堀田親臣・工藤祐
　巌・小山泰史・澤野和博

3 債権総論 3000円
　松尾弘・松井和彦・古積
　健三郎・原田昌和

4 債権各論 3000円
　滝沢昌彦・武川幸嗣・花本
　広志・執行秀幸・岡林伸幸

ハイブリッド民法5
家族法〔第2版補訂〕 3200円
※2021年春〜改訂予定

法律文化社 〒603-8053 京都市北区上賀茂岩ヶ垣内町71 ℡075(791)7131 ℻075(721)8400
URL:https://www.hou-bun.com/ ◎本体価格(税抜)

法 律

197-198頁]。しかしながら，単純に製品輸出市場としてのみアジア市場に関心をもちアジアに投資をせず，経営や経済・行政運営手法において「ヨーロッパ型」を押しつけることは経済協力ではないとみなしたアジア諸国，とりわけ東南アジア諸国の反応は冷ややかだった［藤原・田中 1995, 199-200頁]。こうして，単に製品の輸出にとどまらない経済関係構築が求められてはいるが，ヨーロッパ諸国としては投資にあたって投資先の政治・経済体制が問題（リスク）になることがあるため，双方の政治的な対話が欠かせない。

　その政治的な側面においては，東南アジアの政治的枠組である **ASEAN** との対話が冷戦終結以降に発展している。ASEANの設立が1967年であるため，EC/EUとの関係はAPECとよりもASEANとの方が古く，1978年にECとASEANの閣僚会議が初めて開催されている（その後定期的に閣僚会議を開催）［田中素香ほか 2018, 424頁; 田中俊郎 1998, 213-214頁]。1980年10月にはECとASEANの間で，通商協力や経済協力，開発協力を内容とした協力協定を調印した。冷戦終結後，この協定を更新する交渉を始めようとしたが，東ティモール問題が障害となってEUは交渉を差し止めることになった［このあたりの事情については以下が非常に詳しい。田中俊郎 1998, 213-215頁]。

　APECにあまり関与することができていなかったEUは，1994年に欧州委員会が包括的なアジア政策である『新アジア戦略に向けて』を発表し，アジアの安定に協力すべくアジアとの政治的，経済的関係を広げようと提言した［田中素香ほか 2018, 424頁; 田中俊郎 1998, 215-216頁]。その結果，シンガポールからの打診が発端となり，1996年にはバンコクで初回の **アジア欧州会合** （ASEM 当時のEU加盟国15か国＋欧州委員会＋ASEAN＋3の10か国）を開催，その後何度か開催された首脳会合では安全保障や経済協力貿易，投資，環境，持続可能な開発，世界経済といった諸問題を議論するようになった［田中素香ほか 2018, 424-425頁; 田中俊郎 1998, 216-218頁]。経済的パートナーシップとともに **相互尊重** ，平等，基本的権利の増進， **内政不干渉** を確認しながら政治対話も進めている。両者の交流は政治経済だけでなく社会・文化領域でも行われており，たとえば社会・文化部門を支える **アジア欧州財団** （**ASEF**）のもとで学生や民間人の交流促進が進められている。

　上記ASEMにはASEANの「＋3」として日中韓が参加しているとはいえ，

ASEAN自体は東南アジアの地域的枠組である。そのため，EUは東アジア諸国との個別の関係も構築している。EUは冷戦期に旧ソ連とのバランスを図るために中国に接近，1975年にEECが外交関係を結び，1978年には貿易協定を，1985年には貿易経済協力協定を結んだ［田中素香ほか 2018, 425-426頁；田中俊郎 1998, 210-211頁］。しかしながら1989年6月の**天安門事件**における**人権問題**をめぐって関係が冷え込み，EU側は経済協力の中止や政府高官の接触禁止，対中武器輸出禁止など様々な制裁措置を発動した［田中俊郎 1998, 211頁］。ただ，それも1990年代にはおさまり，中国が経済成長を果たして**WTO**に加盟（2001年）するなど国際経済へのプレゼンスを高めると，EU―中国間の経済パートナーシップ協定が模索された。近年，中国はEUにとって最大の輸入相手国となっており［web資料(5)］，それゆえに貿易赤字が2010年あたりまで顕著になっていた。とりわけ中国によるEUへの投資が進み，中国製品がEU市場に出回るといった摩擦の要素が強く出てきており，繊維の輸出自主規制や鋼管および太陽光パネルの**ダンピング**問題などで，両者はたびたび係争するようになった。なお，**人権**や**汚職**の問題はEUの対外政策の重要な要素になっているため，中国との間でこれが問題になると，経済関係への影響が避けられないだろう。

　過去の日本と同様に造船や自動車，電機製品といった分野で輸出国となった韓国については，ECは1980年代から経済的な協議をもっている。日本とだけ貿易をするリスクを回避するようになった韓国が欧州市場に進出し投資をするようになり，ECとの**貿易摩擦**が大きくなってきたためである［田中素香ほか 2018, 426頁；田中俊郎 1998, 211-212頁］。21世紀に入ると貿易協力枠組協定を締結し，2011年には日本より早く自由貿易協定（FTA）を結ぶなど，相互の貿易を一層拡大させる方向へと歩む［田中素香ほか 2018, 426-427頁］だけでなく，政治対話や文化交流，人権など，包括的な関係構築のための対話も進めている［田中俊郎 1998, 212頁］。北朝鮮に対しては，EUは近隣諸国とは異なり「遠くにあるもの」として調停する役割を果たそうとしている。21世紀に入ると北朝鮮と外交関係を樹立し，これを利用して朝鮮半島の非核化と国際社会への関与を促そうとした［田中素香ほか 2018, 427頁］。インドとは1963年にEECが外交関係を樹立し，その後通商協定等の締結を経て，冷戦後の1994年にはパートナーシップと開発のための協力協定を締結，21世紀に入ると毎年首脳会議を開催するよ

うになるなど，両地域間の自由貿易協定締結へ向けた動きが進んでいる［田中
素香ほか 2018, 427頁］。

　このように，EUとアジア諸国との関係については，経済・交易がクローズ
アップされるという点で共通しているかのように見える。しかしながらアジア
諸国が多様であることとも関係して，「アジア」という際にどの国や地域を指
すのか（ASEANのみなのか，ニュージーランドやオーストラリアなども含むAPECな
のか，中国なのか，韓国なのか，南アジアか，それとも日本か）によって，EUとの
関係は多少異なる様相を呈する。

4　途上国，近隣諸国，ロシアとの関係

　いくつかの加盟国は，かつては海外に植民地・**海外領土**を有していた。戦
後，植民地の多くは独立しヨーロッパ諸国の海外領土は減少したが，その後も
旧宗主国と独立した途上国の間には特別な経済関係が存在していた。ECが共
通通商政策を実施するようになると，加盟国それぞれの対途上国経済関係を整
理する必要が生じ，1975年にはそうした途上国と**ロメ協定**を締結した［辰巳
2012, 220-221頁; 田中素香ほか 2018, 427-428頁; 田中俊郎 1998, 150-152頁］。このとき
の締結相手国はアフリカ，カリブ，太平洋諸国の46か国にわたっていたため，
その頭文字をとって**ACP諸国**と呼ばれた。ロメ協定は4次にわたって更新さ
れ，2000年には新たな協定である**コトヌー協定**に切り替えられた。そのコト
ヌー協定も2020年には期限終了を迎えるため，その後のEU―ACP諸国がどの
ような関係を築くのかが注目される（詳細は第24講を参照）。

　ラテンアメリカ諸国とは，当該地域の経済発展を受けて，旧植民地国として
の関係から経済的な関係（自由貿易協定）を模索している。たとえば，1995年に
メルコスルとの間で協力枠組協定に調印し，2000年以降は貿易協定締結のため
の交渉を進めている［田中素香ほか 2018, 429頁］。各国と個別の協議も行ってお
り，EUはメキシコやチリ，ペルーなどと二国間の自由貿易協定を締結してい
る［田中素香ほか 2018, 429頁］。

　地中海諸国とは，個別に**連合協定**を結んで貿易関係を維持している。たとえ
ば1963年にはトルコ，1970年にはマルタ，1972年にはキプロスとの間で連合協

定を締結した（このうちマルタとキプロスは，2004年にEU加盟）[田中素香ほか 2018, 430-431頁]。1995年には「**地中海宣言（バルセロナ宣言）**」を採択し，地中海諸国と自由貿易圏を形成すること，資金協力を拡大すること，政治および安全保障の対話を強化することを定めた[田中素香ほか 2018, 430頁；田中俊郎 1998, 149頁]。

こうした地中海諸国との関係は，2000年前後にはチュニジア，モロッコ，イスラエルなどに広がっており[田中素香ほか 2018, 430頁]，一部の国とは**欧州近隣政策（ENP）**を通じて地域の安定と繁栄を目指して支援をしている。**アラブの春**以降は，民主主義運動後のパートナーシップのありかた，とりわけこれらの地域の安定と成長にEUがどのように貢献するのかが課題になっている。さらに，資源との関係で重要な相手国である中東地域についても，**中東和平問題**，**イラン核開発問題**など重要問題が山積しており，これらへの取り組みが求められている。

EU周辺の非西側諸国のなかで，もっとも重要な相手はロシアであろう。冷戦後は連邦を構成していた国々がソ連邦を離脱し，EU加盟あるいはNATO加盟を申請したため，ロシアにしてみれば周囲に自身の味方（緩衝国家）が少なくなっており，危機感をあらわにしている。また，一部EU加盟国が天然ガスや石油といった資源をロシアに依存していることから，エネルギー問題と安全保障が複雑に絡み合う。

ロシアのEU加盟は想定していないものの，ウクライナ問題が発生するまでは，EUとロシアは資源をはじめとする経済関係，テロ対策といった分野で連携しつつあった。たとえば1994年に**パートナーシップ協力協定（PCA）**を結び，さらに1997年には政治経済にわたる協定を締結して，経済だけでなく**人権**や麻薬，不正取引，**組織犯罪**防止などでも協力を進めていた。ところが，2010年代になるとEU加盟を希望していたウクライナとロシアの対立が徐々に激化，2014年にロシアがウクライナ領のクリミア地域に軍を進めてこれを編入したことによって，欧米とロシアとの間に軋轢が生じた。EUはロシアに対して制裁を実施し，現在も制裁は継続されている[web資料(8)]。

旧ソ連地域のうちEU未加盟の国（ウクライナ，ベラルーシなど）に対しては，それらの国々との関係を構築するために，EUは一部地中海諸国にも適用している**ENP**を通じて協力関係を築いている。現在，ENPはアルジェリア，イス

ラエル，エジプト，パレスチナ，シリアなど16か国を対象に実施されており，
当該地域の安定と繁栄につながるよう支援をしている（シリアとは関係停止中）
［web資料(8)］。

　最後に，EUは国連やアフリカ連合（AU）をはじめとする国際組織，地域機
構との関係も重視している。とりわけ国連には，イギリスとフランスが常任理
事国として名を連ねており，安全保障上重要な役割を果たし得る。また，EU
は経済的にも大きな援助提供者として，そして一大環境保護地域として，国連
や国際会議の場で大きな役割を果たそうとしている。EUは国連と同様に**マル
チラテラリズム（多国間主義）**を標榜する存在だとして，互いを**ナチュラル・
パートナー**だと位置づけて，国際組織間の協力を促進しようとしている［井上
2006, 137-139頁］。そのようなEUは，とりわけ21世紀以降，国際政治上の会議
では主導的な役割を担おうとすることがあり，たとえば**ミレニアム開発目標**
（やそれに続く**持続可能な開発目標**）を推し進め，途上国への援助額（対GDP比）を
引き上げるよう促し，気候変動への取り組みを促す（例：**パリ協定**）などしてい
る。そうしたEUの行動は，ときとして世界基準（グローバル・スタンダード，国
際規範）になることがあるため，今後の動きが注目されている。

◎論　点

① 日本とEUの関係がどのように発展してきたかを，(1)冷戦終結まで，(2)冷
　戦終結後，(3)21世紀，の３つの時期に区分して整理してみよう。

② EUと諸外国との関係について，ひとつの地域あるいは国を選択して，そ
　の地域や国とEUとの関係を説明してみよう。

第Ⅱ部

EUの運営と政策

第13講　EUの機関と運営を定める基本条約

この講では，EUの機関，対象政策領域，権限・所管，政策形成や立法手続など
を定めている基本条約に対する理解を深める。加盟国が調印，批准する基本条約
は，発足当初から今日に至るまで数度にわたって更改されている。つまり，EUの
機関，対象政策領域や権限，政策決定過程は何度か見直されているということにな
る。なぜ，そしてどのような背景と必要があって基本条約は更改されたのだろう
か。また，条約更改の結果，EUはどのような姿を私たちに見せてきただろうか。
　条約というと法律を思い浮かべて苦手意識をもつ人がいるかもしれないが，EU
の運営に関わるルールを定めているに過ぎないと気楽に捉えて，EUの姿が時代と
ともに変容していくさまをおさえよう。

1　基本条約とは

　基本条約とは，EUがどのような機関（組織）で構成されているか，どのよう
に運営されるのか，どのようなことを仕事にするのか（政策領域と権限），決ま
り（法や政策）をどのようにつくるのかなどを定めた条約である。条約というだ
けに，基本条約は国家間で締結された約束である。つまり，基本条約はEU加
盟国が承認したものであり，その条約を変える場合にはすべての加盟国による
承認が必要になる。条約の内容が承認されると**調印**が行われ，その後加盟国内
で**批准**手続きを進める。批准の方法は加盟国によって異なる。議会内採決で済
む加盟国もあれば，**国民投票**にかけなければならない加盟国もある。すべての
加盟国で批准が済まないと基本条約の効力は発生（**発効**）しないため，基本条
約が調印されたにもかかわらず，加盟国内の国民投票において基本条約が否決
されて条約が発効しなくなるということが起こり得る（後述のとおり，実際に起
こっている）。

　これまでのところ，EEC/EC/EUについて定めた基本条約には，ローマ条約

(1957年調印，1958年発効)，単一欧州議定書 (1986年調印，1987年発効)，マースト
リヒト条約 (1992年調印，1993年発効)，アムステルダム条約 (1997年調印，1999年
発効)，ニース条約 (2001年調印，2003年発効)，欧州憲法条約 (2004年に調印，批准
失敗)，リスボン条約 (2007年調印，2009年発効) がある。なお，ローマ条約以前
に，石炭鉄鋼共同体の設立を定めたパリ条約 (1951年調印，1952年発効) も存在
する。

2　各基本条約の概要

基本条約がEUに設置されている機関やEUの運営方法，政策形成の方法を
定めているのであれば，私たちは各基本条約の概要を学ぶことによって当時
EUがどのような役割 (仕事) を求められたのかを大まかに把握することができ
る。以下，それぞれの基本条約の概要と特徴をおさえてみよう。

(1) ローマ条約

ローマ条約は，**欧州原子力共同体** (EAEC) の設立，および**欧州経済共同体**
(EEC) の設立を定めた。EAECは，原子力資源の共同管理や，原子力産業の育
成とそのための共同研究・開発を目指したものである。EECは，関税同盟，
共同市場，共通農業政策，共通通商政策，競争法などを通じて，経済分野全般
にわたる統合を目指した (当時の様子については第2講を参照)。

なお，1967年にはEEC, EAEC, ECSCの三共同体が統合され，これらを総合
する**EC (欧州共同体)** が誕生した。

(2) 単一欧州議定書

1980年代に入っても，ローマ条約で定めた共同市場は完成しなかった。関税
同盟が完成した1960年代末以降にも加盟国間には非関税障壁が残っており，こ
れが域内の自由な交易を妨げていたのである。必要な対策とスケジュールが
『域内市場白書』にて提案され，これを受けて各国首脳が集まる欧州理事会 (ミ
ラノ：1985年) はローマ条約の改正のための**政府間会議** (IGC) の開催を決定，
IGCを経て合意に至ったのが**単一欧州議定書** (SEA) である (当時の様子について

は第4講を参照)。

　単一欧州議定書は「人・物・サービス・資本の自由移動が保証された域内に国境のない領域」すなわち域内市場を1992年までに完成させると定めた。そして，域内市場統合に関する意思決定に**QMV**(特定多数決)を導入することによって，域内市場統合に関する決定が迅速に行われるようにした(時系列的な事実については，第4講を参照)。また，条約では環境政策や構造調整への取り組みにも言及された。

（3）マーストリヒト条約 (EU条約)

　域内市場統合の完成(見込み)を受けて，経済通貨同盟計画がもちあがった。また，冷戦終結後の国際秩序の大変化を受けて，政治協力について討議する必要にも迫られた。そこで1990年には，経済通貨同盟と政治連合とを議題にした2つの政府間会議(IGC)が開催された。その結果調印されたマーストリヒト条約には，**ヨーロッパ連合**(**EU**)を設立することが定められた。

　そのEUのありようは，3本柱になぞらえられた。第1の柱は，経済統合であるECと新たに加えられた**経済通貨同盟**とで構成された。第2の柱には共通外交安全保障政策(CFSP，第24講を参照)が，第3の柱には司法内務協力(CJHA，第22講を参照)がすえられた。第1の柱とは対照的に，第2・第3の柱においてEUは加盟国をこえる権限をもつ訳ではないものの，加盟国間で協力を継続すると定められた。

　ただ，教育，公衆衛生，産業政策，開発援助政策，消費者保護，欧州横断ネットワークなどといった政策領域には，新たにQMVが適用されるようになった。また，「**補完性の原理**(principle of subsidiarity)」を条約に明記して，EUが管轄を有する一部政策領域を除いて，より低次のレベル(加盟国，自治体レベル)で達成可能なことについてはそのレベルに対応を任せ，EUとして取り組んだ方がよい事案にEUは取り組むことが明記された。[田中俊郎 1998, 44, 131-133頁]

　それだけでなく，より市民に近い連合を達成するべく**欧州市民権**の規定を設けて，加盟国市民がEUの市民として有する権利を定めた(詳細については第5講，第16講を参照)。その欧州市民が選挙で選ぶ欧州議会に対しては，EU政策決定上の権限を与えた(詳しくは第15講を参照)。さらに，域内市場統合の社会的

側面を重視しようとして**社会政策**（労働者保護，男女同一賃金など）の定めも条約のなかに含めようとした。ただ，イギリスが反対したため，条約本文ではなく附属議定書にて定めるにとどめた（社会憲章）。［田中俊郎 1998, 108-111頁］

　このようにマーストリヒト条約は，これまでの経済中心の統合から踏み込んで市民や社会政策に配慮するなど，革新的であった。ところが，条約の批准は難航した。デンマークにおける国民投票では1度批准が拒否され，原加盟国であるフランスですら僅差での賛成しか得られなかった（詳しい経緯については第5講を参照）。経済通貨同盟や共通外交，社会政策などにおける例外をデンマークに対して認めたうえで2度目の国民投票が実施されて条約発効には至った［田中俊郎 1998, 29-30頁］ものの，この後の基本条約改正において批准過程，とりわけ国民投票の行方は楽観できないものになった。

（4）アムステルダム条約

　マーストリヒト条約は，条約の見直しのためのIGCを1996年に開くよう定めていた。この定めにしたがって加盟国政府の代表が討議し，その結果調印されたのがアムステルダム条約である。アムステルダム条約の起草過程では，より市民に近いEUにすること，将来的な加盟国数増加に備えるためにEUを効率化すること，EUの対外行動能力を備えさせることが念頭におかれていた。その結果，アムステルダム条約では刑事事案に関わる警察・検察協力を除いた司法内務協力が，第3の柱から第1の柱へと移された（**共同体化**）。同様に，難民庇護，移民，国境管理なども共同体化された。一部加盟国で締結していた，加盟国国民が域内を自由に移動することができるように国境管理を廃止する**シェンゲン協定**を条約本文に組み込んだ。ただし，イギリスとアイルランドには**オプト・アウト**が認められた。［辰巳 2012, 29-31頁; 田中俊郎 1998, 30-34頁］

　またアムステルダム条約は，当時の雇用情勢を受けて**雇用の章**を新設して，就業能力の向上，起業支援，雇用機会の平等，適応性向上といった側面における加盟国間の取り組みの収斂を促した［田中素香ほか 2006, 221-226頁］。マーストリヒト条約では付属議定書の位置づけであった社会憲章は，アムステルダム条約では条約本文に組み込まれることになった。共通外交安全保障政策（CFSP）においては，EUとしてまとまって行う外交政策がより円滑かつ迅速に進むよ

うにするための規定が設けられた (詳細は第24講を参照)。

　このように全体としてはEUの政策領域が広がったものの, それだけでは
EUはスムーズに運営されない。そこでアムステルダム条約では, 「**緊密化協力**
(closer cooperation) ／**柔軟性の原理** (the principle of flexibility)」と呼ばれる方式を
導入した。これらは, 多数の加盟国からなる意欲と関心のあるグループが一定
条件のもとでさらなる協力や統合を進めることができるようにしたものであ
る。同じようなしくみとして, CFSPでは「**建設的棄権** (constructive abstention)」
が導入された。[辰巳 2012, 30頁；田中俊郎 1998, 31-32, 133-136頁]

　意思決定にあたっては, より市民に近くより民主主義的なEUにするため
に, アムステルダム条約では欧州議会の権限を強化した。加盟国の有権者が選
出する欧州議会に欧州委員会委員長の承認権を付与し, 欧州議会が政策決定に
関与することができる分野を拡大した [辰巳 2012, 30頁；田中俊郎 1998, 32, 53-55
頁]。

　なお, アムステルダム条約には**権利停止条項**が設けられ, EUの基本原則 (自
由, 民主主義, 法の支配, 人権と基本権の尊重) を遵守しない加盟国に対して加盟
国としての権利を停止することができるようになった [辰巳 2012, 30頁；田中俊郎
1998, 31頁]。これは, EU加盟国が遵守すべき原則を掲げたという意味で, これ
からEUに加盟しようとする国に影響を与えた。

(5) ニース条約

　アムステルダム条約で合意に至らなかった問題 (アムステルダム条約の積み残
し) に取り組み, そして2004年の拡大以降のEUのありかたを討議するために,
2000年に政府間会議が開催された。その結果, 同年のニース欧州理事会におい
て合意された改正基本条約が, ニース条約である。ニース条約は, 拡大後の
EUを効率的に機能的にそして民主的 (透明性が確保された状態) に運営すること
を目指していた。

　まず, 機構的には, 欧州委員会委員の選出方式を全会一致からQMVへと変
更し, EUの顔である欧州委員会委員長の権限を強化した (欧州委員会について
は第14講を参照)。その一方で, 従来の欧州委員の選出方式 (大国から2名, 小国
から1名) を変更して, 加盟国増加にともなう委員数増加に歯止めをかけた。

加盟国数が27か国以上になった場合，委員は各国が輪番で委員を選出すると定められた。[辰巳 2012, 32頁; 田中俊郎 2007, 19頁]

　また，**効率性の確保**という点では，加盟国政府代表で構成される意思決定機関である理事会の改革，とりわけQMVの適用範囲拡大に着手した。ただ，イギリス（税金や社会保障），ドイツ（移民政策など），フランス（教育，衛生など），スペイン（構造基金）など，全会一致維持を求める分野をめぐって意見が対立したため，一部における適用にとどまった。拡大による加盟国数増加を控えていたため，また欧州委員会委員の定数問題とも絡んでQMVの票配分が再検討されたが，配分された票数に不満をもつ加盟国があった。そこで，加盟国の要請があれば，投票にあたって賛成票を投じた加盟国の人口合計がEU総人口の62％以上かどうかを確認することができるようになった。なお，拡大後の欧州議会の議員定数増加を回避するために，多くの既加盟国の議席を縮小する形で議席を再配分し，総定数を732名にした。[田中俊郎 2007, 19-21頁]

　さらには，加盟国に対する法的拘束力はないものの，**基本権憲章**が調印されて，EUレベルで基本権を保障することを模索し始めた。安全保障面では，**欧州安全保障・防衛政策**（**ESDP**）が整備され，安全保障や軍事に関する委員会，幕僚級部門の整備を通じて，加盟国間で協力して軍事活動にあたることができるようにした[田中俊郎 2007, 21頁]。

　ニース条約は，国民投票を実施したアイルランド（2002年6月）による批准拒否に遭った（反対53％）。とはいえ，投票率が34％程度と低調だったため，アイルランドの広報・周知不足が批判され，EUはアイルランドに対してアイルランドが懸念しているESDPへの参加強要をしないと保証して10月に再び国民投票をさせた結果，投票率は49％に上昇し，賛成62％という結果で条約が批准された。[辰巳 2012, 32-33頁; 田中俊郎 2007, 21-22頁]

（6）欧州憲法条約

　2004年に予定していた10か国の新規加盟が差し迫るなか，ニース条約の付帯宣言に基づいて，EUの基本的な枠組みの再検討を行うことになった。2001年12月の欧州理事会でラーケン宣言が採択され，EUの民主性，透明性，効率性を高めるような変革を行う欧州憲法条約の制定に動き始めた[辰巳 2012, 33

頁]。欧州の将来に関する**諮問会議**（コンベンション）が設置され，元フランス大統領ジスカール＝デスタンが議長に就任，既存加盟国だけでなく加盟候補国からの政府代表や議会の代表者なども参加して，EU の各層に受け入れられるような草案の起草にとりかかった。2003 年 6 月に最終草案が提出され，IGC を経て 2004 年 10 月に調印された。［詳しい過程については，辰巳 2012, 33-34 頁；田中俊郎 2007, 22-30 頁］

　欧州憲法条約草案は，マーストリヒト条約以降 EC, CFSP, JHA と 3 本柱に区分していたヨーロッパ連合の姿が複雑だとしてこれを廃止し，EU に一本化した（ただし「共同体化」を意味する訳ではない）。また，**欧州理事会**に**常任議長**を新設することを定め，理事会における決定については**二重多数決制**（加盟国数の 55% かつ賛成国人口が EU の全人口の 65% 以上）を採用することが定められた。さらに，**EU 外務大臣**ポストを新設することになった。EU には**法人格**が付与され，対外的な**条約締結権**をもつことになった。［庄司 2007, 52-55 頁；田中俊郎 2007, 28-29 頁］

　草案は，立法手続の簡素化だけでなく民主化にも配慮した。立法過程において欧州議会が決定に関与する領域が拡大され，補完性の原理に基づいて国内議会が EU の法案・政策形成を監視することができるようにした。参加型民主主義を強調し，市民による**発議権**も新設された。さらには，EU **基本権憲章**を憲法条約本文に組み込み，これに法的拘束力を付与した。［憲法条約の概要については，庄司 2007, 52-55 頁］

　憲法条約草案は諮問会議にて長期にわたって練られたものであるにもかかわらず，憲法条約は原加盟国であるフランス（2005 年 5 月 29 日）やオランダ（同年 6 月 1 日）の国民投票において否決され，熟慮期間を設けること，すなわち棚上げにすることを加盟国間で確認した［庄司 2007, 55-57 頁；田中俊郎 2007, 29-30 頁］。

（7）リスボン条約（改革条約）

　棚上げにされていた条約改正は，2007 年に再び動き出した。6 月に開催されたブリュッセル欧州理事会において，欧州憲法条約に代わる新条約を作成することが合意されたのである。欧州理事会において新条約の枠組みが合意されると，IGC を経て 2007 年 12 月にリスボンにて調印された［詳しい経緯については，

コラム07　国民投票──「国民」による社会選択？

　インターネットの発展にともない，近年は多くの国の大統領選挙や総選挙，国民投票の結果をウェブ上で見ることができる。なかには，選挙区（居住地域）だけでなく，職種や年齢層による投票行動の相違まで伝えてくれるものもある。英語なら「election（選挙）」「referendum（国民投票）」「results（結果）」といった語を検索語に使えば容易にヒットするので，機会を見つけて積極的に閲覧してもらいたい。きっと，その国の内情をさらによく知るきっかけになるだろう。

　さて，EU基本条約の批准に際して国民投票が義務となっているアイルランドでは，普段からしばしば国民投票が実施されている。たとえば人工妊娠中絶禁止にかかる憲法規定の撤廃，憲法が定めた離婚条件の緩和，死刑廃止，性的指向に関わりなくすべての市民が結婚することができる権利の認定など，大きな社会的選択が国民投票を通じて行われてきた。そうした国民投票結果を閲覧していると，機が熟したのか投票率と賛成票がいずれも60％程度と高いものから，投票率が低い（死刑廃止の国民投票では35％前後）なか通ったものなど，まちまちである。基本条約を批准する国民投票の際，とりわけ1度目の国民投票の際には低投票率が指摘されるが，必ずしもEUが議題だから関心が低いという訳ではなさそうである。

　社会が国民投票によって大きな選択をするという場合に，どのようなことが起こり得て，それをどのように捉えるべきか。事案は一度国民投票にかけたら決着なのか，それとも時を経て複数回国民の判断を仰ぐことがあるのだろうか。そもそも，国民投票を頻繁に実施する社会とそうでない社会との間，国民投票を実施する社会同士の間に，何か違いがあるのだろうか。アイルランドに限らず，国民投票実施例があるヨーロッパ諸国の国民投票結果をじっくり眺めていると，色々と学ぶことがありそうだ。

庄司 2007, 59-62頁]。

　調印されたリスボン条約は，欧州憲法条約に盛り込まれていた欧州連合の旗や歌のような超国家色を極力排除したが，機構改革をはじめとする諸規定は欧州憲法条約のそれをほぼ踏襲した。たとえば，3本柱構造の廃止やEUへの法人格付与，欧州委員会の定数削減および委員長の権限強化，欧州理事会**常任議長**の設置，EU外務・安全保障政策**上級代表**の設置，理事会への**二重多数決制**導入，欧州議会の政策形成への関与強化，**補完性の原理**に基づく国内議会によるEU監視などが改革条約に盛り込まれた [庄司 2007, 60-65頁; 辰巳 2012, 34-35頁; 鷲江 2009, 第2部第2章]。また，リスボン条約は**脱退**についての規定も盛り込

んだ［辰巳 2012, 35頁］。さらに，EUに市民による発議（**イニシアティブ／市民発議**）が認められることになった。7か国以上から合計100万人以上の発議があれば，欧州委員会への立法提案が可能になった。

　リスボン条約の批准にあたっては，憲法との関係から国民投票が義務になっているアイルランドを除いて，加盟国は国民投票を回避して議会内で批准することにし，このことにつき一部の国では国内調整を図った（デンマーク，オランダ，イギリスなど）。ただ，アイルランドは国民投票を実施し，その結果否決（反対53.4%）されてしまった。そこで，欧州委員会委員を各国1名選出すること，軍事的中立政策や倫理に関わる政策でリスボン条約がアイルランドに影響を与えないことを確認したうえで再度国民投票を実施し，批准に至った。他にも，チェコやドイツでは憲法裁判所における審査にまで至ったため，リスボン条約の発効は調印から2年も経った2009年12月になった。［批准の詳細については，庄司 2007, 65-66頁; 鷲江編 2009, 10-15頁］

◎論　点

① 単一欧州議定書，マーストリヒト条約，アムステルダム条約，リスボン条約の概要をそれぞれ説明してみよう。

② EUの発展にとって重要だ（転換期となった）と思われる基本条約を3つ挙げてみよう。そしてそれらを選んだ根拠について，説明してみよう（話し合ってみよう）。

③ 基本条約が各加盟国の有権者によって拒否されることが多いが，これはEUのどこかに問題があることを示しているのだろうか。もし問題があるとするならば，どのように改善すればよいだろうか。話し合ってみよう。

第14講　主要機関と予算を通して見るEU

この講では，EUがどのような機関によって運営されているのか，そしてどのような資金を使って運営されているのかを理解する。EUでは誰が法（政策）の作成と決定に関わっているのか，それらは誰を代表しているのか。その姿は国家における三権分立と合致するだろうか。また，EUが使うお金はどこから来ていて，どのようなことに使っているのだろうか。機関や予算のありかたを通じて，EUの姿とその特徴を理解しよう。

1　EUの主要機関

2019年8月の時点で，EUの公式ホームページ［web資料(9)］にはEUの主要機関として，(1)EU理事会と欧州理事会，(2)欧州委員会，(3)欧州議会，(4)EU司法裁判所，(5)欧州会計監査院，(6)欧州経済社会評議会，(7)地域評議会，(8)欧州投資銀行，(9)欧州中央銀行などが掲載されている。そのほか，EUの対外行動をつかさどる欧州対外行動庁や欧州データ保護監視機関，オンブズマンをはじめ，各種分野に特化した専門機関（Agencies）が多数設置されている。以下，公式ホームページの掲載情報にしたがって概要を紹介する。

（1）EU理事会と欧州理事会 (Council of the European Union, European Council)

EU理事会（理事会）は，加盟国の代表が出席する会議で，EUの**意思決定機関**である。議題に関係する閣僚級代表が出席するため，閣僚理事会と呼ばれたことがある。理事会だけが法案提出権を有している訳ではないが，提案された法案を欧州議会とともに審議し，最終的な決定を行うという意味において，立法府として機能している。また，欧州委員会が交渉してきた国際協定の締結を

決めるのも理事会である。そのほか，加盟国間の経済政策の調整，EU 予算の承認，EU の外交安全保障・防衛に関する意思決定，加盟国の司法・内務協力の調整などを行っている。

理事会の議長は，加盟国が半年ごとの輪番で担当している。ただ，外交安全保障政策についてはその**上級代表**（詳しくは第13講，第24講を参照）が議長を務める。議決は基本条約の定めに応じて単純多数決，特定多数決，全会一致のいずれかで行う。なお，理事会における議事を円滑に進めるために，準備を担当する常駐代表委員会（COREPER）が存在している。

欧州理事会は，各国の首脳が欧州委員会（下記(2)を参照）委員長や常任議長とともに通常四半期に１度のペースで会議を開き，EU の全体的な方向性と優先課題を定めている。EU 全体としての政策課題を示すことが欧州理事会の役割であるため，法を議決する権限はもたない。ただ，理事会で合意に達することができないような複雑かつセンシティブな案件がある場合には，欧州理事会で議論されることになる。欧州理事会が選出する**常任議長**（President）のもと会合を開き，意思決定を行う（任期は２年半，１度のみ再選可）。基本条約に特段の定めがない限り，原則コンセンサスで決定する。

（2）欧州委員会 (European Commission)

欧州委員会は，**EU 共通の利益の追求と実践**のために行動する。具体的には，基本条約や EU レベルの法律・政策が加盟国で実施されるよう保証し，基本条約に書かれた目的達成のために必要な法案や政策案を提案し，定められた政策や予算を執行する。

現在，欧州委員会は委員長，副委員長を含めて28名の委員（Commissioner）で構成されている。現在のところ委員は各国から１名ずつ選出されており，各委員は農業，対外関係，競争といった政策領域を担当している。委員はその業務を遂行するにあたって出身国の意向に左右されてはならず，EU のためだけに行動することが義務づけられている。

欧州委員会委員長は，欧州議会の選挙結果を踏まえた候補者を欧州理事会が欧州議会に提案し，承認を得て選出する。委員長をはじめとする委員は，欧州理事会の合意と欧州議会における聴聞・審査を経て欧州理事会の特定多数決に

よって任命される（任期5年）。欧州委員会には農業，競争，環境，貿易をはじめとする30以上の部局・総局（Directorate-General）が設けられており，EU官僚がそこで勤務する（主にブリュッセルに設置されている）。

（3）欧州議会（European Parliament）

　欧州議会は，5年ごとに実施されるEU市民による直接普通選挙において選出された議員で構成される，EUレベルの議会である。加盟国には，6人から96人の範囲で議員定数が割り当てられている（議長を含めた総定数751：2019年現在。イギリスが離脱すれば定数が705人に変更，一部加盟国の定数が増加する予定）。議員は出身国ではなく政党（会派）でグループ分けされる。欧州議会は理事会とならんでEUレベルの立法を行い，同じく理事会とともにEU予算の審議や採択を行い，欧州委員会委員長や委員会全体の人選に関与する。本会議のほとんどはストラスブールで月に1週間ほど開催され，常任委員会や政党グループの会合はブリュッセルでも開かれる。

（4）EU司法裁判所（Court of Justice of the European Union）

　ルクセンブルクに設置されているEU司法裁判所は，全加盟国においてEU法が適切に適用されることを保障するべく，EU法の解釈を行う。加盟国がEU法に反している場合には，判例を通じてこれを正すよう求める。加盟国やEU諸機関だけでなく，法人や自然人が起こした訴訟も担当する。EU司法裁判所は，EEC設立当初から設置されていた司法裁判所（Court of Justice），司法裁判所の第一審を担うために1988年に設置された一般裁判所（General Court）で構成されている。司法裁判所は，加盟国裁判所の求めがあればEU法の解釈を示す先決裁定（preliminary ruling）を下す。

　司法裁判所には加盟国各1名の判事が送り出されており，判事は法務官（advocate general）の補佐を受けながら法的判断を下す。判事も法務官も任期は6年だが再任も可能である。一般裁判所には，各加盟国1名以上の判事が所属している（6年任期，再任可能）。

（5）欧州会計監査院 (European Court of Auditors)

　ルクセンブルクに設置されている欧州会計監査院は，EUの歳入がきちんと徴収されているか，歳出が適切になされているか，財務管理が健全であるかなどといった，EUレベルの会計活動について監査を行う。各加盟国から1名選出される委員が欧州議会の諮問を経て理事会から任命される（6年，再任可）。

（6）欧州経済社会評議会 (European Economic and Social Committee)

　ブリュッセルに設置されている欧州経済社会評議会は，雇用者，労働者，その他の利益代表グループ（農家，職人，中小企業など）からなる350人の評議員が構成する会合である。欧州委員会や理事会は，EUレベルの政策決定を行う際に欧州経済社会評議会に意見を求める。評議員は加盟国政府に推薦された後理事会に任命されるが，任期は5年で再任可能である。

（7）地域評議会 (European Committee of the Regions)

　地域評議会は，マーストリヒト条約によってブリュッセルに設置された機関で，地方自治体，地域当局を代表する350名からなる委員ならびに同数の代理委員 (alternates) によって構成されている。EU内の地域の問題について討議する組織であるため，欧州委員会や理事会であっても，地域の利害が関係する問題（例として健康，保健，社会保障，雇用，経済・社会的結束，運輸，気候変動などが挙げられている）にかかる政策を形成する際には地域評議会に諮問しなければならないことになっている。

（8）欧州投資銀行 (European Investment Bank)

　ルクセンブルクに設置されている欧州投資銀行は，EU内外においてEUの目的達成を支援するために，域内の低開発地域支援や企業の国際競争力向上，雇用創出，気候変動対策などへの融資を行う貸付機関である。欧州投資銀行は，法人格をもち財政的に独立している（EU予算からではなく加盟国資本市場からの資金調達によって運営されている）。融資の90%ほどは域内向けだが，加盟を準備している国，ACP（アフリカ，カリブ海，太平洋）諸国，地中海諸国，アジア，ラテンアメリカといった国や地域も支援している。

コラム08　どのような眼差しで組織と予算を見るか？

　本講では機関の話，お金の話が書かれていてなじみづらいかもしれないが，「誰が何のために集まっている機関・組織なのか」，「そこではどのようにものごとを決めるのか（第15講とも関連）」という観点から諸機関を，「どこからお金を集めて何に使っているのか」という観点から予算を見つめてもらいたい。

　たとえば，欧州議会の議員定数は，ある程度ではあるが国の規模に合わせて加盟国に割り振られている。理事会の投票（QMV）票数も，完全にではないが人口に応じて票数が割り振られており，二重多数決制の下では人口も配慮される。このような発想は，一国一票を通じて国という単位で構成国を平等に扱う国連総会とは異なる。また，拠出した金額に応じて持ち票が大きく異なる世界銀行やIMFといった国際金融組織の発想とも異なる。国単位で平等という論理でもなく，資金を出した者が発言力をもつという論理でもなく，後ろに背負っている「人口」でどうやらEUは意思決定をするようである。

　いずれが良い，悪いではない。それぞれの組織がその使命や役割，運営を踏まえて，組織や収支のありようをデザインしているのである。そのようなことに思いをめぐらせながら機関や予算，意思決定方式の話を読んでいただくと，暗記を超えた理解に至ると思われる。みなさんが今，あるいはこれから所属する組織は，何を背負ってどのような論理で動いているだろうか。

（9）欧州中央銀行（European Central Bank）

　欧州中央銀行はフランクフルトに本部を置き，ユーロの管理，EU（ユーロ地域）レベルの金融・通貨政策を担っている。構成や業務については，ユーロ発足後の運営を扱った本書の第7講に詳しく掲載している。そちらを参照してもらいたい。

2　EUの予算

　EUは，EU全体のGNI（国民総所得）の約1％（2017年度は1579億ユーロ）とはいえ予算を有し，これを必要な業務にあてている。以下では，EUの予算がどのように決められているか，EUがどこから財源を得て（歳入），何に使っているのか（歳出）を見てみよう。なお，EUでは予算に関する情報・データを公開，更新しているので，最新の情報を把握したい場合には，ぜひ［web資料⑩］を確

認してみよう。

（1）予算の策定──誰がどのように決めているか

　EUの予算は，欧州委員会，欧州議会，理事会が共同で決定することになっている。まず，欧州委員会が予算草案を採択して，理事会や欧州議会に提出する。理事会と欧州議会が採択可能だと判断した場合には，予算案は採択される。採択可能でない場合には，理事会や欧州議会は欧州委員会に対して予算案の修正を求めることができる。その場合，欧州委員会は修正提案を用意し，理事会と欧州議会の採択を得なければならない。もし，理事会と欧州議会の立場が異なる場合には，調停が必要になる。

　なお，通常，予算は7年の財政枠組（例：2007-2013年，2014-2020年，2021-2017年）の枠内で，年間予算が決定される（参考：2017年度は1579億ユーロ，2018年度は1601億ユーロ，2019年度は1658億ユーロ）。

（2）歳入──独自財源（Own Resources）とは？

　当初，とりわけ1960年代までのEUには，独自に得られる財源が限られていた。関税同盟や共同市場計画，共通農業政策が始まったばかりで，これらから得られる関税収入や課徴金収入が安定していなかったからである。そのため，一時期は，加盟国からの拠出金でEU予算が賄われていた。**関税収入，農業課徴金／砂糖税，VAT**（付加価値税）という，EUの3大独自財源が確立されたのは1970年代に入ってからである。ただ，その後も加盟国からの分担金がEU予算内には存在していた。1980年代に入ると加盟国の分担金が一旦無くなるが，その後EUの活動領域拡大にともない必要な資金が増加すると独自財源だけでは賄いきれなくなり，1988年よりGNI規模に応じた加盟国による分担を再開，現在では関税ならびに農業課徴金／砂糖税，VAT, GNIに応じた加盟国による分担の3つがEUの**独自財源**（own resources）とされている。

　上述のような流れは［第Ⅱ部資料集 グラフ14-1］でも確認することができる。3つの財源のうち，VATが過去には最大収入源（全体の45%）であったが，1990年代からGNIベースの拠出が始まり，近年はこれが最大の収入源となり歳入全体の3分の2を占めるようになっている。

　ただ，加盟国からの拠出の占める割合が増えることは，歳出の性質（次の(3)を参照）も踏まえると，**受益と負担のインバランス**が加盟国間に生じることを意味する。つまり，豊かな加盟国がEU財政の多くを負担し，そうではない加盟国がEUから多く拠出を受けるという構図が固定化されてしまう［第Ⅱ部資料集 グラフ14-2, 14-3, 14-4］。そのため，イギリスはサッチャー政権時にEUに対して拠出金の還付を要求し，それ以降は本来支払わなければならない額を下回る額面を拠出するにとどめてきた。

（3）歳出

　EUの歳出項目は，歳入と同様，時期によってその比重が変化しており，その変化はEUが時代によって何を重視していたかを端的に物語っている。1970年代は，共通農業政策のための支出（農業指導保証基金）が全体の3分の2以上を占めていた［第Ⅱ部資料集 グラフ14-5］。しかしながら，これでは農業国しかEUからの利益を得ることができない。また，EUの農業が過剰生産，低競争力に悩まされることにもつながった。そのため，農業関係予算は徐々に削減された（詳しくは第18講を参照）。かわりに高い割合を占めるようになったのが，構造基金である。1980年代以降は，既加盟国と比べて経済的に低位にある国々がEUに加盟し，EU内の格差是正への配慮が高まったためである［第Ⅱ部資料集 グラフ14-6］。

　ただ，一般の人にとっては，上記の情報がなければEUが何にお金を使っているのかは［第Ⅱ部資料集 グラフ14-5, 14-6］を見ただけでは詳しくは分からない。そこで近年のEUは，公式資料においては平易な言葉で予算の用途を説明するようになってきている。具体的には，①持続可能な成長，②自然資源の保持，③自由・安全・司法(freedom, security and justice)，④グローバルプレーヤーとしてのEU，⑤行政費用，⑥欧州開発基金に支出項目を区分している［第Ⅱ部資料集 グラフ14-7］。①の「持続可能な成長」では競争力（研究開発や教育，イノベーション，エネルギーなど），雇用，地域の結束や収斂に，②の「自然資源の保持」では自然資源である環境，農村開発(rural development)，農業，漁業に予算をあてている。③の「自由，安全，司法」では基本権や司法，安全保障，市民権，不法移民対策などに，④の「グローバルプレーヤーとしてのEU」では

拡大前交渉，近隣諸国政策，開発援助，民主主義や法の支配，人権，CFSPなど，対外関係に関わるものにあてている。

　21世紀に入ってEUがリスボン戦略や欧州2020といった経済戦略を発表してスマートで持続可能でなおかつ社会包摂的な経済を目指すような時期になると，こうした支出項目はさらに変更されている［第Ⅱ部資料集 グラフ14-8］。

◎論　点

① 欧州議会，理事会，欧州委員会はそれぞれどの声（誰）を代表しているだろうか，説明してみよう。

② EUの予算を決めるのに，なぜ理事会や欧州議会の審議を経る必要があるのだろうか，説明して（話し合って）みよう。

③ EU予算における主な歳入源（財源）は何か，それはどのように変化しているか。説明してみよう。

④ EU予算における主な歳出先は何か，それはどのように変化しているか。説明してみよう。

第15講　法と政策形成

> 　EUは法の支配 (rule of law) に基づいている。つまり，全加盟国が承認した基本条約に定められた範囲，権限，手続きにしたがってEUは運営されている（基本条約についての詳細は，第13講を参照）。また，制定された法や政策にも，その拘束力には相違がある。そうした定められた権限や手続き，法や政策の拘束力を学ぶことは，加盟国に対するEUの影響力が政策領域，時と場合によって異なることを理解することにつながる。
>
> 　EUは加盟国に対して無力な（影響力がない）存在ではなく，かといって何でもかんでも加盟国に強制する存在でもない。EUは必要なところで影響力を発揮し，加盟国もまた必要なところで影響力を残している。それゆえEUを学ぶのは複雑で難しいのだが，なぜそのような複雑で難解なしくみが設けられているのかを感じながら，法や政策形成を理解しよう。

1　政策領域と立法権能──何に対してどのように取り組んでいるか？

　EUが取り組む政策領域は，基本条約に明記されている。公式ホームページ (https://europa.eu/european-union/topics_en) に掲載，紹介されているものだけでも，農業，メディア，EU予算，競争，文化，消費者 (保護)，関税，開発協力，経済通貨，教育・訓練・若者 (青少年)，雇用・社会，エネルギー，拡大，企業，対外関係，対外交易，汚職対策，食品安全，外交安全保障，人権，人道援助，情報社会，域内市場，自由・安全・司法，海洋・漁業，公衆衛生，地域，研究開発，運輸，などと多岐にわたる (2019年1月現在)。

　これだけ政策領域が幅広いと，加盟国で取り組んでいることがEUの取り組みと重なったり，取り組みがEUに奪われたりはしないだろうか。そのようなことにならないように用意されているのが，補完性の原理と立法権能である。まず，**補完性の原理** (principle of subsidiarity) とは，基本条約で定められている

EUの統治原理であり，EUが排他的な権能（後述）をもたない政策領域においては，加盟国や地方政府といった下位の統治レベルに比べてEUの方が規模や効率の面でより目的を達成することができるという場合に限ってEUが取り組むと定めている。つまりEUは，EUの広域的な性質あるいは統一体としての役割が期待されていることに絞って取り組んでいるのである。

　立法権能とは，EUレベルの法や政策の形成を誰が行うことができるのか（行う権限があるのか）を政策領域で分類したものであり，基本条約では以下3種類に区分している［以下，庄司2013, 31-34頁；庄司2007, 54-55頁］。第1の区分は**排他的権能**といい，EUだけが法的に拘束力のある法を立法することができる。この場合，加盟国はEUから求めがある場合，そしてEUによる立法行動の結果制定された法（二次法：後述）を国内で導入する場合にのみ，立法することが許される［庄司2013, 31頁］。この分野にあてはまる政策領域として，基本条約は関税同盟，ユーロ参加国の金融政策，共通通商政策などを**限定列挙**している。

　第2の区分は加盟国の権能（「**支援・調整・補充的行動**」と呼ばれる）といい，加盟国が立法権能を有しているため，EUは加盟国を押しのけて立法をすることはできない。ただ，EU全体としてある程度まとまりのある取り組みを進めるために，EUには一定の範囲で加盟国の行動を支援したり，調整したり，補充することが認められている。基本条約は，この分野にあてはまるものとして人間の健康の保護と改善，産業，文化，観光，教育・職業訓練・若者（青少年）およびスポーツなどを**限定列挙**している。［庄司2013, 33頁］

　第3の区分は**共有権能**といい，EUと加盟国が立法権能を共有しともに法的拘束力をもつ法を立法することができる。この分野に該当するものとして，基本条約はたとえば域内市場，経済・社会・地域的結束，海洋生物資源保護を除く農業および漁業，環境，消費者保護，運輸，エネルギー，自由・安全・司法，（以下は条件付きで）開発協力と人道援助，研究開発などを挙げている。他の2つの権能と異なり，この権能の対象政策領域は限定列挙でははない。上記2つの権能で限定列挙された政策領域を除いた多くの政策分野は，ここに当てはまると大まかには理解してよい（厳密には，条約には上記3類型以外にも共通外交・安全保障政策についての定めなどがある）。［庄司2013, 31, 33頁］

　このように，EUが様々な政策領域に取り組んでいるとはいっても，EUが

なすべきこと，加盟国がなすべきことを分担し，必要に応じて連携しながら各種政策に取り組んでいるのである。

2　政策形成過程——どのように法や政策を作るのか？

　いざEUが法や政策を形成する場合には，どのような手続きがとられるのだろうか。EUの立法・政策決定手続には，主に(1)通常立法手続，(2)特別立法手続，(3)その他の手続，といった手続がある。EU全体の利益を考慮する欧州委員会，加盟国政府を代表する理事会，有権者を代表するという欧州議会がそれぞれどのように立法行動に携わっているかに注意して見てみよう［以下，各手続の詳細については庄司 2007, 9-21頁; 辰巳 2012, 96-101頁; 鷲江編 2009, 48-55頁］。

（1）通常立法手続

　通常立法手続では，欧州委員会の**提案**に基づいて欧州議会と理事会が**共同決定**を下す。多くの場合でこの手続がとられる。EUレベルの官僚機構でありEU全体の利益を代表する欧州委員会の提案に対して，加盟国の有権者が直接選挙で選んだ欧州議会と加盟国政府を代表する理事会とが審議・決定する形になっている。

　EUの公式ホームページ［Web資料⑾］によれば，欧州委員会は提案に際して，経済的，社会的，環境への影響などを評価し（インパクト・アセスメント），立法による影響を事前評価している。また，欧州委員会は法案の提出前にNGO，地方政府，業界代表者，市民社会などからの諮問を受けてもいる。市民や企業，組織は，パブリック・コメントのようなしくみを通じてwebなどから意見を述べることができる。

　欧州委員会の提案を受けて審議，採決・決定する欧州議会と理事会は，それぞれに民意を代表している。そのため両者は最長で3回（2回の読会プラス調停委員会後の読会）法案を審議しその採否を検討することができる（**三読会制**）。3回の読会中に欧州議会と理事会の双方が承認，同意することができなければ，法案は廃案になる。理事会では事案によって全会一致や特定多数決で採決されるが，特定多数決を活用する場合には国別票（加盟国数の55％）と人口票（EU人

口の65%以上）による**二重多数決制**が用いられる。

　なお，欧州委員会による提案・立法草案は欧州議会や理事会に送られるだけ
でなく，各国の国内議会にも送付され，各国議会は**補完性の原理**に基づいて
EUの立法を監視している。

（2）特別立法手続

　特別立法手続とは，通常立法手続以外に存在していた諮問手続，同意手続，
予算手続を指す。諮問手続では，欧州委員会が理事会に提案後，理事会が審議
する前に欧州議会に事案について諮問する。欧州議会に求められているのはあ
くまで諮問であるため，通常立法手続で認められているような法案修正権が認
められている訳ではない。事案によっては，欧州議会だけではなく欧州経済社
会評議会や地域評議会の諮問を受けることもある。社会保障や社会的保護など
のように，条約でこの手続を採用すると明記された政策分野で採用されてい
る。[辰巳 2012, 100頁; 鷲江編 2009, 51頁]

　同意手続では，理事会の決定前に欧州議会の同意を得ることになっている。
この手続では欧州議会は賛否を表明することができる。性別や人権もしくは民
族的出自や宗教（信条），身体的障がいや性的指向に基づく差別とたたかう政策
分野で，この手続きが採用されている。[辰巳 2012, 100頁; 鷲江編 2009, 51頁]

（3）その他の手続

　近年（リスボン条約以降）は，EU市民の発議（複数加盟国から100万人以上）があっ
た場合には，欧州委員会に立法提案を求めることができるようになった。ま
た，欧州中央銀行の勧告，欧州司法裁判所の要請によって法案が提出されるこ
ともある。現実には通常立法手続，特別立法手続以外にもいくつか手続が存在
するということだけ，頭にとどめておいてもらいたい。

3　EUの二次法──成立した法や政策の拘束力

　EUの立法過程を経て成立した法律は，一次法である基本条約の定めに従っ
て制定された法令だということで**二次法（派生法）**と呼ばれる。二次法にはいく

つか種類があり，加盟国に対する拘束力が異なる［以下，庄司 2013, 209-213頁］。

（1）規則（Regulation）

　規則は，強い法的拘束力をもつ二次法である。具体的には，EU レベルの政策形成によって規則が成立したら，同時にかつ自動的に EU 全加盟国に適用され，加盟国の国内法に優先して加盟国政府の措置や企業の行動を直接規制する（直接適用）。EU 全体で統一的に一貫した政策をとらなければならない場合，そして目的や手段，措置にばらつきをなくして厳密に立法の内容を実施させる必要がある場合に用いられると考えてよい。

（2）指令（Directive）

　指令は，EU 加盟国が到達すべき状態（結果）を定める二次法である。指令が成立すると，宛先に指定されたすべての加盟国は定められた期限内に，指令の定めた目的や結果を実現する必要が生じる。ただ，指令の定めた「目的」や「結果」を国内で達成すればよいので，どのように目的を達成するのかという方法・手段や過程については，各加盟国国内機関（政府，当局）に任される。

（3）決定（Decision），勧告（Recommendation），意見（Opinion）

　決定は，達成されるべき目的や手段を定めている点では指令より規則に近いが，決定で明示されている名宛人（特定の国・企業・個人を明記する）に対してのみ直接拘束力をもつ。対象となった者は，決定内容を遵守しなければならない。

　勧告や意見は，欧州委員会をはじめとする EU 諸機関が表明する。ただ，法的な拘束力はもたない。ある事案に対して，諸機関から義務は課すことはできないが行動を促したいような場合には勧告が，諸機関の所管領域（立場）から見解を表明する場合には意見が用いられる。

4　民主主義の赤字，導入時の問題——より複雑になるEUの法と政策

　ここまで EU の立法・政策形成を学んできたが，いずれもかなり複雑である。なぜ，ここまで複雑なしくみになっているのか。それは，政策形成に関与

> **コラム09　EUの法や政策，判例，官報を調べる方法**
>
> 　EUでは，立法・政策形成前に出されるコミュニケーション文書や白書から，法案，法や政策形成過程における議事，最終的に決定した政策・法（規則，指令，決定など），判例などに至るまで，官報等で公開されるだけでなくweb上でも閲覧可能になる。その際，たとえばコミュニケーション文書は「COM」，二次法はその種類や掲載官報の種別で「Regulation」，「Decision」，「OJ L」，「OJ C」など，判例は「Case C」，「Case T」などの接頭字（プレフィックス），年そして連番が振られるため，慣れてくるとEUの法や政策関連文書についての検索や調査がスムーズになる。どんな法や政策がいつ決まったかが分からない場合には，年次刊行される『活動報告（General Report）』をたよりに，その年策定された政策や法の有無および文書番号を把握することができる。
>
> 　そういった調査を助けてくれるのが，慶應義塾大学三田図書館（メディアセンター）のホームページに掲載されている「EU資料ガイド」（https://libguides.lib.keio.ac.jp/mit_eu 2019年9月20日最終アクセス）である。文書の種別に応じて検索ツールが紹介されている。上記で紹介したもののうち，年報は「活動報告書・ニュース・プレスリリース」に，立法や政策は「官報・法令・条約」に，立法や政策の準備資料，コミュニケーション文書，欧州議会の議会資料は「委員会・議会資料」に，判例は「判例・判決」にリンクが紹介されている。ほぼすべての文書がweb上で閲覧することができる。また，それぞれ文書の種類に応じて様式（書き方）も決まっているので，いくつか読めば要諦のみをおさえる読み方も可能だ。いずれにせよ，日本国内にいながらEUの立法・政策情勢をある程度詳しく把握することが可能である。卒業論文に，業務上の調査に，ご利用をおすすめする。

する機関が代表している声と関係している。たとえば欧州委員会は欧州全体のことを考え，理事会は加盟国の国益を代弁し，欧州議会はEU市民を代表している（第14講を参照）。国内政治における三権分立の考えにしたがえば，EUにおいても選挙を通じて有権者の付託を受けた機関が行政府を統制しなければならない。「**民主主義の赤字**（democratic deficit）」とも呼ばれるそうした指摘や主張が，政策形成の形を現在のような形にした。

　具体的には，欧州議会の権限が強化されて立法案修正権をもつようになり［たとえば，田中俊郎 1998, 48-51頁］，近年は市民による発議による請願権が認められている。また，加盟国の有権者が選んだ国内議会も，補完性の原理のもとEUレベルの政策形成を監視するようになってきている。

　その一方で，国内政治における三権分立が国際組織であるEUにそぐわないのではないかという意見もある。民主主義的な手続きを追求することもさることながら，EUの目的を効率よく達成することを求める意見もある。また，民主主義的な手続きを追加することが，基本条約更新の際に進めてきた簡素化（第13講を参照）とは逆行する可能性もある。さらには，民意を代表しているはずの欧州議会の議員選挙の投票率は，これまでは必ずしも高いとはいえなかった［第Ⅱ部資料集　グラフ15］。低投票率が続けば，欧州議会に権限をもたせる意義が疑われかねない。2019年の欧州議会選挙では投票率が1990年代以来50％を超えたが，これが近年顕著な反EU・EU懐疑派の動向によるものなのか，純粋にEUへの政治参加が浸透した結果なのか，注視する必要がある。

　なお，本講で私たちが学んでいるのは政策形成の「ルール」であって，現実には必ずしもルール通りにことが運ぶ訳ではない。とりわけ，法や政策が成立したとしても，加盟国が必ずしもそれらに従うとは限らず，加盟国がEUレベルで決まった法や政策を**導入**（implementation）するのか，あるいは導入に成功するのかという問題が常につきまとう。たとえば，指令で法や政策が公布されると，加盟国は自国の国内法に置き換える（transpose）場合があるが，この国内法化の段階で議論が紛糾した結果，要求を達成できない／達成しないことがある（詳しくは第19講を参照）。イギリスがユーロなどで受けているオプト・アウト（適用除外），アムステルダム条約で導入された緊密化協力，柔軟性の原理，建設的棄権といったものに至っては，全体としての統合進展を妨げないとはいえ，自国の裁量・行動の余地を残すものではある（詳しくは第1講のアムステルダム条約の項目を参照）。

　このように導入の段階にまで目を配ると，立法・政策形成を学ぶのはさらに複雑になる。それだけEUには多種多様な声が存在し，それらが可能な限り汲みとられ，反映されているのである。

◎論　点

① EUの仕事（政策対象領域）と管轄（権能）は，どこでどのように決められているか。説明してみよう。

② 通常立法手続とはどのような意思決定方法か，説明してみよう。

③ EU の二次法である規則と指令について説明してみよう。

④ 「民主主義の赤字」とは何か。また，EU は「民主主義の赤字」に対してどのように取り組んできたか。説明してみよう。

第16講　EUの市民権，基本権

私たちは通常，市民権や基本権といった諸権利を憲法との関係で連想する。共同体の構成員である私たちと統治機構（簡単にいえば政府）との間には何かしらの権利・義務関係があり，そうした権利・義務は通常，憲法や基本法に定められている，と。本講では，EUで保障されている市民権や基本権の内容とその特質を理解する。

EUという共同体は，そこに住む人々にどのような権利を保障しているのだろうか。EUが保障している市民権や基本権は，加盟国が保障しているそれらと重複はしていないのだろうか。そんなことが起こったら問題にはならないのだろうか。つかみどころのない話に聞こえるかもしれないが，憲法や基本法を通じてどのような権利が市民に保障されているのかを知ることによって，その共同体の性質がある程度見えてくる。基本権を通じて，EUがどのような共同体なのかを理解してみよう。

1 「デモス不在」の共同体？　EUの当初の役割と基本権

EUというヨーロッパの「共同体」に対しては，共同体の基礎をなす市民（demos：デモス）が不在であると指摘されてきた。EUの市民はまずは加盟国の市民であり，EU全体の市民であるとは考えにくいというのである。実際，ヨーロッパの市民が自国（出身国）ではなくEUに積極的に帰属意識（**アイデンティティ**）を感じるということは，加盟国によって差があるものの，総じてそれほど多くはない [第Ⅱ部資料集 グラフ16-1a, 16-1b, 16-2a, 16-2b, 16-2c]。

EU側も，EECやECの時代は，市民や基本権に正面からは取り組んでいなかった。初期の統合は，どちらかというと政治家をはじめとするエリート主導で進んだ。たとえば欧州石炭鉄鋼共同体の計画は，ジャン・モネの原案を受けてフランスのシューマン外相が提案し，西ドイツのアデナウアー首相が賛同したことで進んだ [田中俊郎 2005, 5-8頁]。1960年代末から70年代初頭にかけて提

案された経済通貨同盟案も，1980年代中葉から頭をもたげた域内市場統合計画
も，各国の政治家やEU官僚が計画，提案した。また，一連の統合プロジェク
トは，国境を越える人や企業の活動を支えるものだった。たとえば，域内市場
統合（人・物・サービス・資本の自由移動）は，国境を越える人材，企業などに機
会を与えた。EUの基本条約は，あくまで4つの自由移動との関わりで国籍に
よる差別禁止や男女平等などを定めてはいたが［辰巳 2012, 189頁；田中俊郎 2005,
10頁が安江 1992, 93頁を引用］，EUが加盟国市民に対してどのような基本権を保
障するのかといった定めは設けていなかった。

　このようなEUの状況は，1990年代に入るまでは表立って問題視されたり大
きく批判されたりすることはなかった。当時のEUの仕事は，域内貿易増加を
通じた全加盟国規模での経済成長促進，すなわち規模の経済の実現だという考
えがある程度共有されていたからである。統合プロジェクトの成果は加盟国に
行きわたり，結果として加盟国市民の生活（経済的な厚生）に還元されると考え
られていた。当時の統合は，加盟国（市民）の繁栄と成長をもたらす限りにお
いて歓迎されていたのである［田中俊郎 2005, 9-10頁］。

　ただ，加盟国市民とその権利について，EUがまったく配慮していなかった
訳ではない。たとえば1975年に発表された『ティンデマンス報告』では，後述
の欧州市民権に関わる権利を市民に付与することが検討された。また，1977年
にはEU（当時はEC）諸機関が人権に関する共同宣言を発表し，EUが人権を尊
重することを明言した。さらに，1984年のフォンテーヌブロー欧州理事会で設
置された**アドニノ委員会**（人々のためのヨーロッパ委員会）の勧告に基づいて，加
盟国市民のなかに「EC市民」だというアイデンティティを育むために，共通パ
スポートを発行し，ECの旗そしてECの歌（ベートーヴェンの交響曲第9番「歓喜
の歌」）を公式に定めた。単一欧州議定書では，前文にて基本権を尊重すること
を明示し，各国の憲法や欧州人権条約を参照して，EUにも基本権なるものが
存在することを示唆した。1989年には，労働者に関わるものではあるが，労働
者の基本的社会的権利に関する共同体憲章である**社会憲章**をイギリスを除く11
の加盟国で採択した。［鈴木 2007, 23-26頁；辰巳 2012, 189頁；田中俊郎 1998, 25-26,
108-111頁；田中俊郎 2005, 11-12頁］

2　基本条約による市民権や基本権の保障へ

　基本条約で市民権や基本権を保障することについて本格的な検討が始まったのは，1990年代以降，基本条約でいえばマーストリヒト条約からである。これは，域内市場統合計画が順調に進むにつれて統合の社会的側面が注目されるという，EUの大きな流れと符合している。

　マーストリヒト条約（第8条）は，構成国の国籍をもつすべての個人に対して**欧州市民権**（欧州連合市民権）を付与すると定めた。具体的には，移動と居住の権利，公民権（選挙・被選挙権），外交保護権などが認められた。移動と居住権とは，すべての加盟国市民に対して，構成国の領域内であればどこでも自由に移動し居住することを認めたものである。公民権とは，他の構成国に居住している場合に，その地で地方選挙への選挙権と被選挙権，欧州議会議員選挙権と被選挙権を行使することを認めるものである。外交保護権とは，EU以外の第三国において自国の大使館や領事館といった在外公館がない場合に，他の加盟国の在外公館で外交的に保護されるというものである。さらに，EUの政策領域が広がるとともに大きくなる市民への影響を配慮して，すべてのEU市民に欧州議会への請願権およびオンブズマンへの過誤行政申し立てが認められた[辰巳 2012, 190頁; 田中俊郎 1998, 70-73頁; 田中俊郎 2005, 14頁]。

　マーストリヒト条約は，その中身に超国家的なものが見受けられるとして，加盟国による批准に手間取った（詳しくは第5講を参照）。欧州市民権の性質についても，加盟国がすでに付与・保障している市民権との兼ね合いをめぐって懸念が表明された。その結果，アムステルダム条約に更改する際には，欧州市民権は加盟国の市民権にとってかわるような性質ではなく，加盟国市民権を**補完するもの**だと明記された（第17条）[田中俊郎 2005, 15頁]。

　マーストリヒト条約の次に更改されたアムステルダム条約では，市民権だけでなくより広い人権や基本的自由についても言及した。アムステルダム条約はまず，EUが自由，民主主義，人権，基本的自由の尊重，法の支配に依拠する組織であると明記し，これら諸原則が遵守されなかった場合に加盟資格停止を含む制裁を実施することができるようにした。また，従来の非差別の原則（**国**

籍による差別の禁止）を拡大して，ジェンダー，人種，宗教，年齢などによる差別を基本権の侵害だとみなし，EUがこれらとたたかうための措置をとるしくみを設けた。具体的には，基本権の侵害がみられた場合，欧州委員会がそれとたたかうために必要な措置を提案し，理事会と欧州議会の協議を経て必要な措置がとられることになった（ニース条約では理事会が基本権侵害に対する勧告を行うことができるようになった）。［鈴木 2007, 29-30頁；辰巳 2012, 190頁；田中俊郎 1998, 72-73頁］

　さらには，市民が選択する公用語を通じてどのEU機関に対してもコンタクトをとりなおかつ返答を受ける権利や，欧州議会や理事会，欧州委員会といった諸機関の書類に一定条件のもとアクセスする権利，個人情報保護などが新たに認められた。

3　基本権憲章の制定へ

　こうして欧州市民権と基本権が基本条約に盛り込まれるようになったが，1990年代後半になると中東欧諸国のEU加盟や対外関係などとの関わりで，EUはどのような権利を尊重・重視するのかといったことをより明確に示すことが求められた。1999年のケルン欧州理事会において，当時の議長国だったドイツはEUレベルで保障される**基本権**をより見えるように可視化すべきだと主張し，基本権憲章の起草作業を提案した。草案は加盟国の代表や欧州委員会，欧州議会議員，加盟国議会議員などによる諮問会議で討議された後，翌2000年のニース欧州理事会で採択された。この時の基本権憲章はEUの基本条約本文には組み込まれなかったため加盟国に対して強制力（拘束力）をもつものではなかったが，**基本権憲章**はEUレベルの基本権とは何かを示すものにはなった。［基本権憲章制定に至る詳しい経緯については，辰巳 2012, 190-192頁；田中俊郎 2005, 16頁］

　基本権憲章は，①人としての尊厳，②自由権，③平等，④連帯，⑤市民権・公民権，⑥司法，⑦一般規定の順に編を設けて，それぞれにどのような権利が保障されるのかを目録のように挙げている。①の「人としての尊厳」では，人の尊厳，生存権，人間のクローン複製禁止などを列挙した。②の「自由権」で

は，いわゆる自由権に相当する表現の自由，信条の自由，思想の自由，職業選択の自由に加えて，個人データ保護などが挙げられた。③の「平等」については，法の下の平等，男女間の平等，文化や宗教そして言語の多様性，子どもの権利，高齢者の権利，障がいをもつ人の権利が列挙された。④「連帯」では，労働者の諸権利，児童労働の禁止，ヘルスケア，環境保護，消費者保護が列挙された。⑤「市民権」にはいわゆる欧州市民権に該当する諸権利が，⑥「司法」では司法手続きや裁判にかかる権利が明記された。最後の「一般規定」では，基本権憲章がEUの権力や仕事を生み出したりしないことを明記し，加盟国の基本権にとって変わるものではないことが示された［第Ⅱ部資料集 図16］。

　2009年12月に発効したリスボン条約では，基本権憲章に法的拘束力をもたせた。EU諸機関は基本権憲章で保障された権利を尊重しなければならなくなり，加盟国は憲章の内容を遵守する義務が生じたのである（イギリスとポーランドは別途議定書を締結して留保した）。基本権憲章に法的拘束力が備わったことにより，これまで加盟国に共通する原則であった人権尊重，民主主義および法の支配などが，公式にかつ拘束力ある形でEUの重視する諸価値だと位置づけられた。EUは，人間の尊厳，自由，民主主義，平等，法の支配，少数派に属する人々の権利保護を含めた人権の尊重といった諸価値に依拠していることを明文化し，一連の諸価値の遵守をEU諸機関および加盟国に求めるだけではなく，近隣諸国との関係，対外行動においてもこうした諸価値を強調するようになってきている。なお，2007年には，**EU基本権庁**（FRA）が発足し，基本権や人権侵害に関する情報を収集してEU諸機関や加盟国に対する助言を行っている。

◎論　点

① 欧州市民権とはどのようなものか，説明してみよう。

② EUの基本権とはどのようなものか。例示したうえで，加盟国が保障する基本権との関係を説明してみよう。

③ EUに市民権や基本権が備わることに対する評価を述べてみよう（述べ合ってみよう）。

第17講　EU加盟手続
▶EUはどこまで広がるか？

EUの加盟国数は着実に増加しており，イギリスのEU離脱日程が確定していない2019年夏時点では28である。加盟国を地図上で確認すると，まだ周囲に未加盟国が存在することが分かる。それらの国々はEUに加盟するだろうか。加盟を希望している場合，加盟にあたって条件が付されたりすることはあるのだろうか。本講では，EU加盟手続を理解する。

　結論からいえば，EUは新たに加盟を希望する国に対して所定の条件を満たすよう要請する。その条件を知ることは，加盟国数が増加してもEUという共同体が機能不全に陥らないためにEUは何が必要だと考えているのかを知ることにつながる。また，加盟条件や加盟プロセスを知ることは，トルコやロシアはEUに加盟することができるのかといったシミュレーションを可能にする。その作業はEUとその加盟国のことだけでなく，その周辺の国々にまで目を広げる機会になるに違いない。

1　加盟資格と加盟手続——どのようにすればEUに加盟できるのか？

　EUへの加盟は，どのようなプロセスを経て行われるのだろうか。まず，EUへの加盟申請資格は，基本条約で定められている。リスボン条約（EU条約）では「第2条に言及されている価値を尊重し，なおかつその価値の促進を誓う（決意する）**ヨーロッパの国家**ならば，いずれの国もヨーロッパ連合への加盟を申請することができる」（EU条約第49条）と定めている。そして第2条に定めた価値とは，「**人間の尊厳，自由，民主主義，平等，法の支配の尊重**，および少数者に属する人々の権利を含む**人権の尊重**」だと明記されている［European Commission 2015a, 5頁］。

　ただ上記は申請資格であり，加盟のためにはもう少し条件を満たす必要がある。加盟を希望する国には別途，EU加盟に耐え得る諸基準をクリアすることが求められる。冷戦終結後の中東欧諸国の加盟に備えるために，EUは1993年

のコペンハーゲン欧州理事会において「**コペンハーゲン基準**」を設けた。この基準が，今なお加盟基準として用いられている。

　コペンハーゲン基準は EU 加盟を希望する国に対して，①政治的基準，②経済的基準および③加盟国としての義務の遵守を求めた。まず，①の**政治的基準**については，民主主義，法の支配，人権，少数者の尊重と保護を明記し，これらを保障するための自国制度をもつことが加盟申請国に求められた。次に，②の**経済的基準**については，機能する市場経済をもち EU 域内における競争に対応する能力を備えていることが求められた。さらに③の加盟国としての義務の遵守には，政治・経済・経済通貨同盟の目的を支持することも含められている。もちろん，実際の加盟に至るまでの間に，EU がこれまでに制定してきた基本条約や二次法の総体である**アキ・コミュノテール**（アキ：*acquis*）も受諾しなければならない［辰巳 2012, 246-247頁；田中俊郎 1998, 155-156頁；European Commission 2015a, 5頁］。

　実際に加盟を希望する場合には，加盟を希望する国が理事会に加盟申請を提出する。**理事会**は，欧州委員会と協議して申請を受理するかどうか決定する。理事会が**全会一致**で交渉開始について合意することができれば，加盟交渉が開始される。

　加盟交渉においては，加盟申請国による EU ルールの導入ならびに執行の進捗に焦点があたる。「**アキ**」と呼ばれる EU ルールは，4 つの自由移動から，競争法，エネルギー，環境，対外関係など，35 の分野（chapters）に区分して整理されており［第Ⅱ部資料集 図17］，加盟候補国による導入・執行状況がモニタリングされる。また，加盟した場合の予算貢献についても討議される。35 すべての分野について導入が終了したら，**加盟条約**の草案が作成される。草案には，移行措置や期限，財政的な取り決めやセーフガード条項など，細かな条件も記載される。理事会，欧州委員会，欧州議会の支持を得ることができれば，加盟条約は**申請国**と**すべての加盟国**との間で調印され，その後各国が批准する。申請国とすべての加盟国が批准することに成功すれば，晴れて加盟を果たすことができる。［European Commission 2015a, 5-8頁］

　なお，加盟の準備すなわち加盟に向けた国内改革には資金と技術・ノウハウが欠かせない。そうした諸改革を資金面，技術面で支援する加盟前支援はそれ

までの拡大でも行われていたが，21世紀に入ると加盟前支援がさらに体系化された。具体的には，2007年から2013年の予算期間において加盟前支援（IPA）が組まれて，行政改革，法の支配，持続可能な経済への転換，農業あるいは農村開発などに対する資金面の支援をしている。2014年から2020年までの予算期間ではIPAが継続され（IPA II），117億ユーロの資金が加盟前支援に使われている［European Commission 2015a, 9-10頁］。

2　拡大の今後──EUはどこまで拡大するのか？

EUは今後，どこまで拡大していくのだろうか。基本条約の加盟申請条件となっている「ヨーロッパの国家ならば」という文言は，具体的にどこまでを「ヨーロッパ」と想定しているのだろうか。EUの拡大のゆくえを考えるために，現時点でどのような国と加盟交渉が進んでいるのかを概観してみよう。

（1）加盟交渉が進んだ国，交渉開始後棚上げされた国

交渉がもっとも進んだのが，クロアチアであった。2005年に加盟交渉を開始したクロアチアは，2010年代前半に加盟交渉が進み，2013年に28番目の加盟国になった。アイスランドは，金融危機で打撃を受けた後の2009年に加盟申請を行い，翌2010年から加盟交渉が始まった。ところが，2013年に政権交代が起こると，2015年にはアイスランド政府が交渉を棚上げにした［European Commission 2015a, 6頁］。

（2）西バルカン諸国──加盟候補国・潜在的な加盟候補国への支援

西バルカン諸国の多くは，旧ユーゴスラヴィア連邦を構成していた国である。これらの国々は地域の安定および自国の経済成長・安全を確保するために，EUに接近するようになった。旧ユーゴスラヴィア連邦を構成していた国のうちセルビア，モンテネグロ，北マケドニア（2019年より北マケドニア共和国）の3か国，そしてアルバニアが加盟候補国となり，セルビア，モンテネグロとの間では加盟交渉が進んでいる。ボスニア・ヘルツェゴヴィナとコソヴォは，潜在的な加盟候補国と位置づけられている［European Commission 2015a, 6-7頁］。

EU側もヨーロッパの使命としてこの地域の安定に寄与する準備があること
を表明していることから，西バルカン諸国安定のための安定化・連合プロセス
(SAP) に取り組んでおり，通商関係締結と資金援助をしながらこの地域の安定
を監視している。また，上記SAPを導入して加盟候補国の地位にたどり着く
ための支援と監視をするために，安定化・連合協定 (SAA) を個別に締結して
いる。

（3）トルコ

EUと長期にわたって加盟交渉を続けていながら加盟には至っていない国
が，トルコである。トルコは1963年にEUと連合協定（アンカラ協定）を締結し，
1987年には正式にEUへ加盟申請した。欧州委員会側は当初，トルコが加盟に
たえる経済水準にない（当時，加盟国でGDP最低水準であったポルトガルの3分の1
であった）こと，民主主義や人権の面で問題があることを指摘して，加盟が時
期尚早であると示唆していた [田中俊郎 1998, 167-168頁]。トルコ側は，コペン
ハーゲン基準の政治的な基準を満たしていることをアピールするべく，**死刑廃
止**や拷問禁止を含む刑法の改正，少数民族保護などの改革を行なった [庄司
2007, 41頁]。このような政治的な基準の克服姿勢と，1995年にEUと関税同盟
を形成した事実などが評価され，1999年のヘルシンキ欧州理事会でトルコは加
盟候補国となり，2005年から加盟交渉が始まった。

しかしながら，EU加盟がトルコ人**労働者**の既加盟国への流入をもたらして
既加盟国の失業や社会問題に影響を与えるのではないかと懸念されている。ま
た，トルコの経済水準（外務省HPによると2017年時点でトルコのひとりあたりGDP
はEU平均の4分の1）と約8000万人という**人口**を考慮すると，加盟前後に膨大
な地域補助金，構造基金と農業補助金が必要になる。さらに，トルコの**出生率**
は非常に高く，人口面ではドイツ以外のほとんどの有力国をしのいでしまい，
理事会の票決に人口が関係していることを考慮すると，トルコが理事会におい
てドイツに次ぐ**投票権**を有することが想定される。

このようにトルコについては様々な懸念が表明され，その結果，人権や民主
主義について重大な違反があった場合には加盟交渉の停止があり得るなどの留
保条件がつけられた。そのため，トルコの加盟交渉には今後も紆余曲折が想定

129

される。また，キプロスがEUに加盟した際に，トルコ側が支持する北キプロスはギリシャ系の南キプロスに拒絶されて同時加盟に至らなかった［庄司 2007, 42頁］。加盟には全加盟国の承認と加盟条約の調印・批准が必要であるため，ギリシャとの間で**キプロス問題**がこじれてしまうと加盟できない可能性もある。ただその一方で，ヨーロッパに大量に流入したシリア難民対策として，EUはトルコとの間で合意を結び（2016年3月），シリア難民流入の抑止に貢献してもいる［詳しくは，田中素香ほか 2018, 253-254頁］。歴史的にもトルコは戦略上非常に重要な位置にあり，加盟の成否にかかわらずトルコはEUにとって重要な相手である。

（4）近隣諸国とロシア

　EUの加盟国はその南側，つまり地中海を越えて広がるのだろうか。また，ロシアがEUに加盟する可能性はあるのだろうか。結論から述べれば，その可能性は低い。一部加盟申請が却下された国があるため（モロッコ，1987年），そしてEUがこれらの国との間に拡大とは異なる協力関係・政策を準備しているためである。

　EUは，**欧州近隣政策**（ENP）を通じて地中海諸国および旧ソ連諸国との関係を構築している。EU公式ホームページ［web資料⑿］に掲載されているENPの対象国には，地中海諸国としてはモロッコ，チュニジア，アルジェリア，リビア，エジプト，イスラエル，パレスチナ，レバノン，シリア，ヨルダン，旧ソ連邦諸国としてはウクライナ，ベラルーシ，グルジア（ジョージア），モルドヴァ，アルメニア，アゼルバイジャンがある。不法入国，国際的な組織犯罪，テロ，環境問題，エネルギー供給問題などに効果的に取り組むためにも，これらの国や機構とは一定の協調関係があった方がよい。そこで，ENPひいてはEUとのパートナーシップ協定や連合協定といった二国間関係のツールを通じて，EUから経済的な利益（市場，財政支援，技術支援，経済支援など）を提供するかわりに，対象国に民主主義や法の支配，人権などといった原則による国内改革を求めている。EU公式ホームページ［web資料⑿］によれば，2014-2020年の予算期に150億ユーロ超を支援している。なお，アラブの春を境に，近年，リビア，モルドヴァ，シリアとはENPによる関係を停止している。

　ロシアとの間には，別途パートナーシップ協力協定（PCA）が1997年から締結されている。ロシアは旧共産主義圏の中心であり，それゆえコペンハーゲン基準の政治的基準克服に難がある。また，ロシアは冷戦後のNATOの拡大に抵抗しており，安全保障上は依然，米欧に対峙する姿勢を見せてもいる［田中俊郎 1998, 174-176頁］。

　しかしながら，ロシアはEUにとって大きな貿易相手国（2017年現在，輸出で4位，輸入で3位：外務省ホームページより）であり，石油や天然ガスの供給も受けている。そのため，EUへの加盟にかかわりなくロシアとの戦略的関係構築が必要になっている（エネルギー問題については第23講も参照）。その結果として締結されたのが上記PCAであるが，EU-ロシア間の協力は主として経済問題と環境，自由・安全・司法，対外安全保障，そして研究・教育という，4つの政策領域で進められている。

　なお，2011年以降はシリア問題で，そして2014年以降はさらにウクライナ問題（第12講を参照）をめぐって，EUはシリア，ロシアそれぞれに対して制裁を発動している。その結果，両国とは現在対立が続いており，上記の協力関係も停滞・停止している。

3　EUには加盟しないがEUと提携している国々（参考）

　ノルウェー，リヒテンシュタイン，スイスといった国々はEU加盟国と国境を接してはいるものの，国内の反対が多くEUに加盟していない。ノルウェーは加盟のチャンスがあったにもかかわらず，1972年と1994年の2度，国民投票による拒否に遭っている。結果，ノルウェーはリヒテンシュタインやアイスランドとともに，EUとの間で**欧州経済領域（EEA）**を1994年に形成し，4つの自由移動や競争政策を基盤とする域内市場に参加している（農業や漁業は対象外）［詳しい経緯については，田中俊郎 1998, 162-167頁］。また，国境管理廃止をうたうシェンゲン協定にも参加している。

　スイスは，EUの共通外交安全保障政策が**永世中立**と相容れないという理由で加盟の可能性を否定している。1992年にEU加盟を申請したが，その前段階であるEEAへの加盟是非を問う国民投票で否決されたこと，さらには2001年

のEU加盟の早期交渉開始を求めた国民投票でも否決に終わったことから，EUに加盟しないというスイスの立場は決定的となった。しかしながらスイスもまた，EUとの間で貿易自由化，人の自由移動の推進などの分野で条約を締結して経済，貿易上のつながりがあり，法制度上は（公式な権利・義務のうえでは）EU加盟国ではなくとも，事実上加盟国に近い状態にはなっている。

　なお，ノルウェーやスイスがEUに加盟せずにEUとの経済関係を築くことに成功していることから，イギリスが両国をモデルにして離脱後の対EU関係を構想しているという指摘もある。

◎論　点

① EUへの加盟申請資格とコペンハーゲン基準について説明してみよう。
② 実際のEU加盟手続はどのように進められるか，整理してみよう。
③ (a)トルコ，(b)ロシア，(c)ロシア周辺の旧共和国諸国，がEUに加盟する可能性について検討してみよう。

第18講　EUの共通政策，競争法

　　ローマ条約批准を経て1958年に発足したEECは，関税同盟，人・物・サービス・資本の自由移動，共通政策，競争政策を通じた経済統合を目指した。本講では，このうち主に共通政策について学ぶ。
　　ヨーロッパ統合，共通政策，域内市場統合，経済通貨同盟といった語は，あたかもヨーロッパがひとつに統一されていくかのような印象を与える。だが，「共通」政策という名称が使われている政策は，元々は農・漁業，運輸，通商と数が少なかった。現在，外交安全保障や防衛，そして移民・難民の分野などにも共通政策が存在しているが（第22講，第24講を参照），なぜEEC発足当初から共通政策が存在していたのだろうか。EUや加盟国が共通政策を設けた背景を理解しよう。また，共通政策とならんでEECを構成していた競争法（独占禁止法）の概要についても理解しよう。

1　共通農業政策

（1）共通農業政策の成立とそのしくみ

　　第二次世界大戦後の復興の過程で，域内貿易の増加が不可欠だとして，資源や貿易についての共同体構想が進んだ。そのかたわら，当時の西ヨーロッパは深刻な**食糧不足**にも直面したため，食糧安定供給の観点から農業にも関心が集まった。原加盟国のうちとりわけ農業に機会を見出したのは，1950年代に入って生産過剰（小麦）に直面したフランスであった［田中素香ほか 2011, 79頁］。フランスは域内への農産物輸出による市場確保を狙っており，そのためにはECSC加盟国間で農産物の自由貿易を進める必要があった。とはいえ当時の加盟国の生産力や競争力はまちまちで，それゆえ農産物貿易に関わる障壁もまちまちであった。また，農業就労人口が多い割にはGDPに占める農業の割合が低く，農業従事者の所得は非農業従事者のそれと比べて低かった［辰巳 2012, 130頁; 田

中俊郎 1998, 76頁]。こうした問題に取り組むために，ローマ条約のなかに農業に関する規定（共通農業政策）が設けられた。

　共通農業政策（CAP）は，農業生産性向上，農家の生活水準確保，農産物市場の安定，農産物の供給安定，消費者への供給価格維持に取り組んだ。農業従事者の生活水準を維持しながら生産量を上げ，域内の農産物の輸出入を促進し，消費者に妥当な価格で安定的に食糧を提供する，それがCAPの核心であった。

　ローマ条約の規定はCAPの概要を示すのみにとどまり，具体的な政策は後で整備されることになっていた。そこで加盟国は1950年代後半から1960年代にかけて交渉を進めて，CAPを整備した。交渉は難航したが，加盟国は1962年に**域内単一価格の原則，域内優先の原則**（対外産品からの保護を意味する），**共通財政**（農業指導保証基金設置）**の原則**に基づく共通農業政策大綱を結び，共通農業政策を具体化させた。産品ごとに見てみると，1962年から1969年にかけて，穀物，豚肉，鶏卵，果物，野菜，ワイン，牛乳および乳製品，砂糖といった産品の共同市場が形成された。これらの産品で，当時のEECの農業生産の9割を占めていたという。[詳しくは辰巳 2012, 130-132頁; 田中俊郎 1998, 77-78頁]

　ただ，CAPは順調に進んだ訳ではなかった。CAPを強く推進したのがフランスであったことから（統合が「**ドイツの工業とフランスの農業の結婚**」だといわれる所以である），フランスに大きな影響を与え得る事案をめぐっては大きな波乱が巻き起こった。たとえば，フランスは1965年にEUレベルで提案された**ハルシュタイン・プラン**に抵抗して，**空席政策**を実施した。ハルシュタイン・プランは，農業政策にかかる財源問題，共同体の固有財源，欧州議会の権限強化といった改革案件をとりあげていた。そのため，農業政策は必要だ（自国の利益にかなっている）とは認識しつつも共同体側に過度に権限が移ることを嫌うフランスには不評だった。他の加盟国はフランスをテーブルに戻すべく交渉し，その過程で理事会に事実上の**全会一致**の導入を認めた（**ルクセンブルクの合意**：第2講を参照）。[田中俊郎 1998, 77-78頁]

　また，CAPはEU予算による農産物価格支持を表明したため，過剰生産による値崩れを心配しなくなった生産者側は，思いのままに農産物を生産した。その結果，農家の規模は合理化されないまま過剰生産と在庫余剰が生じた。余剰

の度合いは，「バターの山」，「ワインの湖」と比喩されたほどである。さらに，輸出の際の価格支持には金がかかり，過剰生産とあいまってEUの財政負担を増やした。1980年代半ばまで，CAP関係予算はEU財政の3分の2を占めたのである。さらに，農産物を域外から輸入する際に相手国にかける課徴金は域外国，とりわけアメリカとの**貿易摩擦**を生んだ。[詳しくは，田中素香ほか 2018, 72-74頁；田中俊郎 1998, 78-80頁]

（2）CAP改革

　上記のような問題に加えて，EU内部ではイギリスのサッチャー政権が対EC予算の赤字（過剰支払）還付を求め，EUの外ではGATTの**ウルグアイ・ラウンド**において農業部門の自由化（農産物関税化とその引き下げ）が取りざたされたことから，CAP改革は避けられなくなった。EUは1992年に加盟国との間で農業改革に関する**マクシャリー改革**に合意し，過剰生産を抑えるために休耕措置（強制的減反）をとり，域内価格水準を引き下げ（価格支持や課徴金の額を引き下げ），支払いと生産とを切り離すために価格支持から農家の直接所得補償へと移行することになった（**デカップリング**）。[辰巳 2012, 134-135頁；田中素香ほか 2018, 74-78頁；田中俊郎 1998, 80-81頁]

　また，中東欧諸国のEU加盟によって農家が増えること，ひいてはEU予算からの農業支出が増えることを見越して，2000年から2006年の期間の予算改革案を1997年に発表して，予算の大部分を占めたCAPのさらなる改革を検討した。その結果，マクシャリー改革を徹底する農業改革が「**アジェンダ2000**」に盛り込まれ，1999年のベルリン欧州理事会で合意された。[辰巳 2012, 135-136頁；田中俊郎 1998, 81-82頁]

　2002年に欧州委員会が実施した「CAP中間見直し」では，農業政策を単なる価格維持，農家所得補償のスキームから脱皮させようとした[辰巳 2012, 136-137頁]。また，より市場志向的な農業政策を展開して，農村開発政策や品質保全の推進もうたわれた。農業における多面的機能と市場原理とを重視し，アメリカとの貿易摩擦に備えようとした。当時問題になっていた口蹄疫や狂牛病の経験等も踏まえて，災害や畜産病に見舞われた農家の保護，野生動物保護なども取り組みの対象に含まれた[web資料⒀]。

　その一方で，農業従事者や農村への支援政策も価格支持とは異なる方法で模索されている。というのも，ヨーロッパでは人口の60％ほどが農村（rural）に住んでいるが，農業従事者の収入は他産業従事者の半分程度だといわれている。そのため，近年のCAPには**農村開発**（rural development）も含まれている。たとえば動物の健康などといった生態系にも配慮しながら，若年農業従事者の訓練，機材などの現代化，加工機材の設置支援などに取り組んでいる。そのための基金としてCAP時代の欧州農業指導保証基金（EAGGF）を廃止したうえで欧州農業農村振興基金（EAFRD）を設けると同時に，価格や所得をカバーする欧州農業保証基金（EAGF）を設けた［web資料⒀］。

　なお，農業政策と同様，EUには共通漁業政策（CFP）も存在し，その改革も始まっている。特定の魚類については**経済資源**だと捉えて，たとえば絶滅の危機に瀕しているクロマグロなどの保護をうたい，漁船の過剰漁獲能力を抑制しながら漁業従事者および漁業離職者への財政支援を行っている。

2　共通運輸政策と共通通商政策

（1）共通運輸政策——域内市場を支える基盤の整備

　運輸業において免許や許認可に関する加盟国のルールがそれぞれ異なっていると，4つの自由移動を実施するにもその移動手段に関わるところが移動の障壁となる。そこで加盟国のルールを共通にしようというのが，共通運輸政策の主眼である。

　また，物流そして旅客の移動を支える運輸業は，付加価値にしてEU全体の9％，全雇用の5％，人数にして1100万人程度の雇用を担う大規模産業だといわれている［web資料⒁］。産業規模，雇用の観点から見ても，共通政策が導入されることは好ましい。そこでEUは，陸送（トラック輸送），水運，鉄道，航空路（空港使用）といった分野で，利用手続，利用料金，免許などの共通化といった加盟国共通のルール導入を図っている。

　さらに，運輸，交通網は文字通りネットワーク産業でもあるため，各交通機関のインフラ整備も重要な取り組みに位置づけられている。EUの製品輸送では陸送（車輌）が50％近くを占め，海運が30-35％，鉄道が11％程度，内水運が

3-4%程度，残りがパイプラインとなっており，人の移動つまり旅客においては車輌が 8 割を占め，鉄道や飛行機の合計が10%前後となっている［European Commission 2013, 36-37, 46頁；European Commission 2018a, 36-37, 48-49頁］。それぞれの交通機関に関わるネットワーク整備が試みられている。

　なお，上記の統計を見ると一目瞭然だが，現状において車輌の過度な利用は交通渋滞や排気ガスによる大気汚染につながる。そこで，近年では**環境問題**との兼ね合いを意識した運輸政策が展開されている。単に効率よくつながって機能する交通網だけでなく，安全でかつ複数の交通機関を接続した（multimodal）交通網の形成，そして二酸化炭素をはじめとする有害廃棄物を排出しないクリーンな交通が目指されている。［web資料⑭］

（2）共通通商政策──域内市場の対外的側面を支える政策

　EUは，関税同盟や域内市場そして共通農業政策（農産物の共通市場）に取り組んでいる。そのため，域外諸国との間で関税や非関税障壁，農産物輸出入に関わる補助金や課税といった貿易摩擦が生じ得る。それらに対して加盟国が一致団結して臨まなければ，共通政策あるいは共同市場の意味をなさない。そこで，対外通商関係に取り組む共通通商政策が**ローマ条約**で定められた。

　共通通商政策は，関税同盟の完成後の1970年代に始動した。上に述べたような理由から，この分野における加盟国の権限は加盟国ではなくEUにあり，欧州委員会が共通通商政策実施のための提案を行う。欧州委員会が企業や業界団体の訴えをもとに事実調査を行い，加盟国代表と協議しながら提案を作成，理事会の特定多数決で決定を行う。EUはWTOの多国間交渉枠組において市場開放と交易の発展を促進する立場を表明し，同時に途上国との間では二国間の枠組で経済関係を築いているが，そうした事案に関わる決定を共通通商政策のなかで行なっている。［田中素香ほか 2018, 82頁；田中俊郎 1998, 142-144頁］

　共通通商政策ではまた，域外諸国からヨーロッパの企業や産品を守るための政策決定も行なっている。より具体的には，輸出の共通ルール形成と適用，輸出禁止，**輸入数量制限**，**反ダンピング**（反不当廉売），反補助金，**セーフガード**（緊急避難的措置）などにかかる意思決定を行っている。

　ただ実際には，共通通商政策は1990年代まで完全に機能していた訳ではな

かった。各国が独自に守りたい産業分野（たとえば自動車，VTR，ファクシミリ）について個別に輸入制限するというケースが目立ったのである。ローマ条約には過渡期間終了（関税同盟完成）と同時に共通通商政策が実施されることになっていたが，過渡期間の規定は実際にはマーストリヒト条約まで削除されなかった。つまり，マーストリヒト条約が発効する1990年代半ばまで，加盟国は個別に措置をとり得たのである。加盟国による個別措置は，EUがWTOの創設を契機に行ったEU司法裁判所への権限の確認そして日本などの先進工業国との間の合意を機に減少し，EUが権限をもって共通通商政策を行うことができるようになっている。[田中素香ほか 2018, 82-83頁; 藤原・田中 1992, 第10章および第12章]

　また，EU自体が加盟国間の自由貿易を促進する地域的な経済組織であるため，グローバルなレベルで自由・多角的な貿易体制を推進するGATT／WTOやヨーロッパ以外の地域的な経済組織との関係構築も重要である。とりわけGATT／WTOでは，ウルグアイ・ラウンドやドーハ・ラウンドといったラウンド交渉において，農産物，サービス貿易，知的財産など多岐にわたるトピックでEUが交渉を進めている。[辰巳 2012, 228-236頁; 田中素香ほか 2018, 84-85, 88-90, 93-95頁]

3　競争法（独占禁止法）

　仮に域内市場が完成したとしても，そのなかで公正で効果的な競争が行われなければ，そのひずみは価格に反映されて消費者が不利益を受けることになる。たとえば，ある製品を生産している企業の数が少ないにもかかわらずその企業らが内々に交渉して高価格を維持してしまうと，消費者はいつまでたっても適正な価格で商品を購入することができず，逆に企業は不当な利益をあげることになる。

　また，ある製品やサービスを提供している企業間の力関係に偏りがありすぎることも，消費者にとっては利益にならないことが多い。最大規模の（最大のシェアをもつ）企業がその影響力を利用して実質的に自由な競争を阻害することがあるからである。こうした一連の**競争阻害行為**を監視し，**支配的地位**を濫用

コラム10　EU独占禁止法の日本企業へのインパクト：EUを学ぶ理由になる？

　取引などでEUと関わりをもつ企業は，業界に関係する規制や基準を把握，確認するためにも，EUのルールに対する知識が欠かせない。そのことを実感させられるのが，独占禁止法違反でEUが日本企業への制裁を発表する時である。独占禁止法違反には制裁金がともなうため，新聞等の報道に触れるとその金額の大きさがどうしても目に止まる。

　たとえば，2007年にはファスナーメーカーがカルテルを結んだとして，日本企業ではYKKが約1億5000万ユーロ（約240億円）の罰金を科された。2012年にはブラウン管カルテルに関与していたとして，日本企業では東芝やパナソニックが制裁金を科された。パナソニックはその後EU司法裁判所にも上告するなどしたが棄却され，2016年に140億円を超える制裁金が確定した。2016年にはリチウム電池に関わる違反でソニー，パナソニック，三洋電機が制裁金を科され，2019年にはサンリオが欧州内の越境販売を制限するような行為があったとして，7億円を超える制裁金が科されると発表された。

　制裁前の調査まで含めれば，製造業からサービス，エンターテイメント産業に至るまで，様々な企業がEU独占禁止法の対象になってきた（詳しくは公正取引委員会ホームページのEUについてのページが参考になる。https://www.jftc.go.jp/kokusai/kaigaiugoki/eu/index.html 2019年9月14日最終アクセス）。要は，どんな企業もヨーロッパで事業を行う限り，EU独占禁止法の網にかかる可能性があるのだ。

　巷ではアジアの時代だといわれることがある。確かに，日本の輸出先の1位は中国（19.5%）である。しかしながらEUは3位で11.3%と，今なお重要な輸出先のひとつである。対外直接投資先に至っては，1位アメリカ（30.6%）に次いでEUは2位（26.0%）である（輸出先，対外直接投資先，いずれも外務省ホームページ上「日EU経済関係」掲載の統計資料より。 https://www.mofa.go.jp/mofaj/files/000470505.pdf 2019年9月14日最終アクセス）。つまり，EUとの経済関係は今なお強固である。貿易相手国の規制やルールを知るためにもぜひ，たくさんの人にEUに対する理解を深めてもらいたい。

させずに，公正な競争を通じて企業に健全な技術革新を促す，さらには中小企業の不必要な淘汰を防ぐのが，**競争法**（独占禁止法）の目的である［庄司 2014，201-203頁］。

　したがって競争法の主眼は，企業間の**価格協定**，企業による域内市場の**市場分割**，技術開発や投資への制限，抱き合わせ協定などを禁止することに置かれ

ている[庄司 2014, 第7章ならびに第8章]。また近年のM&Aの増加にともない，企業が巨大になりすぎて市場を支配した結果，消費者や経済全体に影響を与えることがないように，合併や買収のありかたにも規制を設けている（**合併規則**）[庄司 2014, 第9章; 辰巳 2012, 154-156頁]。

この分野において権限を有するのは，加盟国ではなくEUである。これは，EUレベルで追求している**域内市場の機能**が損なわれないようにするためである。欧州委員会の競争総局は，EU競争法に違反して競争制限的行為や支配的地位の濫用をした企業の違反行為の排除（停止）を命令し，違反者から制裁金を徴収する。制裁金は総売上高の10%までの額を制裁金として科すことができるため，大企業が違反に問われた場合，巨額の制裁金が科されることになる[田中素香ほか 2018, 96-99頁]。一方，**リニエンシー**という，企業による違反の自主申告や捜査への協力によって制裁金を減額するしくみも設けられており，競争阻害行為を何としてでも明るみにして取り締まろうとする強い意思が見てとれる[辰巳 2012, 150頁; 田中素香ほか 2018, 97頁]。

◎論　点

① 共通農業政策のねらいと内容について説明したうえで，共通農業政策の問題点とその問題点に対するEUの取り組みを挙げてみよう。

② 共通運輸政策の目的と特徴を説明してみよう。

③ 共通通商政策がなぜ必要なのか，説明してみよう。

④ なぜEUに競争法が必要なのか，説明してみよう。

第19講 域内市場統合
▶4つの自由移動と加盟国の多様性

　域内市場統合，すなわち人・物・サービス・資本の自由移動達成に向けた取り組みは，EEC発足当初から進められており，いわばヨーロッパ統合の中核［モンティ1998, xi頁］である。また，経済活動がグローバル化やICT化などで発展すればそれらに合わせて当該分野の域内市場統合も進められるため，終わりのないプロジェクトでもある。

　その域内市場統合では，何がどのように統合されているのだろうか。統合というだけに，加盟国の取り組みがひとつにされていくのだろうか。だとすると共通政策と呼ばないのはなぜだろうか。域内市場統合によって，加盟国の多様性や自律性は損なわれないのだろうか。本講では，域内市場統合プロジェクトの歴史，統合を進める目的，そして統合を進める方法を理解しよう。そこには「統合＝統一」とは異なる様子が浮かび上がってくる。

1　域内市場統合発展の歴史──統合の目的とその達成方法

　EEC設立を定めたローマ条約は，関税同盟，共同市場，共通政策や競争法を通じた経済共同体の創設を定めた。EECの前身であるECSCが関係物資の域内貿易を増加させたように，関税同盟および共同市場はより広い経済分野にわたって域内貿易増加をもたらすと期待された。ところが，**関税同盟**は予定よりも早く完成したものの，人・物・サービス・資本の4つの自由移動を目指す**共同市場**計画は進まなかった（第1講，第2講を参照）。

　4つの自由移動を達成するためには，規格，安全基準，免許（許認可）などといった，関税に限られない貿易障壁，すなわち**非関税障壁**を撤廃しなければならない。通常，非関税障壁は加盟国政府が設けるため，非関税障壁を撤廃するためには加盟国政府の承認が不可欠であった。ところが当時のEEC/EC加盟国には，規制を撤廃させるインセンティブがはたらかなかった。それどころ

141

か，**ルクセンブルクの合意**（1966年）によって，加盟国の死活的な国益に関わる問題については**全会一致**が得られるまで理事会で審議する慣例が生じた（第2講を参照）。その結果，非関税障壁が撤廃される見込みはなくなり，石油危機後の各国による保護主義的な取り組みもあって，共同市場計画は停滞した［田中俊郎 1998, 83頁］。

　共同市場計画の停滞は加盟国の競争力を低下させ，アメリカや日本におくれをとるようになった。これを挽回するために，EC（当時）は未完の共同市場に注目した。1985年に欧州委員会委員長に就任した**ジャック・ドロール**は，イギリスのコーフィールド卿を域内市場担当委員に起用し，彼に市場統合完成のために必要な立法措置をまとめさせた。とりまとめられた文書『**域内市場白書**』は，同年6月に開催されたミラノ欧州理事会で承認された［詳しい経緯については，田中俊郎 1998, 24-26, 83頁］。

　『域内市場白書』は，1992年末までに「4つの自由移動が確保された，EC内部に市場としての国境がないような地域」を創設するために，加盟国が維持している非関税障壁の撤廃を求めた。非関税障壁には，通関，検疫や査証などといった**物理的障壁**，技術・認証や資格といった**技術的障壁**，付加価値税などの税率や課税対象の相違による**税制的障壁**があった［田中素香ほか 2018, 48-49頁；田中俊郎 1998, 85-86頁］。障壁撤廃（とりわけ技術的障壁撤廃）のための方法として，各国それぞれの法・規制を統一する新法形成方式（**調和**）と，各国の法令を相互に承認する方式（**相互承認**：コラム11を参照）とが検討された。迅速に域内市場を完成させるという観点から，白書は相互承認を推奨した。

　ただ，非関税障壁撤廃案が提案されたとしても，理事会でそれが採決されない限り，4つの自由移動は達成されない。そのため，それまで加盟国が維持してきた理事会における全会一致慣行を改める必要があった。加盟国は**単一欧州議定書**の調印・批准によって基本条約であるローマ条約を更改し，理事会における域内市場関係の意思決定に**特定多数決（QMV）**を導入すると定めた。多数決導入によって加盟国は規制撤廃の法案を単独では阻止することができなくなり，域内市場統合は迅速に進んだ。また，理事会の決定によって成立した域内市場関連法は主に**指令**の形式をとっており，加盟国が域内市場統合という目的を達成するためにEUで決まったことを国内法化する余地を与え，柔軟に域内

> **コラム11　相互承認のきっかけになった判決**
>
> 　EU司法裁判所は共同市場が停滞した後も，4つの自由移動に関わる裁判において ローマ条約の定めにしたがった判決を下してきた。
>
> 　1979年に下された通称「**カシス・ド・ディジョン判決**」では，酒類ごとに度数を 定めたドイツによる酒類アルコール度数規制（ブランデーは30%以上，フルーツ・ リキュールは25%以上）が，フランス産のリキュールであるカシス・ド・ディジョ ン（Cassis de Dijon：15-20%）の販売を認めないことの是非が争われた。ドイツ は，規定よりアルコール度数が低い商品が出回ることによる市場の影響そして健康 への影響をもちだして措置の正当性を訴えたが，判決はその主張を退けた。ドイツ の規制自体は国内外に差別なく適用されていたが，それではドイツ国内でフランス 産リキュールが輸入・販売されず，物の自由移動が阻まれる。判決では，ある加盟 国の規制に沿って合法的に生産・販売されている製品は，他のすべての加盟国の市 場においてもそのまま流通を許可されるべきだという考え方が示された。
>
> 　共同市場計画が進まないなか下されたこの判決は，その後1980年代に域内市場 統合計画を進める際に**相互承認**を確立した判決だとして参照され，利用された。

市場統合を達成しようともした（詳しくは第 4 講，第15講を参照）。

　一連の取り組みは，期限である1992年までの間に順調に進み，域内貿易率上 昇，GDP増加，雇用増大などに寄与した。世界貿易に占める域内貿易の割合 は物（財）で17%，サービスで28%を占めた［European Commission 2010, 2頁］。域 内市場統合による好影響は域内市場統合完成後も続き，欧州委員会の見積によ ればネットワーク産業の自由化による市場統合と拡大とを合わせた効果は， 1992年から2009年までの間に275万人の雇用創出と1.85%のGDP押し上げをも たらしたという［European Commission 2010, 2頁］。もちろん，価格低下や商品選 択肢の増加という形で，加盟国の消費者も恩恵を受けた。

2　近年の域内市場統合——広がる域内市場統合の対象

　1990年代には，電気通信や運輸などといった公益事業，ネットワーク事業に おいても域内市場統合に向けた取り組みが進んだ。ユーロ発行前後には資本や 金融に関わる域内市場統合が進み，21世紀に入るとサービス部門の自由化が検 討された。そして「1992年域内市場統合」の20周年にあたる2012年以降，域内

市場統合の取り組みは新たな段階を迎えている。

　1990年代と比べると第3次産業が格段に発展し，ICT技術を利用した産業やサービスも発展した。新たな産業が生まれれば，それらに関わる域内市場統合も進められることになった。折しも，2010年代はEUの新経済戦略である**欧州2020**の期間であり，知識基盤型経済でなおかつ持続可能かつ社会包摂的な経済への転換が求められている。また，財政・債務危機後の経済回復が求められる時期でもあり，格差や雇用，環境（とりわけ気候変動問題）対策が問われる時代でもある。近年EUが進めている域内市場統合は，そうした動向を包括的に捉えたものとなっている。そのような大きな流れのなかで2010年に発表された「単一市場アクト（法）Ⅰ」ならびに2012年に発表された「**単一市場アクト**（法）Ⅱ」では，鉄道，水運，航空，エネルギーといったネットワーク産業のさらなる統合，市民や企業の越境流動性促進，デジタル経済促進のための基盤整備，社会的結束や社会的起業，製品安全（消費者に対する情報提供）などへの取り組みが促された［European Commission 2010; European Commission 2012a］。

　また，EUは資本市場統合にも取り組んでおり，とりわけ中小企業が投資を自由にできるようなEU規模の環境整備を目指している。格差拡大や失業率上昇が懸念されているため，EU規模で雇用者と被雇用者のマッチングを行うことによって労働力流動性を高めるポータルサイト（EURES）も設けられている。さらには，GDPの14％程を占めるといわれている公共調達に無駄がないように進めて，市民の税金を効率的に使用するようにも促している。［European Commission 2017］

　こうした取り組みが中長期的にどれほど効果をもたらすか，注視する必要がある。

3　域内市場統合によって多様性や加盟国の自律性は損なわれるのか？

　これまで見てきたとおり，域内市場統合は加盟国間で多様なルールを統一するという（positive integration）よりは，各国に残存している障壁の撤廃を通じたより効率の良い市場の形成（negative integration）であるケースが多い。また，『域内市場白書』では，「**Completing** the Internal Market」という，日本語の

「域内市場**統合**」というより「**完成**」というニュアンスが使われている。そこには，何につけてもEUが加盟国に統一を強制しているような様子は見えない。では，実際には域内市場統合は加盟国の多様性を損ねないのだろうか？EUレベルで取り組むことによって加盟国の自律性（autonomy）が失われ，加盟国の手の届かないところで域内市場統合が進められる懸念はないのだろうか。

　まず加盟国は，基本条約の定めの範囲で正当化することができる輸出・輸入措置を禁じられている訳ではない。基本条約は他の加盟国からの輸入（あるいは他の加盟国への輸出）に対する**数量制限およびこれと同等の効果を有するすべての措置**を禁止しているが，その規定の直後に「公衆道徳，公序，治安，人間や動物の健康・生命保護，芸術的・歴史的・考古学的な価値をもつ国民的な文化財保護，工業および商業的所有権の保護の理由から正当化される輸入や輸出の制限措置は妨げない」とも定めている（ただ，その措置が恣意的な差別の手段や真意を隠蔽した制限であってはならない）[庄司 2007, 71-72頁；庄司 2014, 49頁]。

　もっとも現実においては，この通りに措置がとられているかどうかをめぐって，輸出側と輸入側で対立が生じる。そのため，ある措置が基本条約に反していないかどうかについての判断は**EU司法裁判所**で行われる。EU司法裁判所は，争点となっている措置が差別的でないかどうか，差別的なら正当化することができるかどうか，そして問題となっている措置は目的に応じたものなのか（他に措置の対象者の負担がより減少する手段はなかったのか：比例性原則）などを検討したうえで，判決を下す[庄司 2007, 84頁]。

　たとえば，消費者がマーガリンとバターを混同することを避けるためにマーガリンの容器の形状を立方体に限定していたベルギーによる措置について，EU司法裁判所は消費者の混同を避けるという規制の目的自体は否定しなかった。ただ，規制に適合する容器製造の負担が輸出側にかかるような方法ではなく，たとえばラベル表示のようなより負担の少ない方法で目的を達成することができると判断した（Case 261/81）。またEU司法裁判所は，消費者の誤認防止そして健康保護のためにビールの使用原料を「麦芽，ホップ，酵母，水」に限り，それ以外の成分を用いた外国産「ビール」をビールと呼称させないというドイツの規制に対して，ドイツの規制措置が消費者保護や健康保護という目的では正当化することはできない，消費者保護を追求したいならば原料のラベル

表記など「より自由移動に対する影響が少ない方法」で対応可能だと判定した（Case 178/84）。このように，各国による個別措置は頭ごなしに否定されているのではなく，その目的，手段を検討したうえで判断され，その結果容認することができる措置であるならば妨げられないのである。

　では，EUでひとつのルールを形成する調和の場合はどうだろうか。単一のルールが形成されれば，加盟国の自律性は失われるのだろうか。結論から先に述べれば，加盟国が形成されたルール通りに実践するとは限らない。一旦形成されたルールが，その運用の段になって紛糾することは多々ある。EU側がルール形成にあたって重視する論理（4つの自由移動を達成）と加盟国側が重視するに至った論理（国民の安全や文化，ひいては雇用や社会の保護）とが衝突する場合に，そのようなことが生じることが多い。

　たとえば，遺伝子組替穀物・食品認可の統一ルールが1990年代に形成されたが，このルールを用いて実際の認可を進める際に加盟国間で問題が紛糾した。当初の認可のルールは4つの自由移動を達成することに主眼が置かれており，認可申請をした国がリスクはないと証明していれば最終的には認可されるような手続を定めていた。したがって，消費者や環境へのリスクを懸念する加盟国，有機農法を採用する加盟国は猛反発し，5年ほど全く認可が行われないという空白期間（モラトリアム）が生じた［井上 2013, 第3章］。

　加盟国が自律性を確保しようとする動きはEUレベルの政策形成時にすら見られ，時にEUレベルのルールが当初案とは大きくかけ離れることもある。たとえば**サービス自由化指令**を制定する際には，加盟国に一旦は支持されながらも，当初案と比べると半ば骨抜きの形で採択された。

　2000年のリスボン戦略（第9講を参照）を機に知識基盤型経済への転換を図ったEUは，サービス分野の自由化に取り組むと宣言，サービス自由化指令案を提案した。この指令案は当初，相互承認を自動的に行うという趣旨の**母国法主義**と，全サービス部門一括で自由化を促進するという**水平アプローチ**とを標榜していた。当初，加盟国は理事会でこれを承認したが，2004年の拡大を前に新規加盟の中東欧諸国からの労働者流入，そしてそれが自国の雇用や社会モデルに与える影響が懸念されるようになり，いくつかの加盟国が母国法主義と水平アプローチを取り下げるよう訴え始めた。その結果，母国法主義が削除されて

単にサービスの自由移動と言い換えられ，水平アプローチは放棄されて部門ご
とに異なる手法がとられることになった。[詳しくは井上 2013, 第 4 章]

　このように，雇用や安全，安心（消費者保護）など，自由移動の論理とは異な
る論理が強く表面化した場合には，自由移動の論理が留保されるケースはあ
る。ある分野で域内市場統合が行われるということは，EU レベルで規制撤廃
に取り組むことによって経済成長や雇用増加が見込めるということだが，その
論理が通るかどうか，それとも自由移動とは異なる論理が強くなるのかどうか
といった観点から域内市場統合に注目すると，私たち日本人も域内市場統合か
ら学ぶことは多い。

◎論　点

① 域内市場統合を達成するためにどのような手法がとられてきたか，説明し
てみよう。

② ①でとられた手法を踏まえると，域内市場統合は文字通り「統合」を進めて
いるといえるかどうか，その根拠とともに述べてみよう。

③ 域内市場統合において，統合と多様性のバランスはどのようにとられてい
るといえるだろうか，説明してみよう（話しあってみよう）。

第20講　経済通貨同盟の完成へ

　ユーロ紙幣・硬貨の一般流通開始の10年後にあたる2012年12月，欧州理事会常任議長のファンロンプイは，バローゾ欧州委員会委員長，ユンカー・ユーログループ（ユーロ参加財務相会合）議長，ドラギECB総裁とともに『**真の経済通貨同盟へ向けて**』と題した文書を発表し，経済通貨同盟のさらなる強化を提案した。その後2015年 6 月には，欧州委員会委員長，欧州理事会常任議長，ECB総裁，ユーログループ議長，欧州議会議長が連名で『**欧州経済通貨同盟の完成**』を発表し，経済通貨同盟を2025年までに完成させる道程が示された。

　タイミングからすれば，これらはギリシャ危機の反省を踏まえた改革にも見えるが，「真の」あるいは「完成」と標榜してEUは何を行おうとしているのだろうか。それまで国境で区切られていて，政治も経済も文化も，そして通貨も多様だった諸国が経済生活に欠かせない通貨をひとつにし，その通貨を共有する空間，社会のありようを追求している。そんなヨーロッパの姿を理解しよう。

1　危機を経て明らかになった加盟国間の収斂と分散

　公式ホームページや政策文書では，ユーロは19の加盟国の 3 億4000万人が日常生活で使用し，国際的な取引ではアメリカ・ドル（40%）に次ぐ36%のシェアで利用され（2017年時点），準備通貨としてもアメリカ・ドル（62%）に次ぐ20%のシェアを誇っていると，その功績をうたっている［European Commission 2018b, 2-3頁；European Central Bank 2018, 3-5頁］。それほど大きな影響力をもつユーロ地域で，少し前には財政危機・債務危機が起こった。

　危機の引き金は加盟国とりわけ南欧諸国の過剰な財政赤字であり，その波及が懸念されたのはEU加盟国が金融ネットワーク上で相互に貸借関係にあったためであった（詳しくは第10講を参照）。元々，ユーロに参加するためには物価や財政赤字に関する基準をクリアしなければならず，ユーロ発行後には加盟国が

安定成長協定を遵守することによって例外的な不況を除けば過度な財政赤字は生じないと想定されていた。しかしながら，一部加盟国は財政均衡を維持することができなかった（第6講，第7講，第10講も参照）。

　危機に直面した加盟国に対しては緊縮を条件にした支援が行われたが，とりわけギリシャをはじめ一部加盟国の国民は緊縮には抵抗，反発し，支援する加盟国と支援される加盟国の間の対立も見られた［詳しくは田中素香 2016aを参照］。その後加盟国それぞれに反EU政党が台頭するようになったが，EUに対する反発や抵抗に比べると経済通貨同盟，ユーロに対する支持は一貫して根強い。これはユーロ参加国にとりわけ顕著な傾向で［第II部資料集 グラフ20-1, 20-2a, 20-2b］，ギリシャですら2004年の拡大直後からリーマン・ショック前までの短期間を除けばほぼ一貫して6割以上が経済通貨同盟を支持している［第II部資料集 グラフ20-3］。その意味では，経済通貨同盟そしてユーロ自体は参加国市民に受け入れられ，参加国市民を結びつけていた［より詳しくは田中素香 2016a, 212-216頁；田中素香 2016b, 100-103頁］。

　その一方で，加盟国間の経済水準は収斂するどころか分散した。危機に直面した加盟国の経済成長率，ひとりあたりGDP，失業率，賃金などは危機後にも回復が遅く，他の加盟国との数値が乖離するようになった［第II部資料集 表20-1］。とりわけ**失業率**が高いままに推移しており［第II部資料集 表20-2］，失業率は**若年層**ほど，そして教育課程を早く離脱した層［第II部資料集 表20-3］ほど，高くなっている。またユーロスタットによれば，原加盟国の多くが2015年時点の月あたりの最低賃金が1400から1500ユーロ（ルクセンブルクだけ1900ユーロと非常に高い）であるのに対して，ギリシャ，スペイン，ポルトガルといった南欧諸国は500から700ユーロ（ギリシャは減少傾向にある），バルト3国は300-400ユーロであり，ブルガリアやルーマニアに至っては，300ユーロにすら到達していない。賃金に関していえば，奇しくもEUやユーロへの加盟順序にしたがって低下しており，要はEUあるいはユーロ参加前後の格差がなかなか縮まっていない。アメリカや日本と比べても，ひとつの通貨を使っている地域としては領域内の格差が大きい。EUには**コア（中心）**と**ペリフェリ（周縁）**が存在しているのである［田中素香 2016a, 229-233頁］。

　こうした差の収斂にユーロ参加国が取り組むためには，金融政策を除いた財

第Ⅱ部 EU の運営と政策

政政策あるいは経済政策を活用するしかない。ところが，過度の財政赤字を出すことはできない。危機時に支援を受けていればなおのこと（緊縮財政との兼ね合いで）はばかられる。産業を発展させるにも，若年層を高技能労働者に育成するにも，その方法やあてる予算に制約がかかる。財源を確保するための増税は市民にさらなる影響を与えかねず，困難である。ユーロ参加国経済は，「経済通貨同盟」を進めていたとはいえ，ユーロ発行に最低限必要だと当時考えられていたマーストリヒト基準にかかる指標（物価，財政赤字，為替レート）以外の収斂を達成できてはいなかったのである。

　危機の直因となった財政赤字もさることながら，経済の基盤（ファンダメンタルズ）を構成するといわれる経済成長や雇用に関わる指標を外部から懸念されるようなことになれば，当該国が他の加盟国とともに使っているユーロが投機の対象になり，再び危機に陥る可能性が否めない。各国の回復・復興と再発防止，そして持続的な成長には，より広い経済分野における取り組みが不可欠になった。

2　真の経済通貨同盟へ向けたEUの取り組み

　当然，上記に指摘したようなことはEUも把握していた。ギリシャ発の危機がアイルランド，ポルトガルに広がりこれら 3 か国への支援が決定し，さらにはスペインそしてイタリアへと波及し始める2010年から2011年にかけて，EUはこれまでのユーロ運営改善に乗り出した。危機に直面するユーロ参加国を支援するしくみを設けてそれを恒久的なものにする（第10講を参照）かたわら，新たな財政ルールを策定したのである。まず，EUと加盟国の間で加盟国の経済・財政政策を調整・監視する**ヨーロピアン・セメスター**を2011年から開始した。続いて2011年12月には，安定成長協定（SGP：第 7 講，第10講を参照）を改善するために加盟国とユーロ参加国それぞれにマクロ経済不均衡是正や予算監視といった経済ガバナンス強化を求める 6 法令（six-pack）を施行した。それと同時に，財政赤字がGDP比0.5%を上回ると罰則が科されるというSGPより厳格なルールを各国の憲法ないし国内法に盛り込むことを求める協定を準備し，「**安定，協調およびガバナンスに関する条約**（TSCG）」という**条約**の形で調印（イ

ギリスとチェコを除く），2013年１月に発効させた。さらには，ユーロ参加国の経済や予算審議過程を監視するための２法令（two-pack）を2013年５月に施行した。

　予算や財政の監視だけではなく，雇用や経済再生・経済成長にも目配りがなされた。というのも，EUは2010年に10年間の経済戦略である**欧州2020**を発表しており，そこでは経済成長だけでなく雇用率75％の達成，研究開発への投資増強（GDP比３％）といった目標が掲げられ，貧困や社会的排除への取り組み，早期退学を減らして高等教育課程修了者を増やす取り組みが進められていたからである。財政危機・債務危機は，欧州2020に関わる指標，とりわけ雇用や投資，経済成長に関する指標を悪化させていた。そこで欧州委員会は2012年４月に，『豊かな雇用をともなう経済再生に向けて（Towards a job rich recovery）』と題した政策文書を発表し，雇用創出が見込まれる産業の刺激や雇用創出のためのEU諸基金の活用，労働市場改革（欧州労働市場の創設）や人材教育などを提案した［European Commission 2012b］。同年６月に開催された欧州理事会では成長雇用協定に合意し，ユーロ参加国の予算協力（前出の２法令），経済成長や雇用創出が見込める単一市場の前進，研究開発支援，雇用創出への取り組みを促した。そして，その欧州理事会の場でファンロンプイ常任議長が真の経済通貨同盟に向けた構想を発表，これが冒頭に紹介した文書『真のEMUに向けて（Towards a genuine economic and monetary union）』へとつながる。

　文書では，経済通貨同盟それ自体を目的にするのではなく，市民に奉仕し市民や加盟国の繁栄を追求する手段として経済通貨同盟を機能（function），完成（complete）させる必要があると強調された［Van Rompuy 2012］。ただ，ユーロという共通通貨を使用している場合，為替レート調整によって競争力や経済成長，雇用を改善させることができないため，経済成長への取り組みや雇用対策とりわけ労働力が国境を越えるようにしなければならないと主張している［Van Rompuy 2012, 13頁］。そこで文書は，金融同盟，財政同盟，経済同盟，そして政治同盟（民主的正統性と説明性）に区分して，取り組みを促した。

　金融同盟（financial union）では，銀行同盟と資本市場同盟（統合）が主な取り組みとなる。ユーロ圏首脳は**銀行同盟**（banking union）を進めることで合意し，金融を安定化させ，銀行の破綻が市民に与える影響を最小限にとどめることを

最優先した。なぜなら，とりわけ危機に直面した加盟国において銀行・金融機関と政府との関係が深かったためである［田中素香ほか 2018, 158-159頁］。その場合，金融機関は厳しくは監督されないし，危機に遭った場合には税金で保護，救済されてしまう。このようなことを回避することができれば，EU 市民は緊縮財政に苦しむようなことには陥らず，使わずに済んだ資金はより必要なところに回るようになると考えられた。

　具体的には，ユーロ圏においては加盟国所管省庁ではなくECBが**銀行監督**を実施することができるようにした。ECB は，所定の自己資本要件に違反したあるいは違反するおそれのある銀行に介入し，是正措置を取るよう求めることができるようになった。そうして単一監督メカニズム（SSM）を準備し，銀行が破綻した時の処理を定めた単一破綻処理メカニズム（SRM），そして預金者を保護する預金保険制度（DGS）を設立することになった。ただ預金保険制度に関しては，一部加盟国の銀行の不良債権が減らないことには特定の加盟国にばかり資金が流れるという懸念が表明され，まだ進んでいない。一方，破綻処理については，2014年に銀行の再建および破綻処理に関する指令が採択され，参加国の銀行の預金を積み立てた単一破綻処理基金（SRF）が設立された［田中素香ほか 2018, 158-161頁］。

　資本市場同盟においては，雇用と成長を促進するために中小企業向けの投資やインフラ投資を進めることが決まった。国境をこえて投資する際の規制を減らし，資本市場を効率的に監視し，中小企業がより柔軟に市場から資金を得られるように環境整備を進めている。また，資本市場が完成することによって，ユーロが国際決済で活用される，また域外の国や地域の準備通貨になるといった，ユーロの国際的地位向上も期待されている。

　財政同盟（fiscal union）では，各国およびEU全体で健全な財政政策の策定が確実に行われるよう，協調，合同の意思決定，共通の債券発行に向けた取り組みを進めた。ユーロ参加国の財政ガバナンスを高めるために2法令（前出）の法制化を促した。ユーロ参加国間の財政不均衡の監視と是正の仕組みと，一定条件のもとで域内での財政移転を認めるマクロ経済安定化機能の導入を目指している。ただ，後者は一方的に財政が移転してしまう可能性があるため，加盟国で立場，賛否が分かれている。

　経済同盟（Economic Union）では，ヨーロピアン・セメスターのEUレベルでの機能強化を進めるだけでなく，雇用や成長，競争力改善に資する取り組みを実施するよう促した。危機の原因になった財政赤字や金融市場対策については金融同盟や財政同盟でカバーすることができるが，格差対策とりわけ一部加盟国の雇用や生活の改善ひいては持続可能な経済の達成には経済政策が欠かせないからである。とりわけEUは雇用に焦点をあて，国境を越えた労働移動を進めており，そのために人々，とりわけ若年層の技能を高める取り組みが強く促されている。また，新たな産業であると同時に大きな収益が見込める金融やデジタル（ICT）産業への取り組みも促されており，特にデジタル産業ではスパコン，人工知能，サイバーセキュリティ，デジタル・スキル，経済社会分野におけるデジタル技術活用などに投資を進めるよう促されている。

　政治同盟は，欧州議会や加盟国議会との協力を通じて正統性や説明性をもたせることが主眼となっている。一連の取り組みが危機対応として様々な形で短期間に打ち出されてきたが，意思決定や運営の過程でEU諸機関と欧州議会，加盟国議会が適宜協働できるようにする必要があると考えられている。たとえば，各国の経済，財政状況をチェックするヨーロピアン・セメスターのサイクルでは，マクロ経済の均衡や予算措置をめぐって評価や改善・是正を行う場面があり，必ず関係者同士の対話が必要になる。そうしたところに市民から選出されている加盟国議会や欧州議会の関与を促そうというものである。

　『真のEMUに向けて』における諸提案は，2014年11月に新たに発足した新体制でも継承された。『真のEMUに向けて』にユーログループの議長として名を連ねたユンカーが欧州委員会委員長に選出されて発足した新欧州委員会は，2019年10月までの5年の任期中に10の優先課題，とりわけ雇用や経済成長，投資の促進に取り組むことを表明した。たとえばユンカー欧州委員会委員長は，**欧州投資計画**（Investment Plan for Europe）を発表し，欧州投資銀行グループなどと協力して研究開発，中小企業支援，エネルギー，デジタル分野に投資している。EUの年次報告書（General Report）によれば，2015年から通算3700億ユーロを超える投資を行い，2020年つまり欧州2020戦略の最終年次にはGDPを1.3%押し上げ，そうした投資が新たな雇用を140万人分創出するという試算を紹介している [European Commission 2019a, 9頁]。

　もちろん，域内市場統合や経済通貨同盟も10の優先課題に含まれていた。経済通貨同盟については，「より進化しより公正な経済通貨同盟 (a deeper and fairer economic and monetary union)」と銘打って，『真の EMU に向けて』で強調された金融同盟，財政同盟，経済同盟，政治同盟に取り組むという路線が踏襲された。この方針は2015年6月に欧州委員会委員長，欧州理事会常任議長，ECB 総裁，ユーログループ議長，欧州議会議長が連名で発表した『**欧州経済通貨同盟の完成** (Completing Europe's Economic and Monetary Union)』にも引き継がれ，金融，財政，経済，政治同盟で構成される経済通貨同盟を2025年までに完成 (complete) させる道程が示された。2019年時点で，ユーロ参加国の GDP 成長率は2％近くになり，失業率，若年失業率ともに減少傾向となり，雇用率はユーロ参加国で72％，EU 全体で73.2％と改善されつつある [European Commission 2019b, 8-13頁]。財政赤字も減少傾向にあり，不良債権は2014年の3分の1となり，危機前のレベルに近づいている [European Commsision 2019a, 12頁；European Commission 2019b, 12, 16頁]。

　EU 市民の生活を考えれば，上記で強調されている一連の成果は歓迎されるべきものではある。ただ，加盟国個別の統計を細かく調べた場合に加盟国の達成度に差が生じているようであれば，さらなる原因究明と取り組みが必要になりそうだ。とはいえ，さかのぼれば1960年代から模索されてきた経済通貨同盟が数々の危機を乗り越えて2025年の完成に向かって進んでいく様子は，「危機が来たので統合やユーロが崩壊する」，「良い時期が来たので統合やユーロが完成する」といった単純な評価を許さない，奥深いところがある。

　とりわけ，元々は為替レートを調整し，単一通貨ユーロを生み出し維持するしくみであった経済通貨同盟が，ここに至って欧州2020，域内市場統合 (資本市場，デジタル市場，金融市場の統合)，雇用対策，人の技能向上 (エンプロイヤビリティ，就労可能性の向上)，労働力の流動性促進，環境保護 (気候変動対策)，地域政策，教育政策 (多言語政策) と密接に関係するように位置づけられているところは，学ぶ私たちにとっては複雑で難しくなると同時に，本来であれば至極当然である社会の複雑さや相互に関連するトピックに正面から取り組む意欲をかきたててくれる。様々な政策領域が相互に関連している (関連づけられていく) という状況は今後も継続すると思われるので，ここまで他の講を読んでこ

なかった方，興味がなくて読み飛ばしてしまった方も，改めて他の政策領域について触れた講に目を通してもらいたい。

◎論　点

① ギリシャに端を発した危機に直面して，EUではそれまでの経済通貨同盟のどこに問題があったと考えただろうか。必要に応じて引用・参考文献を用いて整理，説明してみよう（互いに理解を表明し合ってみよう）。

② 『真の経済通貨同盟』や『欧州経済通貨同盟の完成』では，どのようなことに取り組んでいるか。必要に応じて引用・参考文献を用いて整理，説明してみよう（互いに理解を表明し合ってみよう）。

③ 他の講で扱われているトピックをひとつ選んで，それが『真の経済通貨同盟』，『欧州経済通貨同盟の完成』とどのように関わっているか，説明してみよう（他者に解説してみよう）。

第21講　地域と社会，教育・文化政策

> この講では，EU の地域政策や教育・文化政策を学ぶ。
>
> 域内市場統合や経済通貨同盟という語から来るイメージにとらわれてしまうと，EU は何かをひとつに統一しているかのように映る。しかしながら，メディアを通じて，あるいは実際に現地で見聞して感じるとおり，各加盟国そして地域には多様性が厳然として存在している。だとすると，EU の地域政策や教育・文化政策は統一や統合といったニュアンスで取り組まれている訳ではなさそうである。
>
> 教育や文化の統合を進めている訳ではないのなら，EU は地域差や多様性の維持に努めているのだろうとは推測がつくが，なぜあえて EU がそのような分野に取り組む必要があり，何に対してどのように取り組んでいるのだろうか。EU があえてこの分野に取り組むねらいと意義を読み取ってみよう。

1　地域間格差に取り組む結束政策

（1）結束政策の起源

　加盟国の増加にともない，加盟国間そしてその地域間の非対称性つまり格差が非常に大きくなっている。これを解消しようというのが，今日では「**結束政策**（Cohesion Policy）」と呼ばれている地域政策である。EEC を設立したローマ条約の前文では，「参加国の経済の一体性を強化する」や「地域間の格差解消を縮小する」といった文言が書かれていた。ただ，当時は地域問題が加盟国の国内問題とみなされていたこと，また他の政策によって解決可能だと考えられていたことから，地域政策にかかる条文・規定自体は存在しなかった。［辰巳 2012, 167頁；田中俊郎 1998, 113-114頁］

　とはいえ，地域間格差への取り組み自体は個別に存在していた。ローマ条約が発効した1958年には欧州社会基金（European Social Fund）と欧州投資銀行（European Investment Bank）が設立された。欧州社会基金は，衰退産業となっ

た石炭炭坑の労働者に対する再就職職業訓練に用いられ，衰退産業を擁する地域の支援に貢献した［田中俊郎 1998, 113-114頁］。欧州投資銀行の創設はイタリアが強く要望したものであり，当時の低開発地域であった南イタリアを主な融資先に想定していた［田中俊郎 1998, 113頁］。1962年には共通農業政策に関連して欧州農業指導保証基金（EAGGF）が設けられて，農村地域の構造転換にあてられていた［田中俊郎 1998, 114頁］。

（2）拡大による地域政策の発展

ところが1960年代末に関税同盟が完成し，経済通貨同盟が意識されると，地域間格差が自由貿易を通じて助長されたり経済通貨同盟の障害になったりするのではないかと考えられるようになった。また，1970年代にイギリスをはじめとするEFTA諸国がECに加盟すると，共通農業政策から得る利益が少ないという理由で，彼らが利益を受けやすい地域政策の拡充を求めた。こうした諸事情が関係して，1975年には**欧州地域開発基金**（**ERDF**）が創設された［詳しい経緯については，辰巳 2012, 167頁；田中俊郎 1998, 114-116頁］。

地域間格差への取り組みは，ギリシャ，スペイン，ポルトガルが加盟するとさらに発展した。これらの国が加盟してEC／EUの人口は増えたが，格差は拡大したためである［第Ⅱ部資料集 グラフ21-1］。これに対応する形で**単一欧州議定書**では経済的社会的結束の編が設けられ，地域間格差を是正する地域政策とERDFが条約に明記された。その後，1988年には，ERDF，欧州社会基金，農業指導保証基金が**構造基金**（Structural Funds）として統括され，これらにかかる政策が結束政策となった。こうした基金の資金は，多年度予算で確保されることになった。［清水 2016, 3頁；辰巳 2012, 167-168頁；田中俊郎 1998, 62, 116-117頁］

当時，欧州委員会委員長であった**ジャック・ドロール**は，域内市場統合や経済通貨同盟を進めただけでなく，社会的均衡や地域的均衡の達成にも熱心であった。1988年に提案した予算案（通称「ドロール・パッケージ」）では，ERDFを含めた構造基金がもっとも増額されており，EU全予算に占める割合は1988年の14％から1992年には25％に増額された［清水 2016, 3頁；田中素香ほか 2018, 255頁；田中俊郎 1998, 117頁］。

マーストリヒト条約では，EUの平均GDPの90％に満たない国（事実上，スペ

イン，ポルトガル，アイルランド，ギリシャを想定［第Ⅱ部資料集　グラフ21-2]）を支援する**結束基金**（Cohesion Fund）が設置されたが，GDP格差縮小だけではなくEMUのためのマーストリヒト基準を満たすよう企図されてもいたことには注意を要する［田中素香ほか 2018, 256頁；田中俊郎 1998, 117頁]。この時期は高速鉄道網，高速道路網，エネルギー供給網，電気通信網といった欧州横断ネットワーク構築が進んでいたこともあり，インフラ建設による地域周辺部のアクセス改善が取り組まれた［田中素香ほか 2018, 256頁]だけでなく，中小企業支援なども行われた。また，マーストリヒト条約は**補完性の原理**を明記し**地域評議会**（Committee of Regions）の設置を定めており，地域や地方政府の代表は地域評議会を通して，地域や地方の利益に関わるEUレベルの政策に諮問という形で関与することができるようになった［田中俊郎 1998, 62-64頁]。

　21世紀に入ると，結束政策はEUの予算期間（7年ごと：2000-2006年，2007-2013年）に合わせて展開された。この時期の結束政策の焦点は2004年の拡大で加盟した中東欧諸国の経済収斂支援だった。EU加盟までの間にネットワーク構築や農業改革をはじめ，経済成長や雇用といった既加盟国との間の経済格差縮小に取り組んだ。結束政策の下で提案，展開されるプログラムの運営において，加盟国や地域がプログラムのモニタリングや評価により関与するようになり，EUと加盟国の協力が強化された［辰巳 2012, 169頁]。2007-2013年期には，拡大後に顕著になった加盟国間格差の収斂だけでなく，経済戦略である**リスボン戦略**との関係が意識されて，地域の競争力維持や雇用確保のための投資や国境を越えた地域間協力が促進された。従来の交通網への投資と気候変動問題とが交差して，環境対策関係のプログラムが見られるようになったのも，この時期の特徴である。

（3）近年の結束政策

　2010年に新経済戦略「欧州2020」が発表されて経済成長や雇用率などについて明確な数値目標を掲げたことにより（第9講を参照），2010年代の結束政策はネットワーク，インフラ整備，産業転換，職業訓練といった従来の分野よりも，中小企業支援，環境保護，人的資源の開発，研究開発やイノベーション（起業），中小企業の競争力向上，知識基盤型社会（ICT等），行政の効率化，社会的包摂，

環境や資源利用効率化，低炭素社会への移行などといった分野へ向けた投資が大きく行われている［web資料⑮］。

　近年のインターネット技術の発展なども相まって，EUは取り組みの効果を数字など見える形で強調している［web資料⑮, ⑯, ⑰］。ただ，結束政策の出発点が加盟国間および地域間格差対策だったことを考えると，EUにおけるひとりあたりのGDPの格差が拡大する傾向にあることは，気になるところである［第Ⅱ部資料集　グラフ21-1, 21-2］。2004年にEU加盟した国に至っては，大半の国がEU平均の半分にも満たない［第Ⅱ部資料集　グラフ21-3］。このような格差が欧州2020の終了時に改善・解消されるのか，格差が解消されない場合にはその後どのような改善が図られるのかが注目される。

2　教育・文化政策

（1）EUの教育政策

　ローマ条約には教育政策の規定はなく，唯一職業訓練に関わる規定が存在していた。また，教育はEUが権限を有する分野ではなく，加盟国が権限をもって独自に取り組む政策領域であった。とはいえEUは人（労働者）の自由移動を実現すると定めているため，すべての構成国で一様に（平等に）教育や職業訓練を受ける機会が保証されていなければならない。そのため，EUは1960年代以降，教育についての加盟国間**協力の推進**や職業訓練の拡充などに取り組んできた。国境を越える人材がEUについて学ぶ高等教育・研究機関も設置された。［辰己 2012, 175-176頁］

　域内市場統合計画が本格化し，1990年代にそれが一定の成果を収めると，教育政策にも変化があらわれた。**マーストリヒト条約**に「社会政策，教育，職業訓練，若者」という編を設けたのである。条約では，まずEUは質の高い教育開発に寄与するために構成国間の**協力を推進**すること，教育制度の連携や文化および言語の**多様性**にかかる構成国の活動を**支持および補うもの**と定められた。そして，加盟国の言語習得を通じてヨーロッパ次元の教育を発展させること，学位や学習時間などの承認を促すことによって学生や教員の移動を促進すること，教育機関同士の交流，青少年の交流促進などに取り組むことになっ

た。［田中俊郎 1998, 124頁］

　このようにEUにおける教育への取り組みは，決してEUレベルで統一された教育政策を目指すものではなく，各国が政府あるいは地方レベルで行なっている教育制度やカリキュラム策定にも関与しない。EUの教育政策は現場における日常教育に関与するものではなく，加盟国間の協力を促すもの，国境をこえた教育プログラムに特化したものがほとんどである。

　たとえば，**レオナルド・ダ・ヴィンチ計画**では若年層の職業訓練とそれに関わる産業や企業の協力そして国境を越えた就職計画を，**エラスムス計画**では域内高等教育学生（大学生）の交換とそのための大学間協力を進めた。EUによれば，エラスムス計画は1987年の発足から300万人を超える高等教育学生が参加し，2014-2020年期にはさらに400万人を支援するという［European Commission 2014a, 3頁］。対象を域外の学生にまで広げて，複数の欧州の大学で構成されるコンソーシアムで学部卒業生を迎え入れる**エラスムス・ムンドゥス計画**も存在する（これらは「**エラスムス・プラス**」に統合されている）。マリー・キュリー・アクションは，専門教育そして研究者の交流を促すために用意された。［辰巳 2012, 177-179頁；田中俊郎 1998, 126-128頁；web資料⒅］

　一連の移動促進，相互人材交流は，各国の教育水準とりわけ資格（学位）認証や学習時間についての認証が果たされない限り活性化しない。そのため，EU内外のヨーロッパ諸国は，1999年のボローニャ宣言を経て，欧州高等教育圏（EHEA）創設を目指し，学習時間の相互承認や資格の承認，質の水準保持などに取り組んでいる（**ボローニャ・プロセス**）［web資料⒆］。

　21世紀に入ると，ヨーロッパが競争力を維持して知識基盤型経済を構築しながら持続可能な成長を遂げ，さらには雇用も創出するために，**リスボン戦略**や**欧州2020**といった経済戦略が採択されたが，こうした経済戦略においても教育は優先課題のひとつとして位置づけられた。知識基盤型経済の推進には人材育成が不可欠であるにもかかわらず，実際にはEU内では若年失業率が高く，教育課程を早期に離脱した人ほど失業率が高く，知識基盤型経済にマッチした技能をもつ人材が育っていなかったからである。競争力を支える人材の育成，技能の育成，若年層の失業率改善，少子高齢化による労働市場への影響対策（柔軟に適材を育成，供給する）が急務となっている。

　なお，このときにおいても，EUはあくまで政策目的や指標を示してその進捗を報告，周知する役割を果たすにとどまり，どのように目標を立て，計画し，実践するかは加盟国に任されている。計画と実践にあたっては，官民合わせた様々なステークホルダー（利害関係者）が参加する。こうしたことを促す仕組みとして，教育・職業訓練分野では「教育と職業訓練2020（ET2020）」という協力枠組が設けられて，幼児から成人，既卒者に至るまでどの世代にあっても学び・成長する生涯学習（lifelong learning）が強調されている。

（2）言語政策

　国境をこえた人的交流（教育）や就職を支援するEUは，コミュニケーションを図るのに必要な言語についての政策も実施している。もちろん，EUは**多様性のなかの統合**を追求する存在であるため，特定の言語のみを公用語に指定していない。EUの公用語数は24にものぼり，EU市民は自国の言語を使ってEUに書面を送り，返事をもらう権利がある。EUで決まったことについては通常官報に掲載されるが，これも公用語で翻訳される。基本権憲章との兼ね合いから，EUでは地域的に話されている少数言語も保護されている。

　またEUは，人々が母語以外の言語に習熟するよう促している。EU加盟国の多くは，母語以外の言語をひとつないし複数教育しているところが多い。とりわけ中小国や旧共産圏などにおいて，**母語以外の言語教育**の普及と習得率が高い。たとえば，EU市民と言語について調査するために2005年に特別に実施された意識調査（ユーロバロメーター）によれば，ルクセンブルクやスロヴァキア，ラトヴィアなどでは調査対象の90%以上は母語以外の言語で会話をすることができるという［第Ⅱ部資料集 図21-1］。（イギリス，フランス，ドイツなど大国とは対照的に）小国の市民の方が多言語を理解している［第Ⅱ部資料集 図21-2］。バックグラウンドによって加盟国において選択される言語が異なる［第Ⅱ部資料集 図21-3］ものの，多くが休暇のためそして仕事関係で他の言語を学ぶ動機を有している［第Ⅱ部資料集 図21-4］。

　一連の動向には，EUが教育政策においてマルチリンガリズムを強調する狙いも見て取ることができる［web資料⑳］。EUがマルチリンガリズムを目指して教育の拡充を図り，言語教育産業が刺激され，言語を習得した人が観光や旅

行，仕事で移動すれば，旅行業や周辺産業がさかんになり，本人のエンプロイヤビリティ（就業能力）も向上するなど，好循環を期待できそうである。

（3）文化遺産保護

　EUは文化遺産保護にも積極的である。文化的な多様性，とりわけ言語，文学，映画，劇，舞踊，放送，美術，建築，彫刻などに表現される多様性の保護に努めている。たとえ特定地域の伝統に関わるものであっても，EUはそれらを保護して他者がそれにアクセスできるようにする。EUによれば，文化遺産は観光・ツーリズムだけでなく修復やメンテナンスにも関係し，関連する雇用や経済に貢献するという［たとえばEuropean Commission 2015b, 6頁］。そのため，EUがこうした文化事業に支援をすることは，単に文化遺産の保護にとどまらず，それらが生み出した成果に対して統合された市場を提供して文化的事業を発展させることにつながるのである。

　文化遺産保護は，地域への経済支援や人材育成，就労・生活支援（文化遺産保護産業に就く人を支援する）に関わることなので，教育政策や地域開発基金とも連動させて取り組んでいる。近年は欧州2020やそれにともなう財政枠組を通じて文化遺産保護を支援しており，こうした資金は若手芸術家の育成，文学作品の翻訳奨励，音楽美術公演の支援，クラッシック音楽家の育成，映画祭開催支援などにあてられているという。［web資料(21)の「Cultural Heritage」］

（4）視聴覚・メディア政策

　EUは伝統的な文化遺産を保護する一方で，新たな文化事業，とりわけインターネットなどの伝送技術の発展によって隆盛している視聴覚・メディアにも取り組んでいる。この分野は商業的な利益と文化的な多様性，公共サービス，社会的責任などが交差するため，従来各国レベルで行われてきたものの，EUが基本的なルールとガイドラインを作成し，EUの開かれた市場と公正な競争とを守るよう，加盟国に促している。

　同時にこの分野は雇用と経済成長を支えるコンテンツ産業でもあるため，EUはヨーロッパ発の映画や番組の発信を支援している。とりわけEUはオンデマンドサービスに注目しており，現代の多様なデバイスで提供可能になるよ

うな法的枠組み整備に取り組んでいる。それだけでなく，情報発信の促進やコンテンツの自由な売買（そのための自由な規制のないEU市場提供）に取り組むと同時に，有害な情報から子どもを守ることにも取り組んでいる。放送倫理を守らせ，文化的多様性を保護させ，広告についてもタバコやアルコールに関連して一定の配慮をさせるように促している。さらには，放送の公共性を守ると同時に公正な競争も確保しようと努めている。こうしたことは，**視聴覚メディアサービス指令**（AVMSD）で定められており，加盟国間の関連立法の調整を促している。［web資料⑵の「Digital Culture」］

（5）スポーツ

　EUは，チーム精神，結束，フェアプレイの象徴としてスポーツにも注目している。また，スポーツは健康増進，生涯教育，趣味としても注目されている。さらには，スポーツには教育・訓練，障がい者スポーツ発展，ジェンダーや人種間の平等，アンチ・ドーピングとフェアプレイ，社会的包摂，ボランティアなど，現代社会に重要な価値が盛り込まれているとEUは位置づけている。もちろん，スポーツに携わる人の数を考慮すると，そこには雇用や収入が期待される大きな市場がある。そこでEUは，エラスムス・プラスといったプログラムを通じて，スポーツに関わる革新的なアイデアや実践をEU，加盟国そして地域の間で開発，共有，導入するよう促している。［web資料⑵の「Sport in the EU」］

◎論　点

① なぜEUが地域間格差に取り組むのか，地域政策・結束政策の発展を踏まえたうえで，自身の見解を述べてみよう（互いに見解を述べあってみよう）。
② EUが教育・文化政策に取り組む理由は何か，教育・文化政策の発展を踏まえたうえで，自身の見解を述べてみよう（互いに見解を述べあってみよう）。
③ EUではなぜマルチリンガリズムが掲げられるのだろうか，自身の理解を述べてみよう（互いに理解を交換してみよう）。

第22講　人の移動
▶移民，難民政策

> 　人の移動をどのように管理するか（国境管理）は国家の一大関心事であり，専管
> 事項でもある。そのような国境管理に EU レベルで取り組むとは，どういうことな
> のだろうか。人の移動といえば移民や難民を想起して時に感情的な議論が出現する
> こともあるが，国境管理は人の流れを抑制しもするし生み出しもすることを忘れて
> はならない。そもそも人の移動がなぜ起こり（時代によって流出地域と流入地域が
> 異なる），どのような意図をもって加盟国，そして EU までもが移動を管理しよう
> とするのかをおさえておかなければ，解決策を考えるにも空論になってしまう。
> 　本講では，ヨーロッパにおける人の移動の潮流変化を踏まえながら，EU の取り
> 組みを理解しよう。多様な文化，社会背景（歴史）を擁する加盟国同士が国境を接
> して，域内外から絶えず人が出入りする EU での取り組みは，日本やアメリカをは
> じめ他の先進国における多文化共生のありかたを考える参照事例になるだろう。

1　ヨーロッパにおける人の移動と EU──冷戦終結まで

（1）域内の市民と域外からの市民

　EU の基本条約は，ヨーロッパ規模の経済圏創設のために人・物・サービ
ス・資本の自由移動（4つの自由移動）を達成すると定めている。そのなかの
「人」には元々は**労働者**が想定されており［田中俊郎 1998, 104頁］，人の自由移動
では労働者の国境を越えた移動を妨げないよう取り組んでいる。

　ところが現実には，ヨーロッパにおける人の移動は EU 加盟国国民によって
のみもたらされている訳ではない。第二次世界大戦後のヨーロッパは人の**送出
地域**から**受入地域**へと変貌している。元々ヨーロッパはアメリカ大陸に移民を
送り出していたが，戦後そしてその後の冷戦により，帰還民や東側諸国の人々
による流入が増加している。また，第二次世界大戦直後のヨーロッパは**労働力
不足**に直面していた。そこで各国はそれぞれに関わりのある国と二国間協定を

コラム12　なぜ移民問題が重要なのか？──その数的インパクト

　国連が発行している『International Migration Report』，そして国連機関である国際移住機関 (IOM) が発行している『World Migration Report』によれば，2017年時点で2億5800万人が国際的に移住し，うち約30％に相当する7790万人が欧州にある。

　ただ，この数字には3つ注意が必要である。第1に，この人数はいわゆるストックであり，その年に何人移動したか（フロー）ではない。第2に，この統計でいう「欧州」には，EU加盟国以外のヨーロッパ諸国が含まれる。第3に，この統計でいう「移民」には，私たちがいわゆる「難民」と位置づけている人々の数も含まれる。したがって，「難民はどれくらい発生して，どこに庇護を求めているか？」，「EU加盟国にどれくらい人が流入しているか？」，「EUには毎年難民申請が何件あるだろうか？」等を把握したい場合には，UNHCR（国連難民高等弁務官事務所）の統計，EUの統計（ユーロスタット）を利用する必要がある。労働者の国際移動を把握したい場合にはOECD（経済協力開発機構）やILO（国際労働機関）の統計を調べる必要がある。

　さて，UNHCRが発行している統計そして年報『Global Trends』によれば，2017年には世界で6850万人が強制移動に遭い，うち「難民」と区分される人の数は2540万人に及ぶ。新たに強制移動に遭った人は1620万人で，うち440万人が難民に区分される。ユーロスタットによれば，2017年には域外から240万人の移民が流入し，5億人いるEU人口の4.4％に相当する2230万人の域外市民が生活している。EUへの難民申請者（初回）は2017年のデータで71万人あまりとなっている。

　冒頭に紹介したIOMや国連による数値と比べると，少なく見えるかもしれない。しかしながら，EUの人口が5億人であることを考えると，加盟国それぞれに人口の4％から10％近くの移民を抱える計算になる。加えて，毎年200万人前後の移民が域外からやって来て，毎年数十万人（シリア難民危機の前でも25-30万人）の難民がEUで難民申請をすることを考えると，EUそして加盟国にとって人の移動は非常に重要な問題である。

結んで労働力を確保した。たとえば，「**ガスト・アルバイター**」という言葉に象徴されるように，西ドイツ政府は1950年代半ばから1960年代後半にかけて，イタリア，スペイン，ギリシャ，トルコ，モロッコなどと二国間協定を締結して労働者を募集した。同様に，フランスはイタリア，スペイン，ポルトガル，マグレブ諸国，セネガルなどから，イギリスはポーランド，アイルランド，インド，パキスタンから労働力を確保した［井上 2014, 132-133頁］。

以上のような経緯を踏まえると，EUによる取り組みとその課題について考えるときには，EU加盟国市民の場合と加盟国がそれぞれ受け入れてきた（受け入れる）EU域外市民の場合とを考える必要がある。

（2）域内市民に対する取り組み

　元来，人の移動を管理するのは国家である。国家はパスポート，査証（ビザ）などを通じて**出入国管理**を実施している。ところが，先述のとおりEUは加盟国市民の域内自由移動を掲げており，EU市民に対しては国境管理措置を撤廃する必要があった。ただ，治安を考慮すると多くの加盟国が自国の国境を開放することには慎重であり，この分野における協力は物の自由移動ほど進展しなかった。ただし，国境を越えた組織犯罪やテロ，ハイジャック等に取り組むために，加盟国間の警察協力（**TREVI**）は1970年代半ばから進められていた。

　1980年代半ばになると域内市場統合計画が前進し，人の自由移動についても議論されたが，イギリスが国境管理は国家の専管事項であると主張してEUレベルの取り組みに消極的だった［田中俊郎 1998, 104頁］。イギリスの抵抗を受けてドイツ，フランス，ベネルクス3国は1985年に**シェンゲン協定**を締結し，これら5か国（シェンゲン・グループ）の間で域内国境検問の廃止と締結国外の人々に対する共通査証政策とを進めた［田中俊郎 1998, 104-105頁］（この後1990年には実施のための協定を締結，1995年に本格的に実施される）。同時に，シェンゲン・グループの間では**シェンゲン共通情報システム**を構築して，犯罪情報，難民申請情報をデータベース化した。なお，シェンゲン協定には現在，ほとんどのEU加盟国が参加するだけでなく，アイスランド，ノルウェー，スイス，リヒテンシュタインといったEFTA諸国も参加している。

（3）域外市民に対する取り組み──外国人労働者問題から移民問題へ

　一方，域外からの市民については加盟国がそれぞれの労働・雇用事情に応じて取り組んでいたものの，それぞれに同じような問題に直面するようになった。加盟国内で暮らす域外からの市民の様相に変化があらわれたのである。

　第二次世界大戦後に各国が二国間協定による外国人労働者受け入れを決定した際，各国政府は彼らを**有期**そして**ローテーション**で受け入れることを原則に

していた。つまり，受け入れ当初は外国人労働者を確実に帰還させようと企図していたのである。ところが，労働者入れ替えのコストを嫌う民間企業と長期契約を望む外国人労働者の思惑が一致し，外国人労働者の滞在は長期化して国内に居住する外国人労働者数が増加した。

しかしながら石油危機後の雇用情勢の悪化を受けて，各国は1970年代半ばに外国人労働者の受け入れを停止した。これに対して外国人労働者は，現地に家族を呼び寄せて生活した（**家族再結合**）。各国は，締結している国際条約や憲法（基本法）等との関係で，人道的配慮から家族再結合を容認する立場にあったため，家族呼び寄せを抑制することはきわめて困難であった。その結果，1980年代には各国はのきなみ人口の5％から10％近い数の外国人を抱えるに至った。

国内に外国人労働者とその家族が定着，生活するということは，外国人問題が単に労働や雇用の問題ではなく，現地で生活する外国人（家族）の教育や社会福祉の問題になった。受入国社会との接点もより多くなり，1980年代には現地の加盟国国民と外国人やその家族との間で摩擦が生じるようなケースも見られた［井上 2014, 132-136頁］。

こうして加盟国政府は，雇用，労働市場に加えて，教育や福祉の観点からも域外から来た人々への取り組みを検討しなければならなくなった。それだけでなく，彼らが合法的に長期にわたって滞在した場合にはEU加盟国間を移動する可能性も考えなければならなくなった。

2 人の移動政策のEU化へ──冷戦終結以降

（1）人の移動の潮流変化──南欧への拡大と冷戦終結

1980年代になると，ギリシャ，スペイン，ポルトガルのEU加盟による人の移動への影響が取りざたされた。これらの国は従来EUへの人材送出国であったが，そうした国々がEU加盟国になることによってそのさらに「外」から移民が流入する可能性が取りざたされたのである。新規に加盟する国々の国境管理を高いレベルで維持しておかなければ，これらの国から容易に入国してきた外国人が人の自由移動を利用して他の加盟国へ流入するのではないかと懸念された。こうした既加盟国による懸念は，現実に国内に相当数の外国出身者が多

くなったことや，1980年代から1990年代にかけて移民の新規流入抑制と既に定着している移民への対処とに苦慮するようになったこと［詳しくは，梶田 2002; トレンハルト 1994］と無関係ではない。

　また，冷戦終結と**東西ドイツ統一**が，中・長期的には旧共産圏からヨーロッパ諸国への移民圧力を高め，短期的には西ドイツへの人の流入をもたらした。さらには湾岸戦争以降，中東地域やアフリカ地域の紛争に国際社会が関与するようになると，そうした地域からの難民も流入した。難民を母国へ送還することは禁じられているため，否応でも人の流入圧力が高まった［第II部資料集 グラフ22］。こうしてEUと加盟国は，域内における人の自由移動と域外からの人の流入に対してEUレベルで取り組む必要性に迫られた。

（2）統合の深化と中東欧へのEU拡大──人の移動政策のEU化へ

　1992年に調印された更改基本条約（**マーストリヒト条約**）において，4つの自由移動の一角をなす人の自由移動は，国境管理権限の喪失を懸念したイギリスの反対によって第3の柱である政府間協力事項（詳しくは第5講を参照）に位置づけられた。具体的には，難民政策，司法協力，税関協力，警察協力，麻薬対策といった司法・内務関係が，第3の柱の下で進められることになった。なお，1980年代に大陸の加盟国が締結した**シェンゲン協定**はあくまで基本条約外にある別協定として位置づけられながらも，1995年に導入が開始された。［田中俊郎 1998, 105頁］

　域外国境管理の共通化も取りざたされるようになった。シェンゲン協定は，ある加盟国で共通査証がおりて入国が認められた域外市民が別の加盟国へ移動することができるということを示唆した。このとき，加盟国間で域外国境管理基準にばらつきがあると，基準の低い（入国の容易な）加盟国から域外市民が流入してそこから別の加盟国へと移動する可能性が懸念された。中東欧諸国がEU加盟を希望するようになると，それらの国の国境管理を求める声が大きくなった。1997年に調印された更改基本条約（**アムステルダム条約**）では，EUが移動の自由，それにともなう治安や安全，法秩序維持を目指しているという「**自由・安全・司法領域**（AFSJ）」という考え方を掲げて，人の移動政策についてさらなる改良が加えられた。

　まず，人の自由移動，国境管理，移住政策，亡命と庇護についての取り決めが，政府間協力事項（第3の柱）からEUの事項（共同体事項，第1の柱）に移された。第3の柱に残るのは，テロ対策，麻薬密輸，人身売買（誘拐）といった刑事に関する警察・司法協力となった。そして人の自由移動については，**シェンゲン協定**が議定書として基本条約に組み入れられて，EU法体系（**アキ**）のひとつになった。ただ，イギリスとアイルランドには適用除外が認められ，デンマークは協定を自動的に適用するのではなくデンマークによる選択適用となった。[辰巳 2012, 198頁；田中俊郎 1998, 105頁]

　難民への対応も進み，1990年に加盟国間の国際条約という形で締結していた**ダブリン条約**が1997年に発効し，庇護申請の受理・審査国の決定とその責任を定めた。そして1999年10月に開催されたタンペレ欧州理事会では2004年までの多年次計画が発表され，外部国境警備，出入国管理基準の共通化，移民発生要因への対応，とりわけ出身国との**パートナーシップ**，**欧州共通庇護制度**（**CEAS**），移民の社会統合，第三国国民（EU加盟国以外の国民）の公正な取り扱いを指針にして移民および難民政策に取り組むことにした。[井上 2014, 145頁；岡部 2008, 34頁；辰巳 2012, 198頁]

3　21世紀のEU——共通移民政策，共通難民政策へ

（1）外部国境の共通管理へ

　21世紀のヨーロッパは，同時多発テロ事件以降の治安対策という観点からも，そして低成長，高失業，少子高齢化への対応（労働力確保）という観点からも，域内に滞在する外国人そして域外からの人の流入に敏感になった。2004年には中東欧諸国10か国が加盟するため，新規加盟国から既加盟国への人の流入が想定されると同時に，新規加盟国から域外の人々が流入するのを阻止する必要に迫られた。EUでは新規加盟国にEU水準の国境管理体制を求めただけでなく，EU共通の移民・難民政策を本格的に模索し始めた。

　まずEUは，2004年に市民の移住に関する指令を制定した。経済活動への従事の有無や収入の有無，疾病保険加入の有無ではなく合法的な居住期間によってEU市民と家族の移動や居住条件を定めた。また，域外市民に対しては，

2003年に長期在留資格についての指令を制定して，ひとつの加盟国に継続して5年間合法的に在住した者に対して永続的な長期在留資格を認めることになった。長期在留資格が認められれば，就労機会や教育（職業訓練），社会保障などにおいて，居住している加盟国の国民と平等の扱いを受ける。ただし，これはあくまで個人に対する資格を定めたものであり，家族再結合については別途定めを設けている。［庄司 2007, 105-107, 113-115頁］

　なお，域外市民の長期在留資格についての指令や家族再結合についての指令については，イギリス，アイルランド，デンマークには適用されない。域外からの移民に対する規制が低い加盟国で移民が長期滞在すれば，自動的にEU内を自由に移動し職を得る権利を与えることになり，自国に彼らがやって来る可能性を懸念しているからである。実際，少子化による労働力需要が高いスペインやイタリアなどは域外から多くの労働力を受け入れており，上記のような懸念が現実となる可能性は否めない。このような加盟国間の規制差を利用した移民を作ることがないよう，流入の時点で共通基準を設けるよう求める声，すなわち**EU共通移民政策**を求める声が高まった。［詳しくは庄司 2007, 115-117頁］

　難民については，ダブリン条約をEU法規内に組み込む**ダブリン規則**を2003年に定めて，庇護申請者は最初に入国したEU加盟国で審査されることとし，たらい回しや庇護申請者による恣意的な選択や重複申請がなされないようにした。リスボン条約発効後の2010年には，**難民庇護支援事務所**（EASO）が設置された。ところが，2011年に起こった**アラブの春**以降は，中東やアフリカから地中海経由でヨーロッパに到来する難民が非常に多くなり，2011年以降深刻化した**シリア危機**でその拍車がかかった。あまりに多い庇護申請者数［第II部資料集グラフ22］は庇護申請者が最初に入国するイタリアやギリシャの負担を重くし，加盟国の間ではその分担・負担をめぐって対立が生じた。トルコとの二国間協定でシリア難民の流入は落ち着いたものの，一連の過程でダブリン規則やシェンゲン協定の危機が懸念され，より効率的な難民政策が求められた（第10講を参照）［小山・武田 2016; 田中素香ほか 2018, 251-254頁; 中坂 2016］。現在，ダブリン規則の修正案が審議されている。

（2）高度人材活用と社会的統合

　EUは外部国境の管理に着手して人の流入を抑えようとしている一方で，特定の分野・業界では少子高齢化に起因する深刻な労働力不足に直面している。とりわけ少子高齢化については深刻で，2040年代にはギリシャやイタリア，ポルトガルで65歳以上の人口が全人口の30％を超え，2050年代にはスペインなどもこれに加わるとユーロスタットは推計している。低雇用率，低経済成長そして少子高齢化に悩むヨーロッパ経済を活性化させるべく経済戦略「欧州2020」に取り組んでいるEUだが，経済成長や雇用のカギだと捉えられているICTなどの分野の人材育成が進まず，人材が不足している（第9講を参照）。

　そこでEUは**高度人材**を確保するために「**ブルーカード指令**」案を2007年に提案，2009年に採択された。アメリカのグリーンカードにちなんで整備されたこの指令は，高い資格を有する第三国の市民が事前に雇用契約を結んでいること（そして域内の同等の能力をもつ加盟国国民の就労機会を阻害しないこと）を条件に，3か月以上の滞在や居住の条件，域内の移動，家族の入国と滞在条件，当初の滞在国から移動するための条件などを定めた［辰巳 2012, 201-202頁］。企業内転勤や（合法な）季節労働者を促し保護する法制度も整備しつつある［web資料⑵］。2000万人を超えるEU滞在の域外出身者の生活・雇用状況は加盟国そしてEU全体の結束や繁栄にも影響するため，合法滞在者の社会的統合を助けるしくみも整備されつつある［web資料⑵］。逆に不法移民や不法滞在者，そして彼らを雇用する雇用主に対しては取り締まりを厳しくする傾向にあり［辰巳 2012, 199-200頁］，域外との国境管理も厳しくしている（後述）。さらには，難民のケースと同様，EUは不法移民に対しても送出国との間の協力関係を築くことによって流入を抑制するようになっている（グローバル・アプローチ）。

（3）域外国境管理，警察・司法協力

　テロ，組織犯罪，近年ではサイバー犯罪やマネーロンダリングなどといった人の移動の負の側面への対策には，税関，警察や検事などといった治安・司法関係機関の協力が不可欠である。EUにおいては1970年代に開始されたTREVIに始まり，このような協力は近年徐々に発展している。たとえば加盟国間の警察協力を進めるために，**ユーロポール**（Europol）が1999年にオランダのハーグ

に設置された。ユーロポールでは警察官や税関職員が協力して麻薬の密輸，盗難車転売，人身売買および不法移民ネットワークの取り締まり，テロ対策，組織犯罪対策を実施している。捜査・検察当局が複数の加盟国にまたがる犯罪捜査について協力する**ユーロジャスト**（Eurojust）は，2002年にハーグに設立されている。**欧州逮捕状**は，国境を越えた犯罪（犯罪者）を追って他の加盟国で執行することを可能にしている［辰巳 2012, 187-188頁；web資料⑵, ㉓］。

　また，不法移民や犯罪はEU加盟国からだけでなく域外からもやって来る。そのため，2004年の中東欧諸国のEU加盟を境にEU対外国境における検問強化も進んでいる。ワルシャワを本部に設置された**欧州対外国境管理協力機関**（FRONTEX）は対外国境の警備に関する加盟国間協力を進め，巡視船やヘリコプターを共有して地中海地域などを共同巡回した［辰巳 2012, 198-199頁；web資料⑵, ㉔］。アラブの春以降の難民流入増加にともない，2016年にはFRONTEXから新たに**欧州国境沿岸警備機関**（European Border and Coast Guard Agency）へと改組され，人員や装備を常設化した［web資料⑵, ㉔］。

◎論　点

① EUの域内市民に対して，EU加盟国間の移動がどのように保障されてきたか，説明してみよう。

② 域外市民のヨーロッパへの移動（流入）に対して，ヨーロッパ諸国はどのような姿勢をとってきたか。転機だと思われる時期をいくつか挙げて，その時期ごとに整理してみよう（互いに発表しあってみよう）。

③ EUが共通難民政策や共通移民政策に本格的に取り組むようになったのはいつごろからか。それはなぜだろうか。それぞれについて整理してみよう。

④ 一連のEUにおける外国人労働者，移民，難民に対する取り組みから，私たち（たとえば日本やアメリカ）が学ぶところはあるだろうか。あるとすれば，どういうところだろうか。

第23講　環境政策，エネルギー政策

EUは，気候変動問題（温室効果ガス削減問題）や使い捨てプラスティック製品規制をはじめ，環境に関わる様々な取り組みを進めている。環境問題は越境的な問題であるゆえに，広域的な課題に取り組むEUが関与すること自体は想像に難くない。とはいえ，EUが先進国地域のなかでも環境問題に積極的に取り組んでいるのはなぜだろうか。その背景やねらいを理解しておこう。

また，この講ではEUのエネルギーに対する取り組みも学ぶ。東日本大震災による原子力発電所の事故以降，日本でもエネルギー問題に焦点があたっているが，エネルギー問題は本来，環境問題はもちろん産業や経済社会のありかた，そして外交（対ロシア，対産油国外交）と切り離して考えることができない問題であり，エネルギーを大量消費するわれわれ先進国には避けて通ることができない問題である。そのような性質をもつエネルギー問題に，同じく先進国でありそれゆえエネルギーを大量に消費するヨーロッパがどのように取り組んでいるかを理解しよう。

1　EU環境政策へ向けた取り組み

1950年代という時代背景もあり，ローマ条約には環境政策についての規定がなかった［田中 1998, 119頁］。ヨーロッパにおいて環境政策の必要性が認知されるのは，国際政治経済において環境問題がクローズアップされる時期と同じく1970年代であり，その際に問題になったのは越境公害問題であった。たとえばEUには国際河川があり，上流地域で生じた汚染が下流地域（加盟国）に大きな影響を与えた。また，大気汚染は国境に関わりなく広がり，酸性雨の問題にも直面した。

1972年にストックホルムで**国連人間環境会議**が開かれた後，加盟国首脳は首脳会議において，環境政策についての行動計画を準備するようEC機関に求めた。翌1973年には閣僚理事会と加盟国代表の宣言として第1次**環境行動計画**

（EAP）が採択された。この環境行動計画では環境政策に関わる一般原則が定められ，たとえば汚染源の除去，生態系破壊につながるような天然・自然資源の利用の回避，**汚染者負担**，もっとも適したレベル（国，地域，共同体，国際社会等）で行動することなどが掲げられた［田中俊郎 1998, 120-121頁］。こうした諸原則は，経済協力開発機構（OECD）の取り組みと軌を一にしていた（1971年に環境政策委員会を設置，翌年に汚染者負担の原則を勧告）。

　この後，環境行動計画は2次（1977年），3次（1982年），4次（1987年）と更新され，環境アセスメントへの取り組み，運輸や農業，エネルギーなど他の政策領域との関連重視など，その時代に合わせた懸案事項が盛り込まれた。このように，国際政治経済上の潮流に合わせて，EUにおいても環境問題への取り組みが進められたが，この時点では加盟国代表が集う理事会における決議において行動計画が示されるにとどまり，基本条約に環境政策が明記されEUの政策として採用されていた訳ではなかった。

　1981年には，それまで欧州委員会の産業を担当する総局（Directorate General）のなかに設置されていた環境ユニットが環境総局に改組された。欧州委員会はEUレベルの政策を検討，提案する組織だけに（第14講を参照），ここにEUレベルの環境政策を提案する土壌が整った。また，ローマ条約を更改した**単一欧州議定書**では環境の編が設けられ，環境政策がEUの政策領域のひとつとなった［田中俊郎 1998, 121頁］。これは，環境問題のもつ性質がEUレベルで広域的に取り組む方が目的を達成できると判断されたことを意味した。単一欧州議定書というと域内市場統合に注目が集まりがちだが，環境保護，健康，安全，消費者保護といった分野が条文に言及されるようになったことは重要である。

　1990年代に入ると，EUの取り組みはさらに進んだ。国際社会においても，冷戦終結後には地球環境問題への意識がさらに高まり，1992年には**リオ・サミット**（国連開発環境会議）が開かれ，**気候変動枠組条約**や**生物多様性条約**が署名され，持続可能な開発に関わる行動計画である「アジェンダ21」が採択された。これを受けてEUは1993年に第5次環境行動計画を採択し，**持続可能な発展**を体系的に追求しようとした。一方，1992年に更改基本条約が調印された際（マーストリヒト条約）には，環境関係の規定に予防的行動の原則，汚染者負担原則に加えて**予防原則**を明記し，環境政策の多くの場合において**QMV**が適用

されるようになった。1994年にはコペンハーゲンに**欧州環境庁**（EEA）が設置され，環境情勢や政策をモニター，評価，報告することになった［田中俊郎 1998, 121-122頁］。

　ところで，1995年にオーストリア，スウェーデン，フィンランドがEUに加盟したことは，環境先進国であるドイツやオランダ，デンマークといった国には大きな後押しとなった。理事会に環境推進派の加盟国が増えることによって，国家主権の砦といわれた理事会ですらEUレベルで環境問題に取り組もうという雰囲気が強まった。実際，1997年の気候変動枠組条約の締約国会議においては積極的な交渉を展開し，**京都議定書**の調印に至っている（後述）。［田中俊郎 1998, 122-123頁］

　1990年代後半に調印された**アムステルダム条約**では，EUの政策と活動の策定と実施にあたって特に**持続可能な発展**促進の観点に立つという環境保護要件が加わった。2002年には，加盟国に対して拘束力をもつ「決定」（第15講を参照）として第6次環境行動計画が発表され，気候変動への取り組み，自然保護と生物多様性，環境と健康，資源の持続可能な利用および廃棄物管理の4つの優先課題を掲げて，他の政策領域と関連する環境政策に対する戦略的なアプローチ（取り組み方法）を掲げた［web資料㉕］。

　リスボン条約では，環境政策の目的に従来の（第6次環境行動計画で掲げられているような）環境の質維持，人間の健康保護，天然資源の慎重かつ合理的な活用，国際的なレベルでの取り組み促進に加えて，気候変動とのたたかいが追加された。2014年からは第7次環境行動計画が開始され，「Living well, within the limits of our planet」という標語のもと，限りのある地球でよりよく生活することができるようにするために，2050年の状況を意識して自然資源・資本の保護，資源効率のよい経済社会構築，環境関連リスクからの市民の保護といった諸課題への取り組みを進め，なおかつこれを間違いなく導入する戦略を発表している。欧州2020戦略でも環境に関する目標が掲げられているだけに，これまで以上に企業や市民をはじめとする利害関係者の参画やピア・レビューそして実践の交換を通じた取り組みの収斂が促されている［web資料㉖］。

2　環境に対する具体的な取り組み

　環境行動計画と基本条約の規定が交互に更新されていく様子は，EU環境政策の枠組が段階的に発展した様子を伝えてくれる。単に汚染からの回復だけでなく，自然・天然資源を有効に使い破壊や枯渇をもたらさないように配慮されていること，また，環境や他の種に影響を与えないように配慮されていること，環境政策が農業，漁業だけでなく，運輸（交通／モビリティ），エネルギー，地域開発など，近接領域にも関わっているという領域横断的な認識などはひしひしと伝わってくる。だが，具体的にはどんなことに取り組んでいるのだろうか。ホームページやパンフレットでは，1970年代からこれまで200以上の立法をしてきたと書かれている [European Commission 2014b, 5頁]。そこで以下では，環境政策について説明したパンフレット，欧州環境庁 (EEA) のホームページ，欧州委員会の環境総局のホームページに掲載されている情報 [European Commission 2014b; web資料(27), (28)] に基づいて，取り組みの一部を紹介する。

（1）自然資源の有効利用

　EUは，大気や水は自然がもたらす**資源**あるいは**資本**だと重視しており，これらの濫用を止めようとしている。自然資源の有効利用は経済戦略である**欧州2020**の旗艦イニシアティブのひとつ (Resource Efficient Europe) でもあるため，日常生活で使用されているこうした資源の保全は，EUや加盟国の法律を通じてだけではなく啓蒙活動，教育などを通じて強調，促進されている。

　飲料用に限らず水運や産業用としても利用されている**水資源は**，加盟国をまたいだ河川・運河などを擁するヨーロッパにとって重要である。水質が汚染されれば海洋資源（食品）を通じて健康被害を受けるし，洪水や水害もまた作物や生態系，生活に影響を与える。そのためEUは，水量および水質の保全，水環境の保全に力を入れている。また，温室効果ガスとりわけ二酸化炭素削減で注目されがちなEUだが，**大気汚染**とりわけ排気ガスや煤煙に含まれている硫黄化合物，窒素化合物削減にも積極的に取り組んでいる。その他，自然環境に関わるところでは，森林保護，土壌保護，騒音対策などにも取り組んでいる。

（2）生物多様性

　EUは**生物多様性**，すなわち豊かな環境のなかで多様な生物の営みが可能になる環境づくりにも取り組んでいる。絶滅が危惧されている生物の減少を2020年までに食い止めようとしている。EUはNatura 2000という生物保護地区ネットワークをつくり持続可能な保護エリアを指定しており，2016年にそうした場所は27000か所以上，面積にして115万km²におよぶという。

（3）廃棄物

　EUの試算では，EU市民ひとりあたり年間16トンもの物資を消費し，うち6トンの廃棄物が出ており，その多くがリサイクルされずに焼却ないし埋め立てられているという［European Commission 2014b, 12頁］。焼却ならまだしも，埋め立てはその後環境にも影響が出るおそれがある。そこでEUはゴミの減量，**再利用**，**リサイクル**，消費のありかたの見直しなどを促している。包装，電化製品や電池の廃棄に関する法令を制定しているだけでなく，循環型経済にかなった製造方法を業界に求めると同時に，消費者に対しても**リサイクル製品**や**簡易包装**の活用といった意識の喚起を促している。

　身の回りでは活用されてはいるものの適正に使用されなければ環境や生物，人体に影響を与えかねない化学物質に対しては，2006年に制定された**REACH**（Registration, Evaluation, Authorisation and Restriction of Chemicals）**規則**を用いて管理している。正式名称のとおり，REACH規則はEUで製造あるいはEUに輸入された化学物質について，欧州化学物質庁（ECHA）への登録，危険とおぼしき化学物質の評価，許認可，そして利用の制限を定めており，企業はこの規則にしたがって化学物質を管理しなければならない［庄司 2007, 155-157頁; 藤井 2013, 221-224頁］。

（4）気候変動対策

　われわれにとってなじみのあるEUの取り組みといえば，気候変動対策であろう。EUは対外的にも温室効果ガス削減を強く推進し，**京都議定書**に至る交渉においては多国間主義を通じて実効力のある合意を目指した。その結果，先進国を中心に2008年から2012年までの間に温室効果ガスを1990年比で一定程度

削減することが決まった（日本は6％，アメリカは7％，EUは8％）。

　京都議定書は2012年までの期限つきの取り決めであったため，国際的には2013年以降の削減率を定める新たな議定書へ向けた交渉が展開された（2015年のパリ協定採択へと結実する）。そのなかでEUは，2007年の欧州理事会において早々に意欲的な目標を掲げた。すなわち，2020年までに温室効果ガスを1990年比で20％削減し，再生可能資源を由来とするエネルギーの消費量率を全体の20％に引き上げ，エネルギー効率を20％改善する，といった通称「**20-20-20戦略**」を掲げたのである。EUはそれぞれの比率を2030年，そして2050年にさらに前進させると公言している［日本語文献では，以下が参考になる。藤井 2013, 224-226頁］。

　なおEUは，気候変動対策を進めると同時に気候変動による損害を最小化する取り組み，たとえば河川や運河などの堤防構築をはじめとするインフラの保護，洪水耐性のある穀物の開発などに取り組んでいる。その際，EUは戦略と指標は掲げてはいるものの，実際の取り組みは加盟国や地方に任せており，EUは加盟国による取り組みを補完し，加盟国同士の調整や情報共有を促すにとどめている。

（5）EUの取り組みの課題

　この分野においてEUは環境行動計画や基本条約などで目的や指標といった枠組みを示すことが多く，EUによる立法行動は必要最低限，EUのパンフレットの言葉を借りれば last resort〔最後の手段〕［European Commission 2014b, 5頁］である。掲げた目標に到達するには，市民の意識が高まる，地方政府や加盟国政府の取り組みが進む，加盟国同士あるいはステークホルダー同士の情報共有や取り組みの吸収が進むなどといった，関係行為主体による自主的な取り組みが欠かせない。欧州2020と結びついている取り組みも多いが，この手法で2020年，2030年，2050年の目標を達成することができるかどうかは定かではない。定期的な検証と取り組みの改善が不可欠となるが，それだけにEUの取り組みも今後調整，修正されることになるだろう。

　また，法制化が必要になる時には，REACHなど重要度の高いものは規則で発布されるが，多くは（枠組）指令の形で発表される。これまでたとえば海水

浴場の水質基準，エコラベル，酸性雨の原因にもなる硫黄酸化物排出量制限が**指令**という形で発表されているが，指令は目的を定めてはいてもその実行方法については加盟国に一任されている（第15講を参照）。そのため，指令が導入されるかどうか，遵守しないあるいは遵守することができない加盟国にどのように対応するのかにも目が離せない。

3　エネルギー政策

（1）EUにエネルギー政策はあるのか？──加盟国のエネルギー事情

　EUには，欧州原子力共同体にかかる取り決めを除くと，近年になるまで体系的なエネルギー政策は存在しなかった。加盟国がそれぞれの事情にあわせてエネルギー政策を追求していた。そうならざるを得なかった事情は，加盟国のエネルギー情勢をみると一目瞭然である［第Ⅱ部資料集　表23-1］。ガスや石油が採掘できる北海に面した加盟国を除けば，多くの加盟国が石油とガスを外国からの輸入に依存していることが分かる。また，産業に不可欠な発電の内訳を見ても，加盟国それぞれに異なる電源に依存していることが分かる［第Ⅱ部資料集　表23-2, 23-3］。加盟国間の相違が大きすぎて，共通エネルギー政策を進めるために必要な共通の基盤やニーズが存在しなかったのである。

　ところが1990年代から2010年代にかけて，徐々にだがエネルギーをめぐる情勢が変わってきた。まず，資源依存度の高さがリスクになった。資源依存度が高いと，当該資源を提供している国や価格の影響を受け，依存している側の経済ひいては競争力に影響を与える。「エネルギー安全保障」という言葉が象徴するように，自国の産業への影響が大きくならないようにエネルギー調達地域からいかに十分な量を安価で確保するかが課題となる。それはすなわち，エネルギー供給地域との外交関係の安定を意味する。

　ヨーロッパ諸国のエネルギーの主要な輸入相手は，当時，ノルウェーを除くと**ロシア**か**中東地域**で占められていた［第Ⅱ部資料集　グラフ23-1, 23-2］。つまり，それらの地域との関係次第では，いくつかのEU加盟国はエネルギー不足や経済停滞に直面しかねないのである。実際，冷戦終結以降中東地域は一部不安定化し，パレスチナ問題やテロ対策，アラブの春，中東情勢なども影響して

必ずしも安定供給が保証されている訳ではない。ロシア関係にしても，中東欧諸国のEUあるいはNATOへの加盟をめぐって，摩擦や対立が散見されるようになった。さらに，EUは近年，民主主義や法の支配といった諸価値を外交で重視するため（第24講を参照），エネルギー供給地域が重視する価値（価値観）とは合致しない場合もある。

　次に，気候変動対策として脱化石燃料が不可避となった。温室効果ガス抑制や再生可能性といった観点からもエネルギー問題が語られるようになったのである。一時期欧州内部にも見られた原子力発電を許容（推進）する言説は，化石燃料の燃焼によって排出される二酸化炭素がないこと（カーボン・フリー）から勢いを得ていた。ところが東日本大震災以降，原子力発電所の安全や環境への影響が疑問視されるようになると，一部加盟国では原子力でもなく化石燃料でもないエネルギー源が模索され始めた［詳しくは脇阪 2012を参照］。ドイツをはじめいくつかの加盟国で**再生可能エネルギー**による発電比率が上昇している事実には，注目しておく必要がある［第Ⅱ部資料集 表23-2, 23-3］。

　最後に，他の分野には存在している域内市場がエネルギー分野には存在していないことも大きな契機になった。ICTや運輸といったネットワーク産業では徐々に汎欧州ネットワーク／欧州横断ネットワークが整いつつあるのに対して，エネルギー分野のネットワーク化そして域内市場形成は冒頭のような事情が影響して進展していなかった。21世紀に入って低成長や低雇用を克服するためにEU規模の経済戦略が提起され，とりわけエネルギーと経済成長と環境の関係が重視されるようになると，EUとしてのエネルギー戦略と政策が必要になった。

（2）EUのエネルギー戦略

　上記のように，エネルギー問題は経済成長にも環境問題にも関わるスケールの大きな重要トピックになっている。EUはリスボン条約にエネルギーの条項を設けて，加盟国に決定権は残されている（究極的に加盟国の権利には影響を与えない）と明記しつつも，EUレベルでエネルギー市場の機能保障，エネルギー安定供給保障，エネルギーの効率性およびエネルギーの節約，再生可能エネルギー開発の促進，エネルギーネットワークの相互連結の促進に取り組むと定め

た。2010年代の経済戦略である**欧州2020**では旗艦イニシアティブのひとつとしてエネルギー効率利用を目指す「Resource Efficient Europe」を掲げて「**2020 エネルギー戦略**」を発表し，2020年までに**温室効果ガス**を（1990年比で）**20%削減**し，**エネルギー効率を20%高め**，最終消費エネルギーに占める**再生可能エネルギー比率を20%に上げる**ことを目標にした。こうした流れのなかで，太陽光パネル，第二世代バイオ燃料，蓄電とその携帯性，再生可能な加熱と冷却への対応が進んでいる。

　2015年以降はさらに踏み込んで，EUは全EUでエネルギーシステムを構築する**エネルギー同盟**を目指すと表明した。供給を確保するだけでなく，温室効果ガスの1990年比40%削減や電力の相互接続率15%などといった2030年に向けての数値目標を明記し，その達成に努めている。もちろん，同時にエネルギー効率性の向上や，交通機関における温室効果ガス削減，諸課題を克服するために不可欠である研究開発の促進にも努めている。こうしたEUの取り組みは2020年あるいは2030年で終わりという訳ではなく，2050年へとさらに長期的な視野にたって目標をたてて，取り組みを進めている。[web資料(29), (30)]

　エネルギー政策におけるEUの取り組みは，環境政策と同様，加盟国や企業，市民に対して目標を掲げておいて加盟国による取り組みを補完し，促すものであり，加盟国を強制するものではない。2030年，2050年といった長期の目標を掲げるのは，EU，加盟国，企業などそれぞれが先を見越して課題に取り組むことを想定しているためである。**補完性の原理**が尊重され，取り組み自体は加盟国が立案，実施する。EUの役割は，加盟国間の協力（実践の交換）を促して，加盟国の取り組みが過去の取り組みや他の政策領域における取り組みと齟齬がないようにすることである。

　2020年，2030年，2050年といったチェックポイントがあるため，その時期ごとに検証され，検証の後にその取り組み方も更新される可能性が高い。EUという広大な領域においてEUという官僚機構が大きなベンチマークを作成して政府や民間ひいてはNGOが協働して目標達成にあたる，その際にピア・レビューや互いの実践の交換を重視するというしくみは，欧州2020期のEUだけでなく近年の日本の自治体における取り組みにも見られる。このようなしくみが機能するのかどうか，行政の課題解決手法としては注目に値する。

◎論　点

① EUの環境への取り組みはどのように発展したか。1970年代から1990年代までの取り組みの変遷を整理し，説明してみよう（話し合ってみよう）。

② 近年のEUの環境政策にはどのような特徴が見られるだろうか，説明してみよう（互いの見解を話し合ってみよう）。

③ EUのエネルギー事情を紹介しながら，EUのエネルギー政策で取り組んでいること，そこで重視されていることを説明してみよう。

第24講 **対外政策**
▶共通外交安全保障，防衛，開発支援

通常，外交や安全保障は国家の専管事項である。その外交や安全保障をヨーロッパで共通に実施するというからには，それなりの理由があるはずである。一体なぜEUには共通の外交安全保障が必要で，どのようなことに取り組んでいるのだろうか。この講では，ヨーロッパが置かれた安全保障環境と照らし合わせながら，共通外交安全保障政策，共通防衛政策の発展を理解しよう。

また，ヨーロッパ諸国はそれぞれに途上国と歴史的なつながりがあり，それゆえそれぞれに途上国を支援しているが，EUにも開発支援政策がある。近年，途上国支援をめぐっては国際的な開発目標が存在しているが，途上国支援をめぐる国際的な潮流が生じているなかでEUがどのように取り組もうとしているかを理解しておこう。

特に外交や軍事に関係する事項については，他の教科書や参考書では装備や指令系統などといった非常に細かい話も記載されている。しかしながらここでは，ヨーロッパを取り巻く大きな国際情勢，環境の変化とそのなかでEUが何を選びとっているのかに焦点をあてて，大きな文脈の理解を目指そう。

1 欧州防衛共同体，欧州政治協力の模索──1980年代までのEU

（1）冷戦，西ドイツ再軍備問題と欧州防衛共同体構想の頓挫

欧州石炭鉄鋼共同体（ECSC）創設に向けた交渉のさなか，1950年6月に朝鮮戦争が勃発した。ユーラシア大陸の東部で冷戦が実際の戦争に発展したことは，西部でソ連と対峙する西ヨーロッパ諸国には大きな脅威となった。西ドイツ**再軍備**を含めた軍備強化を求めるアメリカに対して，西ドイツを脅威だと感じていたフランスはプレヴァン首相が1950年にプレヴァン・プランを発表し，共通欧州軍を創設して西ドイツの部隊をそこに組み込む**欧州防衛共同体**（EDC）構想を提案した。ECSC加盟国はこれを承認して，1952年に欧州防衛共同体条約を締結した。ところがスターリンの死を境にドイツの再軍備を警戒する意見

とEDCの超国家的性格を嫌う意見がフランス議会内で多くなり，1954年に条約の批准が拒否された。EDC審議の過程で政治共同体構想も取りざたされて1953年には欧州政治共同体条約草案が採択されたものの，こちらも棚上げになった。[辰巳 2012, 12-14頁; 田中俊郎 1998, 18-19, 180-181頁]。

　とはいえ，ヨーロッパ諸国としては，西ドイツ再軍備問題への対処，ひいては西ドイツを軍事的に西ヨーロッパにとどめておくことは重要であった。そこで，1955年にイギリス，フランス，ベネルクス3国の共同防衛組織であったブリュッセル条約機構を**西欧同盟**（WEU）へと改組し，主権と国軍とを復活させた西ドイツをWEUそして**NATO**に加盟させることが決まった[田中俊郎 1998, 19頁]。フランス主導のEDC創設に失敗した後に，当時まだEC/EU加盟国ではなかったイギリスが参加するWEU，そしてアメリカ主導のNATOがヨーロッパの外交や安全保障に深く関わることになったという事実は，共通外交安全保障政策を理解する際に重要である。

（2）欧州政治協力へ

　1958年に政権復帰したド・ゴールは，ヨーロッパ統合のイニシアティブをEU官僚から国家に取り戻すべく，国家の代表による定期会合で諸問題を話し合い**全会一致**で決定を行うという**政治連合**構想を1961年に発表した（フーシェ・プラン）。この構想は西ドイツの了解を得たものの，ヨーロッパの超国家性が損なわれることを心配した小国の反対に遭い，棚上げとなった。そこで，ド・ゴールは1963年に西ドイツのアデナウアー首相と独仏協力条約（エリゼ条約）に調印し，**独仏枢軸**の基礎を築いた[辰巳 2012, 16-17頁; 田中俊郎 1998, 20-21頁, 181-182頁]。

　1960年代末に**関税同盟**が完成すると対外経済外交における協力が不可避となり，ヴェトナム戦争に対する姿勢を共同体で共有するためにも外交・政治面での協力が必要になった。そこでEU（当時はEC）は，経済関係を対象にするECとは別に外交政策の調整や政治的な協力を行う**欧州政治協力**（EPC）を目指し，1970年から定期的に会合を開いた。[田中俊郎 1998, 182-183頁]

　さらに，ブレトンウッズ体制崩壊後の国際政治経済において政治と経済を区別することが困難になり，EPCとECの区別を求めていたフランス首脳が交代

（ポンピドゥーからジスカール＝デスタンへ）すると，ECにおいても首脳会合（**欧州理事会**）が1974年以降定期的に開催されるようになり，EC・EPC双方の連絡がとられるようになった。欧州理事会では，1970年代後半から議長国を１か国による輪番制から３か国（現議長国，前議長国，次期議長国）によって運営する**トロイカ**方式が採用され，議長国の負担軽減と議事の一貫性が図られた［辰巳 2012, 19-21; 田中俊郎 1998, 182-187頁］。

（3）単一欧州議定書による欧州協力規定

　1979年に発生したイラン米国大使館人質事件，ソ連によるアフガニスタン侵攻と米ソ対立の激化といった国際情勢は，EPCに安全保障面での討議・協力を促した。しかしながら，加盟国のなかには**NATO**非加盟の国（アイルランド）があり，軍事に立ち入った討議は困難だった。低調な政治協力に対して，西ドイツのゲンシャー外相とイタリアのコロンボ外相は，1981年に欧州議会でさらなる統合を提案した（**ゲンシャー・コロンボ・イニシアティブ**）が，首脳が集まる欧州理事会では宣言発表以上の進展はなかった。［田中俊郎 1998, 187-188頁］

　ところが1984年以降，ミッテラン仏大統領の主導で機構改革が動き出し，翌年のミラノ欧州理事会でローマ条約改正のための政府間会議開催が決定した。その結果調印され，発効した**単一欧州議定書**には，EPCで積み上げてきた加盟国間討議の慣行が政治協力規定として明文化された。また，単一欧州議定書はそれまでECとは別枠で設けられていた**欧州理事会**をひとつの機関として明文化した。［田中俊郎 1998, 188-190頁］

　こうして1970年代から積み上げてきた慣行が条約に明記されるに至ったが，一連の慣行がEUの外で起こった事案に対して応答する過程で生まれたものだったことには注意を要する。EUから離れた場所ではなく，近隣あるいはヨーロッパ内部で外交・安全保障にかかる重要問題が起こった場合には，一連の慣行で対応することができるだろうか。今振り返ってみれば，国際情勢，ヨーロッパ情勢に大きな影響を与える冷戦終結はすぐそこまで来ていた。

2　共通外交安全保障政策，共通防衛政策へ

（1）冷戦終結とマーストリヒト条約

　共産主義陣営の崩壊，冷戦終結，そして東西ドイツ統一へと向かう国際政治上の大変動のさなか，EUは従来のEPCをこえた取り組みを模索した。**政治連合**は，経済通貨同盟とならんで基本条約改正のための政府間会議で話し合われた（第5講を参照）。その後調印，批准されたマーストリヒト条約では，EPCの代わりに新たに**共通外交安全保障政策**（CFSP）の条項が設けられた［田中俊郎1998, 28-29, 190-191頁］。

　条約によれば，**CFSP**とは，加盟国間の協力を通じてEU共通の価値，基本的利益，そしてEUの独立を守るため，また国連憲章の原理に則って国際的な安全を強め平和を維持するために，各国政府が協調して一体性をもって取り組む政策であった。CFSPは政府間協力の枠組を維持し，決定も原則全会一致で行われるものの，必要がある場合には特定の案件について**共通の立場**（common position）を定めて加盟国の政策がこれに合致するよう促し，対外的に行動する必要がある場合には**共同行動**（joint action）を定めることによって加盟国がそれに合致した調整的な行動をとるよう促した［辰巳 2012, 207-208頁；田中俊郎 1998, 28-29, 190-192頁］。

　マーストリヒト条約は，将来的にはEUが共通の防衛政策を実施することができるようにしなければならないとしていた。ただ，EUに関わる防衛組織にはNATOとWEUという2つの組織が既に存在していた。イギリスはアメリカの後ろ盾があるNATOを重視し，フランスはド・ゴール時代にNATOの軍事機構から脱退したことからWEUを支持していた。EU自体に共通の防衛政策・組織がないことから，WEUがいわばNATOとEUの架け橋を担うことになった［辰巳 2012, 208-209頁；田中俊郎 1998, 192-193頁］。

（2）アムステルダム条約——より情勢に適応可能な政策へ

　1990年代初頭に起こった旧ユーゴスラヴィアにおける紛争は，スロヴェニアやクロアチアなどが独立した後も続き，ボスニア・ヘルツェゴヴィナ紛争，コ

ソヴォ紛争へと拡大した。ヨーロッパの膝元であるバルカン地域でたて続けに起こる紛争を受けて，EUはCFSPの強化を模索し，**アムステルダム条約**でCFSPに関する規定を変更した。まず，CFSP**上級代表**（High Representative）のポストを創設し，EUの外交担当の「顔」を明確にした。また，理事会の内部に政策計画や早期警戒のためのユニットを設けて，CFSPに関係する事案を監視，分析することになった。さらに，CFSPの業務には人道・救難任務，平和維持といった**ペータースブルク任務**が組み入れられた。［田中俊郎 1998, 193-195頁］

　意思決定の方法にも変更が加えられた。CFSPにかかる決定は原則**全会一致**であるものの，共通の戦略（common strategy）に基づいて共同行動や共通の立場を採択する場合，そして共同行動や共通の立場を導入するための決定を行う場合には，**QMV**が適用されることになった。また，意思決定時にその決定を妨害しないかわりに自国への適用を拒否する「**建設的棄権**」を導入して，この分野の意思決定を促進しようとした［辰巳 2012, 208-209頁；田中俊郎 1998, 193-195頁；web資料(31)]。

（3）共通防衛政策へ

　1990年代末には，労働党に政権交代したイギリスが大陸諸国に歩み寄って防衛面での欧州協調へ舵を切ったことから，それまで共通外交安全保障政策の対象から慎重に外されてきた防衛・軍事面における協力が進んだ。1998年12月，ブレア英首相とシラク仏大統領は共同防衛に関する**サン・マロ宣言**を採択し，翌1999年に開催されたケルン欧州理事会では，国際的な危機に対してEUが自立して行動することができるような軍事的な能力をもつことが加盟国首脳間で合意され，**欧州安全保障・防衛政策**（**ESDP**）へ向けた取り組みが本格化した［辰巳 2012, 209-210頁；web資料(31)]。

　こうしてEUの取り組みには，軍事的ならびに非軍事的な危機管理，紛争予防が含まれることになった。EUは独自に展開することができる部隊の創設を目指して，そのために必要な分析，戦略立案，指令に向けた制度整備のために，定期的な会合（一般理事会，場合により防衛相会議）の開催や政治・安全保障にかかる常設の委員会設置を決定した。EUが軍事・防衛に取り組むとなると問題

になるのがNATOとの関係だったが，多くの加盟国がNATOとEU両方に加盟しているだけに両組織のパートナーシップが機能するよう交渉を重ねて合意を結び（2003年ベルリン・プラス），EUによる作戦にNATOの資産や能力を使用することができるようになった。［庄司 2007, 172-174頁；辰巳 2012, 208-210頁；web資料(31)］

その結果EUは，2003年に欧州の膝元であるFYROM（Former Yugoslav Republic of Macedonia）へ停戦監視ミッションを送り，2004年にはボスニア・ヘルツェゴヴィナへ治安維持（警察）ミッションを送った。また，同時多発テロ以降の世界情勢・安全保障情勢の変化と対イラク戦争時に見られた加盟国間の方針の齟齬，それによるEUとしての一体性の欠如を受けて，2003年には**欧州安全保障戦略**（ESS）が採択された。ESSは，新たな脅威にテロ，大量破壊兵器の拡散，地域紛争，破綻国家，組織犯罪の5つを挙げ，こうした脅威に対して予防的な関与と実効的な多国間主義に基づいて関与することを目標に，ヨーロッパが積極的に一貫性をもって能力を示すことを提唱した。［庄司 2007, 172-174, 176-182頁；辰巳 2012, 214-219頁；web資料(31)］

（4）近年の動向

2007年に調印されたリスボン条約では，上記にあるような2000年代の取り組みが成文化された。まず，ESDPは**共通安全保障・防衛政策**（CSDP）と改称され，対外的な行動能力の強化と加盟国による取り組みの一体化が目指された。EUに文民的・軍事的アセットにかかる作戦能力が付与され，EUはそれらを国連憲章の原理にのっとって域外の平和維持，紛争管理，国際安全保障強化に用いるものと定められた。それまでのペータースブルク任務は拡大され，共同武装解除任務，人道支援・救難任務，軍事的助言や支援任務，紛争予防および平和維持任務，危機管理における戦闘部隊任務などにあたった。加盟国は互いに支援し結束することが求められ，意思と能力のある加盟国は恒常的かつ構造的に協力する（permanent structured cooperation）ことで即応力を高めた。ある加盟国がテロの攻撃を受けた場合には他の加盟国が共同で行動し，他国の侵略を受けた場合には他の加盟国が支援することも定められた。［web資料(31)］

CSDPへの名称変更にともない，EU外交安全保障の**上級代表**職を設け，上

級代表は新設の欧州対外行動庁 (EEAS) の支援を受けながら，欧州委員会副委員長そして外務理事会の議長としてEUレベルの政策を進めることになった [庄司 2007, 175-176頁; web資料(31)]。また，2004年には**欧州防衛機関** (EDA) が設置され，防衛能力改善のために加盟国やEUを支援している（デンマークを除く）[web資料(32)]。このような制度的枠組みのもと，EUはたとえば2008年にロシアと対立していたグルジア（ジョージア）にミッションを送り，域外ではリビア，チャド，アチェなどへも人員を派遣している [web資料(32)]。

3　開発援助政策

(1) マーストリヒト条約までの開発援助

　EU原加盟国には植民地や海外領土を有していた国が多く，関税同盟と共同市場を形成して共同通商政策をもつことになっていたEU（当時はEEC）はそれらの国と連合協定を結ぶことになっていた。独立した国との間にも連合協定は結ばれ，EUと旧植民地との間にはヤウンデ協定 (1963年) が締結されて，特恵的な貿易と欧州開発基金(EDF)などを通じた経済支援が進められた。その後，多くの**海外領土**をもつイギリスがEU（当時はEC）に加盟したこと，それまでの南北関係が問題視されてきたこともあり，EUはそれらアフリカ・カリブ・太平洋諸国（**ACP諸国**）46か国との間で1975年にロメ協定を締結して，それまでの特恵関係を改めEU市場へのアクセスを保証し，輸出所得安定化制度 (STABEX) を設けるなど，貿易を通じて経済成長が見込めるという，それまでにはない経済協力関係を築いた。[辰巳 2012, 221-223頁; 田中素香ほか 2018, 86-87頁; 田中俊郎 1998, 146-148頁]

　ロメ協定は更新されるたびに参加国も融資額も増加した [辰巳 2012, 222頁; 田中俊郎 1998, 148頁] が，ACP諸国の経済成長は思うようには達成されなかった。1980年代にはスペインとポルトガルがEUに加盟してラテンアメリカとの関係が生じるようになり，アジアをはじめとする非ACP諸国の台頭，冷戦終結後の旧東側地域に対する支援の必要性増大，冷戦後に北欧諸国がEUへ加盟する過程で，開発支援におけるACP諸国の比重が低下した。[辰巳 2012, 220-221頁; 田中素香ほか 2018, 87頁; 田中俊郎 1998, 148頁]

　マーストリヒト条約には**開発協力**の規定（編）が設けられて，ACP諸国にとどまらない途上国との関係が規定された。条約では，持続可能な経済・社会開発，世界経済への穏やかな統合，貧困の克服を促すために，加盟国が実施する開発援助政策を**補う**（complement）形でEUの政策を実行すると定められた。EUの政策は，**民主主義，法の支配，人権の尊重**や**基本的自由**といった諸原則を発展させるというEUの設立目的に寄与するよう進められることになった。

（2）21世紀の開発援助政策

　ACP諸国との間で締結していた**ロメ協定**は2000年に失効することになっていたため，EUとACP諸国は1998年から次の協定へ向けた交渉を開始した。EUは，これまでの支援にもかかわらず経済成長がままならないACP諸国に対する特別な貿易関係の維持には消極的だった。むしろEUは，開発援助の世界において支援効果を高めるために不可欠だと認知されるようになり，なおかつロメ協定にも1995年から盛り込まれていた**グッド・ガバナンス**を，法の支配や人権などと並ぶEU-ACP間協力の核にするよう求めた。こうした動きにACP諸国側は反対した。[井上 2006, 134-135頁；辰巳 2012, 223頁]

　交渉の結果署名された**コトヌー協定**は，持続可能な開発による貧困削減・根絶，ACP諸国の世界経済への統合を目指して，両者が対等な**パートナーシップ**関係にあると定めた。パートナーシップの基礎として，民主主義，法の支配，人権およびグッド・ガバナンスが重要なものとして位置づけられた。グッド・ガバナンスを新たに加えることによって，支援の効果を減じる汚職や不透明かつ説明責任が果たされていない行財政の改革を促した。[井上 2006, 134-135頁；辰巳 2012, 225頁]

　また，ACP諸国にオーナーシップを求めて，ACP諸国が支援の受け入れ計画，実行，結果に主体的にコミットするよう求めた。支援の計画や実施にあたっては参加が強調され，民間や社会的なパートナーが関与することが歓迎された。さらには，対話そして相互による義務の遵守も強調された。つまり，EUとACP諸国が関係を築く過程で支援は行われるが，支援にはACP諸国が主体性をもってなおかつ参加を重視して取り組み，その過程で民主主義，法の支配，人権およびグッド・ガバナンスが守られていない場合には双方で協議を

もつ義務が生じることになった。一方的に支援停止が行われることはないものの，どうしても協議が進まない場合には最終手段として支援停止のオプション（ラスト・リゾート）が残された。対等，パートナーとは銘打っているが，ACP 諸国にはそれなりに厳しい内容であった。［井上 2006, 135-136頁］

貿易面においても，ACP 諸国の（他の途上国と比べた場合の）特権はなくなった。ACP に対して特別に設けられていた STABEX が廃止され，EDF を通じた融資，貿易上の特別措置を廃止して WTO と整合性をもたせるようになったためである。［田中素香ほか 2018, 428-429頁］

ACP 諸国ではない国を対象にした一般的な対途上国政策についても，ミレニアム開発目標やグッド・ガバナンスに対する意識が払われた。開発援助や人道援助分野において，EC（EU）は加盟国とは別に独自に資金を提供しており，その額面においてそれぞれの国際組織で重要な貢献をしていた。OECD 統計によれば，EU による援助は支援全体の10％を占めており，加盟国の拠出と合わせると総支援額の60％程度にもなる。また，UNHCR をはじめとする国際組織への拠出順位には上位（2位から5位の間）で登場することが多い。支援額だけを見ても，EU と加盟国とで重複や空白がないよう，また効率的に支援することができるよう調整する必要がある。そのため EU は，加盟国の政策との調整を維持しながらも EU が国際的に可視性を高めるような開発援助政策を準備すべく，各国の代表による理事会と欧州委員会との間のやりとりを通じて将来的な開発援助政策のありかたを検討した。

2000年に理事会と欧州委員会が採択した『開発援助政策に関する共同声明』では，国連や世界銀行，国際通貨基金，DAC（OECD の開発援助委員会）といった支援組織の包括的なアプローチと足並みをそろえて貧困削減を重視しつつも，EU が取り組むべき貧困は単なる所得や金銭の欠乏ではなく様々な面（雇用や教育，生活資源へのアクセス等）における脆弱さであると定義して，それらの脆弱性立て直しのために開発援助政策があるのだと強調した。また，貧困削減のためには持続可能な発展そして世界経済への参加が必要だと強調した。開発のための資源を貧困削減効果があるところに配分する方針が定められ，支援の資源を有効に管理するために必要なグッド・ガバナンスにも取り組むと明言された。［井上 2006, 135-136頁］

　翌2001年，欧州委員会は『第三国での人権および民主化の促進におけるEU
の役割』という文書を発表し，**ミレニアム開発目標**と同様，貧困削減がEUの
開発政策の主目的であると位置づけ，グッド・ガバナンスと参加型民主主義が
機能しているところでこそ貧困削減が達成されると明記した。さらに，2003年
には欧州委員会が『ガバナンスと開発』と題した文書を発表して，**グッド・ガ
バナンス**が民主主義，人権，法の支配とともに開発に必要なものだと明記さ
れ，対話と**参加型**プロセスに基づく途上国主導による援助戦略策定が求められ
た。［井上 2006, 136-137頁］

　2005年にはEUと加盟国代表が開発援助額をめぐる同意に到達し，EUと加
盟国が2010年までにそれぞれの援助額を**GNI比**で0.56%まで引き上げて，2015
年にはさらに**0.7%**まで引き上げるとした。同年の12月には，欧州委員会，理
事会，欧州議会の間で『開発に関するコンセンサス (The European Consensus on
Development)』が調印された。このコンセンサスは，条約の定め通りにEUと
加盟国が相互補完的に援助政策を実施していくものの，貧困削減とミレニアム
開発目標の達成という援助の究極目的，貧困に対して多面的に取り組むという
姿勢，そして**オーナーシップ**，**パートナーシップ**，市民社会の**参加**，**グッド・
ガバナンス**といったキーワードを共有して，EUの開発援助政策の原則である
一貫した政策，加盟国とEUの調整，そして互いの政策の相互補完性を (policy
coherence, coordination and complementarity) 改めて確認するに至った。［井上
2006, 137頁］

　このように，貧困削減とその多面的な側面への取り組み，グッド・ガバナン
スと参加そしてオーナーシップの強調，人権や法の支配，民主主義の重視とい
う姿勢は，相手がACP諸国であるか否かにかかわらず強調された。2011年に
は『変化への課題 (Agenda for Change)』を採択して，EUはもっとも支援を必要
としていてなおかつもっとも効果が高くなるところに資源を集中させること，
援助のインパクトを増やすためにパートナー国ひとつあたり3つのセクター以
下に集中すること，EUと加盟国の共同プログラムを強化することを表明し
た。人権，民主主義，グッド・ガバナンスだけでなく，包摂的で持続可能な人
間開発も重視すると表明した。［web資料(34)］

　2010年代のEUは，2015年に国連で採択された『持続可能な開発のための

2030アジェンダ』で掲げられた**持続可能な開発目標**（**SDGs**）への対応と2020年に期限を迎えるコトヌー協定後を見すえたACP諸国との関係構築に取り組んでいる。SDGsはミレニアム開発目標を引き継ぎつつも，誰ひとり取り残さない持続可能で社会的に包摂性のある多様性のある世界を実現するために，2030年までに17の課題と169のターゲットを掲げて国際社会に取り組みを促している。従来主に強調されてきた，貧困，飢餓，健康，教育，ジェンダーだけでなく，気候変動，格差，持続可能な消費と生産，陸上生態系保護，海洋資源の持続可能な利用，水・衛生，持続可能なエネルギーアクセス，成長・雇用，イノベーションなど，生活から経済活動，社会にわたる目標を定めている。目標が多岐にわたるのは，SDGsが人（people），地球（planet），繁栄（prosperity），平和（peace），パートナーシップ（partnership）という「5P」に焦点を当てているからである。平和や社会包摂実現にあたっては，民主主義，法の支配，グッド・ガバナンスが重視されている。［web資料㉞］

　上記のような動向に合わせてEUは，2017年には持続可能な開発のための基金（EFSD）を準備した。欧州開発基金とは異なり，EFSDは『持続可能な開発のための2030アジェンダ』で掲げられた目標とパリ協定とを達成するための支援基金で，気候変動対策，再生可能エネルギー，資源効率に関わるものへ一定比率拠出することが求められている。

　また，『持続可能な開発のための2030アジェンダ』を受けたEUの取り組みを整備するために，EU諸機関と加盟国政府は2017年に『開発に関する新たなコンセンサス（New European Consensus on Development）』を発表し，EUと加盟国が開発協力に取り組む際のビジョンと行動を共有した。EU機関と加盟国は協力してSDGsに取り組み，その際にはSDGsと同様「5P」を強調し，EUと加盟国双方の行動は相互に強化するものであり相互補完性とインパクトを保証するよう調整されたものになるように努めると定めた。［web資料㉞］

　2020年にはコトヌー協定の期限が切れる。現在新たなパートナーシップの形が模索されているが，現状では『持続可能な開発のための2030アジェンダ』を踏襲し，片方の当事者であるEUの対外政策方針や開発政策の方針である『開発に関する新たなコンセンサス』に合致するものにはなりそうだ。本来，ACP諸国との間にはWTOルールに整合的な経済協力協定が締結される予定では

あったので，ACP諸国との貿易関係の展開には注視が必要だ。

◎論　点

① EUが共通の外交，安全保障政策を必要とした理由，背景を説明してみよう（話し合ってみよう）。

② EUが共通の防衛政策を必要とした理由，背景を説明してみよう（話し合ってみよう）。

③ EUではなぜ，加盟国の開発援助とは別にEUの開発援助政策があるのだろうか，説明してみよう（話し合ってみよう）。

④ 21世紀のEUの開発援助政策には，どのような特徴がみられるか，説明してみよう（話し合ってみよう）。

引用・参考文献一覧

【書籍・論文】

井上淳［2006］「貧困と汚職―グッド・ガバナンスと国際機構」，庄司克宏編『国際機構』
（岩波書店），第7章．

――――［2011］「看護師の越境移動にかかわる日本の規制枠組の検討―人の自由移動を
標榜するEUと加盟国イギリスの規制枠組をふまえて―（研究ノート）」『医療と社
会』第21巻1号（公益財団法人医療科学研究所），85-96頁．

――――［2013］『域内市場統合におけるEU―加盟国間関係』恵雅堂出版．

――――［2014］「人の移動の潮流変化と多文化共生」，大芝亮編『ヨーロッパがつくる国
際秩序』（ミネルヴァ書房），第6章．

――――［2015］「ICT関連政策にみられるEUガバナンスの変化」，『大妻比較文化』第16
号，3-16頁．

――――［2017］「EUへの難民大量流入の構造的要因―積極的外交政策と難民対策との
間のトレード・オフ」『日本EU学会年報』第37号，115-133頁．

――――［2019］「ヨーロッパ統合の起源―戦後国際政治経済秩序を考慮に入れるための
試論」『大妻比較文化』第20号，23-37頁．

井村喜代子［2016］『大戦後資本主義の変質と展開―米国の世界経済戦略のもとで』（有斐
閣）．

植田隆子［2014a］「欧州連合の対外関係」，植田隆子・小川英治・柏倉康夫編『新EU論』
（信山社），第12章．

――――［2014b］「欧州連合の安全保障・防衛政策と人道援助」，植田隆子・小川英治・
柏倉康夫編『新EU論』（信山社），第13章．

内田勝敏・清水貞俊［1991］『EC経済をみる眼　新版』（有斐閣新書）．

遠藤乾［2013］『統合の終焉―EUの実像と論理』（岩波書店）．

遠藤乾編［2014］『ヨーロッパ統合史　増補版』（名古屋大学出版会）．

大谷泰照編集代表，杉谷眞佐子・脇田博文・橋内武・林桂子・三好康子編［2010］『EU
の言語教育政策―日本の外国語教育への示唆』（くろしお出版）．

岡部みどり［2008］「人の移動をめぐる欧州政治―『ブルー・カード』構想にみるEU出入
国管理の動向」『国際問題』（日本国際問題研究所）574号，26-37頁．

岡部みどり編［2016］『人の国際移動とEU―地域統合は「国境」をどのように変えるの
か？』（法律文化社）．

押村高・小久保康之編著［2012］『EU・西欧』（ミネルヴァ書房）．

小山昌子・武田建［2016］「ヨーロッパへの避難民の分担受け入れをめぐる問題―なぜ
EU諸国で立場が分かれたのか」『産研論集』第43号，17-27頁．

梶田孝道 [2002]「西欧の移民・難民政策が抱えるジレンマ─『正規化もできず，強制退去もできず』」『国際問題』513号，31-45頁.

蟹江憲史 [2001]『地球環境外交と国内政策─京都議定書をめぐるオランダの外交と政策』(慶應義塾大学出版会).

金丸輝男編 [1996]『ヨーロッパ統合の政治史─人物を通して見たあゆみ』(有斐閣).

鴨武彦 [1992]『ヨーロッパ統合』(日本放送出版協会).

神田正淑 [2014]「EUの司法・内務」，植田隆子・小川英治・柏倉康夫編『新EU論』(信山社)，第8章.

グラント，チャールズ著 (伴野文夫訳) [1995]『EUを創った男─ドロール時代十年の秘録』(日本放送出版協会).

小久保康之 [2012]「EU拡大のダイナミズム」，押村高・小久保康之編著『EU・西欧』(ミネルヴァ書房)，第2章.

小久保康之編 [2016]『EU統合を読む─現代ヨーロッパを理解するための基礎』(春風社).

小林正英 [2006]「地域紛争と危機管理─安全保障と国際機構」，庄司克宏編『国際機構』(岩波書店)，第3章.

近藤孝弘編 [2013]『統合ヨーロッパの市民性教育』(名古屋大学出版会).

坂口泉・蓮見雄 [2007]『エネルギー安全保障─ロシアとEUの対話』(東洋書店).

坂本昭・園山大祐 [2013]「ヨーロッパ教育の形成と発展過程」，近藤孝弘編『統合ヨーロッパの市民性教育』(名古屋大学出版会)，第1章.

佐瀬隆夫 [1995]『アメリカの国際通貨政策─ブレトン・ウッズ体制の回顧と展望』(千倉書房).

サロー，レスター・C著 (土屋尚彦訳) [1992]『大接戦─日米欧どこが勝つか』(講談社).

澤昭裕・関総一郎 [2004]『地球温暖化問題の再検証─ポスト京都議定書の交渉にどう臨むか』(東洋経済新報社)，第3部.

清水耕一 [2016]「EUの地域政策と地域間協力の進化」『岡山大学経済学会雑誌』47巻2号，1-51頁.

清水貞俊 [1979]「欧州経済通貨同盟の発展」『立命館経済学』第27巻第6号，1-57頁.

島野卓爾・田中俊郎・岡村堯 [2000]『EU入門─誕生から，政治・法律・経済まで』(有斐閣).

鈴木規子 [2007]『EU市民権と市民意識の動態』(慶應義塾大学出版会).

庄司克宏 [2007]『欧州連合─統治の論理とゆくえ』(岩波新書).

─── [2013]『新EU法　基礎篇』(岩波書店).

─── [2014]『新EU法　政策篇』(岩波書店).

─── [2015]『はじめてのEU法』(有斐閣).

─── [2016]『欧州の危機─Brexitショック』(東洋経済新報社).

庄司克宏編 [2008]『EU法　実務篇』(岩波書店).

庄司克宏編著 [2009]『EU 環境法』(慶應義塾大学出版会).

辰巳浅嗣編 [2012]『EU―欧州統合の現在　第 3 版』(創元社).

武田健 [2013]「EU 基本権憲章への反対に至る政治過程―イギリス，ポーランド，チェコの分析」『日本 EU 学会年報』第33号，120-142頁.

田所昌幸 [2001]『「アメリカ」を超えたドル―金融グローバリゼーションと通貨外交』(中央公論新社).

田中素香 [2007]『拡大するユーロ経済圏―その強さとひずみを検証する』(日本経済新聞出版社).

―――― [2010]『ユーロ―危機の中の統一通貨』(岩波新書).

―――― [2016a]『ユーロ危機とギリシャ反乱』(岩波新書).

―――― [2016b]「EU の経済統合と単一通貨ユーロの発展―なぜユーロは崩壊しないのか」，小久保康之編『EU 統合を読む―現代ヨーロッパを理解するための基礎』(春風社)，第 4 章.

田中素香・長部重康・久保広正・岩田健治 [2006]『現代ヨーロッパ経済　新版』(有斐閣).

田中素香・長部重康・久保広正・岩田健治 [2011]『現代ヨーロッパ経済　第 3 版』(有斐閣).

田中素香・長部重康・久保広正・岩田健治 [2014]『現代ヨーロッパ経済　第 4 版』(有斐閣).

田中素香・長部重康・久保広正・岩田健治 [2018]『現代ヨーロッパ経済　第 5 版』(有斐閣).

田中俊郎 [1998]『EU の政治』(岩波書店).

―――― [2005]「欧州統合におけるエリートと市民」，田中俊郎・庄司克宏編『EU と市民』(慶應義塾大学出版会)，第 1 章.

―――― [2007]「政府間会議にみる国際政治システムとしての EU」，田中俊郎・小久保康之・鶴岡路人編『EU の国際政治―域内政治秩序と対外関係の動態』(慶應義塾大学出版会)，第 1 章.

―――― [2016]「EU 統合と現代イギリス―イギリスはなぜ EU 統合から距離を置こうとするのか」，小久保康之編『EU 統合を読む―現代ヨーロッパを理解するための基礎』(春風社)，第10章.

チェッキーニ，パオロ著 (田中素香訳) [1988]『EC 市場統合・1992年―域内市場完成の利益』(東洋経済新報社).

戸澤英典・上原良子 [2014]「ヨーロッパ統合の胎動―戦間期広域秩序論から戦後構想へ」，遠藤乾編『ヨーロッパ統合史　増補版』(名古屋大学出版会)，第 2 章.

トレンハルト，ディートリヒ編著 (宮島喬ほか訳) [1994]『新しい移民大陸ヨーロッパ―比較のなかの西欧諸国・外国人労働者と移民政策』(明石書店).

内藤正典 [2004]『ヨーロッパとイスラーム―共生は可能か』岩波新書.

中坂恵美子［2010］『難民問題と「連帯」―EUのダブリン・システムと地域保護プログラム』（東信堂）.

――――［2016］「EUにおける難民受入れの責任と負担の分担―ダブリン規則の改正とリロケーション」『広島平和科学』38号，1-14頁.

中西優美子［2014］「機構と政策決定の仕組み」，植田隆子・小川英治・柏倉康夫編『新EU論』（信山社），第2章.

中西優美子編［2016］『EU環境法の最前線―日本への示唆』（法律文化社）.

中丸友一郎［2010］「ギリシャ発世界危機Q&A」『週刊東洋経済』6月5日号，42-44頁.

中村民雄・須網隆夫［2001］『EU法基本判例集　第1版』（日本評論社）.

中村民雄・須網隆夫［2010］『EU法基本判例集　第2版』（日本評論社）.

中村民雄・須網隆夫［2019］『EU法基本判例集　第3版』（日本評論社）.

羽場久美子［1998］『拡大するヨーロッパ―中欧の模索』（岩波書店）.

羽場久美子編著［2013］『EU（欧州連合）を知るための63章』（明石書店）.

原島正衛［1994］「欧州統合と移民政策―欧州統合は移民問題を解決するか」『国際問題』（日本国際問題研究所）412号，50-64頁.

ヒーター，デレック（田中俊郎監訳）［1994］『統一ヨーロッパへの道―シャルルマーニュからEC統合へ』（岩波書店）.

福田耕治［2012］「リスボン条約の制定と欧州ガバナンス」，押村高・小久保康之編著『EU・西欧』（ミネルヴァ書房），第1章.

藤井良広［2013］『EUの知識　第16版』（日本経済新聞出版社）.

藤原豊司・田中俊郎［1992］『基本ゼミナール―EC統合・欧州連合入門』（東洋経済新報社）.

藤原豊司・田中俊郎［1995］『欧州連合―5億人の巨大市場』（東洋経済新報社）.

ベック，ウルリッヒ（島村賢一訳）［2013］『ユーロ消滅？―ドイツ化するヨーロッパへの警告』（岩波書店）.

星野郁［2015］『EU経済・通貨統合とユーロ危機』（日本経済評論社）.

細谷雄一［2001］『戦後国際秩序とイギリス外交―戦後ヨーロッパの形成　1945-1951年』（創文社）.

――――［2016］『迷走するイギリス―EU離脱と欧州の危機』（慶應義塾大学出版会）.

細谷雄一編［2009］『イギリスとヨーロッパ―孤立と統合の二百年』（勁草書房）.

増谷英樹編［2009］『移民・難民・外国人労働者と多文化共生―日本とドイツ／歴史と現状』（有志社）.

益田実・山本健編著［2019］『欧州統合史―2つの世界大戦からブレグジットまで』（ミネルヴァ書房）.

宮島喬［2016］『現代ヨーロッパと移民問題の原点―1970年代，1980年代，開かれたシチズンシップの生成と試練』（明石書店）.

村田奈々子 [2012]『物語　近現代ギリシャの歴史—独立戦争からユーロ危機まで』（中央公論新社）.

モンティ，マリオ著（田中素香訳）[1998]『EU単一市場とヨーロッパの将来』（東洋経済新報社）.

安江則子 [1992]『ヨーロッパ市民権の誕生—マーストリヒトからの出発』（丸善）.

吉武信彦 [2006]「EUをめぐる国民投票の新展開」『地域政策研究』（高崎経済大学地域政策学会）第8巻3号，119-129頁.

脇阪紀行 [2012]『欧州のエネルギーシフト』（岩波新書）.

鷲江義勝 [2009]「リスボン条約による理事会および政策決定過程の改定についての一考察」『ワールド・ワイド・ビジネス・レビュー』第10巻（欧州研究特集号）（同志社大学），18-38頁.

鷲江義勝編著 [2009]『リスボン条約による欧州統合の新展開—EUの新基本条約』（ミネルヴァ書房）.

和達容子 [2007]「EUの持続可能な発展と環境統合—環境統合の概念，実践，欧州統合との関係から」『日本EU学会年報』27号，297-319頁.

渡邊啓貴 [2012]「ヨーロッパ政治統合」，押村高・小久保康之編著『EU・西欧』（ミネルヴァ書房），第3章.

———— [2014]「ヨーロッパ統合の歴史—国民国家の変容とEU統合」，植田隆子・小川英治・柏倉康夫編『新EU論』（信山社），第1章.

Casey, Bernard, H., and Michael Gold [2005], "Peer review of labour market programmes in the European Union: what can countries really learn from one another?," *Journal of European Public Policy* 12:1, pp.23-43.

European Central Bank [2018], *The international role of the euro*, June 2018, (European Central Bank: Frankfurt).

European Commission [各年版], *EU Budget Financial Report*, (Publication Office of the European Union: Luxembourg).

———— [2010], *Towards a Single Market Act: For a highly competitive social market economy. 50 proposalas for improving our work, business and exchanges with one another*, COM (2010) 608final, Brussels.

———— [2012a], *Single Market Act II: Together for new growth*, COM (2012) 573final, Brussels.

———— [2012b], *Towards a job-rich recovery*, COM (2012) 173final, Brussels.

———— [2013], *EU transport in figures: statistical pocketbook 2013*, (Publication Office of the European Union: Luxembourg).

———— [2014a], *The European Union Explained: Education, training, youth and sport*, (Publication Office of the European Union: Luxembourg).

————— [2014b], *The European Union Explained: Environment*, (Publication Office of the European Union: Luxembourg).

————— [2015a], *The European Union explained: Enlargement*, (Publication Office of the European Union: Luxembourg).

————— [2015b], *Getting cultural heritage to work for Europe*, (Publication Office of the European Union: Luxembourg).

————— [2017], *The EU and the Single Market*, (Publication Office of the European Union: Luxembourg).

————— [2018a], *EU transport in figures: statistical pocketbook 2018*, (Publication Office of the European Union: Luxembourg).

————— [2018b], *Towards a stronger international role of the euro*, COM (2018) 796/4, Brussels.

————— [2019a], *The EU in 2018-General Report on the Activities of the European Union*, Brussels.

————— [2019b], *Factsheets on the Commission's 10 priorities*, (Publication Office of the European Union: Luxembourg).

Van Rompuy, Herman, in close collaboration with José Manuel Barroso, Jean-Claude Juncker, and Mario Draghi [2012], *Towards a genuine economic and monetary union*, 5 December.

【Web資料】

(1) European Commission (2015), *A short guide to the euro*, Brussels.
　　　https://ec.europa.eu/info/publications/economy-finance/short-guide-euro_en
　　　(2019年6月29日最終アクセス)
　　　EUが発行しているトピックごとのパンフレットのひとつ。

(2) 田中俊郎 [2015]「EUの難民政策とシリア難民への対応とは」, 駐日欧州連合代表部
　　公式ウェブマガジン『EU MAG』寄稿記事
　　　http://eumag.jp/question/f0115/ (2019年4月11日最終アクセス)

(3) European Parliament (2019), 2019 European election results.
　　　https://election-results.eu (2019年7月7日最終アクセス)
　　　欧州議会による欧州議会選挙結果についてのサイト。

(4) 外務省ホームページ内, 欧州地域のページ
　　　https://www.mofa.go.jp/mofaj/area/europe.html (2019年7月12日最終アクセス)
　　　各国の国名を選択して表示されるページの「基礎データ」を見ることによって, 各国の政
　　　治経済社会に関わる基礎情報を理解することができる。

(5) 駐日欧州連合代表部ウェブマガジン「EU MAG」内,「EUの国際貿易について教え

てください」

http://eumag.jp/questions/f0717/（2019年7月13日最終アクセス）

(6)　外務省ホームページ：「日EU・EPA（概要）」

https://www.mofa.go.jp/mofaj/ecm/ie/page22_003091.html（2019年7月13日最終アクセス）

※とりわけ概要が書かれたPDFが参考になる。

(7)　外務省ホームページ：「日EU戦略的パートナーシップ協定（SPA）」

https://www.mofa.go.jp/mofaj/erp/ep/page22_002086.html（2019年7月13日最終アクセス）

※とりわけ概要が書かれたPDFが参考になる。

(8)　EU公式サイト（英語）：「EU in the World」

https://eeas.europa.eu/headquarters/headquarters-homepage/area/geo_en（2019年7月13日最終アクセス）

※EUと諸外国との関係（外交）は，リアルタイムで変遷するため，どうしても書籍や論文で掲載された事項は古く（リアルタイムでなく）なる。最新情報に関心がある場合には，直接EUの公式サイトを閲覧することをおすすめする。

(9)　EU公式サイト（英語）：「Institutions and Bodies」

https://europa.eu/european-union/about-eu/institutions-bodies_en（2019年8月2日最終アクセス）

EUの組織については，公式サイトで詳細かつ最新の情報を得ることができる。イギリスの離脱や新基本条約発効などによって変化することがあるので，最新の情報については，こうした公式サイトの情報を確認することをすすめる。

(10)　EU公式サイト（英語）：「EU Budget」

https://europa.eu/european-union/about-eu/eu-budget_en　および

http://ec.europa.eu/budget/graphs/revenue_expediture.html

（2019年8月2日最終アクセス）

上のURLでは予算に関する概要が記載されており，下のURLでは近年のEU予算の歳入，歳出，受益と負担のバランスをインタラクティブに確認することができる。

(11)　EU公式サイト（英語）：「How EU decisions are made」

https://europa.eu/european-union/eu-law/decision-making/procedures_en（2019年8月2日最終アクセス）

(12)　EU公式サイト（英語）：「European Neighboourhood Policy（ENP）」

https://eeas.europa.eu/diplomatic-network/european-neighbourhood-policy-enp/330/european-neighbourhood-policy-enp_en（2019年8月6日最終アクセス）

(13)　EU公式ホームページ：「EU by topic」上の「Agriculture」

https://ec.europa.eu/info/food-farming-fisheries/key-policies/common-agricultural-policy_en（2019年8月15日最終アクセス）

⑭　EU公式ホームページ：「EU by topic」上の「Transport」
　　　https://europa.eu/european-union/topics/transport_en（2019年8月15日最終ア
　　　クセス）

⑮　駐日欧州連合代表部ウェブマガジン「EU MAG」内，「域内格差是正と成長のための
　　　EU結束政策」
　　　http://eumag.jp/issues/c0617/（2019年8月27日最終アクセス）

⑯　EU公式ホームページ：欧州委員会のサイト上の地域政策プロジェクトページ
　　　https://ec.europa.eu/regional_policy/en/projects/major/-1（2019年8月27日最
　　　終アクセス）

⑰　EU公式ホームページ：欧州委員会のサイト上の構造基金・投資基金のページ
　　　https://cohesiondata.ec.europa.eu（2019年8月27日最終アクセス）

⑱　EU公式ホームページ：欧州委員会のサイト上の教育と訓練のページ
　　　https://ec.europa.eu/education/policies/higher-education/about-higher-
　　　education-policy_en（2019年8月27日最終アクセス）

⑲　EU公式ホームページ：欧州委員会のサイト上の教育と訓練，ボローニャ・プロセ
　　　スと欧州高等教育圏のページ
　　　https://ec.europa.eu/education/policies/higher-education/bologna-process-and-
　　　european-higher-education-area_en（2019年8月27日最終アクセス）

⑳　EU公式ホームページ：欧州委員会のサイト上の教育と訓練のページ
　　　https://ec.europa.eu/education/policies/about-education-policies_en（2019年8
　　　月27日最終アクセス）

㉑　EU公式ホームページ：欧州委員会のサイト上の文化，文化的遺産，スポーツのページ
　　　https://ec.europa.eu/info/live-work-travel-eu/culture-heritage-sport-eu_en
　　　（2019年8月27日最終アクセス）

㉒　EU公式ホームページ：欧州委員会のサイト上の移民と内務についてのページ
　　　https://ec.europa.eu/home-affairs/index_en（2019年8月29日最終アクセス）

㉓　東史彦［2014］「人の自由移動が進むEUの犯罪への取り組みは？」，駐日欧州連合代
　　　表部公式ウェブマガジン『EU MAG』寄稿記事
　　　http://eumag.jp/questions/f1014/（2019年8月29日最終アクセス）

㉔　駐日欧州連合代表部ウェブ・マガジン『EU MAG』内，「EUの国境沿岸警備隊とは」
　　　http://eumag.jp/questions/f0216/（2019年8月29日最終アクセス）

㉕　EU公式ホームページ：欧州委員会のサイト上の第6次環境行動計画のページ
　　　https://ec.europa.eu/environment/archives/action-programme/intro.htm（2019
　　　年8月29日最終アクセス）
　　　※アクセスできない場合には，行動計画の原文である以下の官報を参照。
　　　https://eur-lex.europa.eu/legal-content/EN/TXT/PDF/?uri=CELEX:32002D16

00&from=EN

(26) EU公式ホームページ：欧州委員会のサイト上の第7次環境行動計画のページ
https://ec.europa.eu/environment/action-programme/（2019年8月29日最終アクセス）
※アクセスできない場合には，行動計画の原文である以下の官報を参照。
https://eur-lex.europa.eu/legal-content/EN/TXT/PDF/?uri=CELEX:32013D1386&from=EN

(27) EU公式ホームページ：欧州委員会環境総局のホームページ
https://ec.europa.eu/environment/index_en.htm（2019年8月29日最終アクセス）

(28) 欧州環境庁（EEA）ホームページ
https://www.eea.europa.EU（2019年8月29日最終アクセス）

(29) EU公式ホームページ：欧州委員会のサイト上のエネルギー同盟と気候変動のページ
https://ec.europa.eu/commission/priorities/energy-union-and-climate_en（2019年8月29日最終アクセス）

(30) EU公式ホームページ：欧州委員会のサイト上の2050年に向けた長期エネルギー戦略のページ
https://ec.europa.eu/clima/policies/strategies/2050_en（2019年8月29日最終アクセス）

(31) EU欧州対外行動庁サイト上「What We Do」内，「Shaping of a Common Foreign Security Policy」のページ
https://eeas.europa.eu/topics/common-security-and-defence-policy-csdp/5388/shaping-common-security-and-defence-policy_en（2019年8月31日最終アクセス）

(32) 欧州防衛機関公式サイト
https://www.eda.europa.eu/home（2019年8月31日最終アクセス）

(33) EU欧州対外行動庁サイト上「What We Do」内，「Military and civilian missions and operations」のページ
https://eeas.europa.eu/headquarters/headquarters-homepage/430/military-and-civilian-missions-and-operations_en（2019年8月31日最終アクセス）

(34) EU公式ホームページ：欧州委員会のサイト上の「国際協力と開発（Europe Aid）」のページ
https://ec.europa.eu/europeaid/policies/european-development-policy_en（2019年8月31日最終アクセス）

人名索引

事項索引

井上　淳（いのうえ・じゅん）

1974年　大阪府生まれ
1997年　慶應義塾大学法学部政治学科卒業
2007年　慶應義塾大学大学院法学研究科政治学専攻博士課程単位取得退学
現　在　大妻女子大学比較文化学部准教授・法学博士（慶應義塾大学）

主　著
『域内市場統合におけるEU-加盟国間関係』（単著）恵雅堂出版，2013年
『国際機構』（第1章，第7章 分担執筆）岩波書店，2006年
『ヨーロッパがつくる国際秩序』（第6章 分担執筆）ミネルヴァ書房，2014年

Horitsu Bunka Sha

はじめて学ぶEU
――歴史・制度・政策

2020年3月10日　初版第1刷発行

著　者　井　上　　淳
発行者　田　靡　純　子
発行所　株式会社　法律文化社

〒603-8053
京都市北区上賀茂岩ヶ垣内町71
電話 075(791)7131　FAX 075(721)8400
https://www.hou-bun.com/

印刷：㈱冨山房インターナショナル／製本：㈱藤沢製本
装幀：仁井谷伴子

ISBN978-4-589-04060-2

戒能通弘・竹村和也著 ## イギリス法入門 —歴史，社会，法思想から見る— A 5 判・200頁・2400円	イギリスの歴史，社会および法思想をふまえ判例法主義，法律家制度，陪審制，法の支配などイギリス法の特徴を日本法と比較しつつわかりやすく解説。また最新動向にも言及。イギリスのEU離脱やプレミアリーグを扱うコラムもあり，親しみやすい。
天理大学EU研究会編 ## ドイツ統一から探るヨーロッパのゆくえ A 5 判・188頁・2600円	ドイツ統一から25年を経た欧州の歴史的な動態を各国の動向とEUの変遷をふまえ，多面的・学際的に分析を試みることにより，今後のヨーロッパの行方を読み解く。英国のEU脱退や移民問題で揺らぐヨーロッパへの視座を提供する。
高橋 進・石田 徹編 ## 「再国民化」に揺らぐヨーロッパ —新たなナショナリズムの隆盛と移民排斥のゆくえ— A 5 判・240頁・3800円	ナショナリズムの隆盛をふまえ，国家や国民の再編・再定義が進む西欧各国における「再国民化」の諸相を分析。西欧デモクラシーの問題点と課題を提示し，現代デモクラシーとナショナリズムを考えるうえで新たな視座を提供する。
渡邊啓貴・上原良子編著 ## フランスと世界 A 5 判・272頁・3000円	フランスと世界をめぐる事情に関心のある方を対象とする書籍。第三共和制から現代までのフランス外交史を概観した上で，フランスと各国・地域との関係を読み解き，トピック別にフランスの政策・立場を紹介。コラム，文献案内，年表も充実。
岡部みどり編 ## 人の国際移動とEU —地域統合は「国境」をどのように変えるのか?— A 5 判・202頁・2500円	欧州は難民・移民危機にどう立ち向かうのか。難民・移民への対応にかかわる出入国管理・労働力移動・安全保障など，EU並びに欧州各国による諸政策の法的・政治的・経済的問題を実証的かつ包括的に考察する。

———法律文化社———

表示価格は本体（税別）価格です